民族文字出版专项资金资助项目
མི་རིགས་སྐད་ཡིག་དཔེ་སྐྲུན་གྱི་ཆེད་དོན་མ་དངུལ་རོགས་སྐྱོར་རྣམ་གྲངས།

拉萨市县区史话丛书
ལྷ་ས་གྲོང་ཁྱེར་གྱི་ཆུས་དང་རྫོང་ཁག་གི་རིག་གནས་ལོ་རྒྱུས་དཔེ་ཚོགས།

城关区文化概述
ཁྲིན་ཀོན་ཆུས་ཀྱི་རིག་གནས་སྤྱི་བཤད།

拉萨市政协文史民族宗教法制委员会
ལྷ་ས་སྲིད་གྲོས་རིག་གནས་ལོ་རྒྱུས་མི་རིགས་ཆོས་ལུགས་ཁྲིམས་ལུགས་ཨུ་ཡོན་ལྷན་ཁང་།

བོད་ལྗོངས་བོད་ཡིག་དཔེ་རྙིང་དཔེ་སྐྲུན་ཁང་།
西藏藏文古籍出版社

图书在版编目（CIP）数据

城关区文化概述 : 汉、藏 / 拉萨市政协文史民族宗教法制委员会编. -- 拉萨 : 西藏藏文古籍出版社，2022.6

（拉萨市县区史话丛书）
ISBN 978-7-5700-0727-1

Ⅰ. ①城… Ⅱ. ①拉… Ⅲ. ①区（城市）－概况－拉萨－汉、藏 Ⅳ. ① K927.54

中国版本图书馆 CIP 数据核字（2022）第 084440 号

城关区文化概述

编　　者	拉萨市政协文史民族宗教法制委员会
责任编辑	次　巴
译　　者	旦　确
装帧设计	贡觉拉宗
出　　版	西藏藏文古籍出版社 邮政编码：850000 打击盗版：0891-6930339
印　　刷	三河市腾飞印务有限公司
经　　销	全国新华书店
开　　本	16 开（710mm×1 000mm）
印　　张	11
印　　数	01—3,000
字　　数	73 千
版　　次	2022 年 11 月第 1 版
印　　次	2022 年 11 月第 1 次印刷
标准书号	ISBN 978-7-5700-0727-1
定　　价	40.00 元

སྲིད་གྲོས་གྲོང་ཁྱེར་ལྷ་ས་ཡུ་ཡོན་ལྷན་ཁང་རིག་གནས་ལོ་རྒྱུས་
རྒྱུ་ཆ་རྩོམ་སྒྲིག་ཡུ་ཡོན་ལྷན་ཁང་།

ཀྲུའུ་རིན།	ཉི་མ།
ཀྲུའུ་རིན་གཞོན་པ།	སྐལ་བཟང་ཚེ་བརྟན། ཡ་ཀུའུ། ཝེའུ་ཝེའང་།
རྩོམ་སྒྲིག་ཡུ་ཡོན།	ལྷག་པ། ལྷག་པ་དོན་གྲུབ། ཡུའེ་ཀུའོ་ཧྲུང་།
	ཟླ་བ། སུང་ཝེའུ་ཀྲུའུ། ཏན་ཡུན་ཧྲོན།
	ལིའུ་ཤེ་ཧྥེང་། ཙའུ་ཡུས་མིང་། ཀྲང་ཕྱང་།
	ཞང་ཧྲུའི་ཕེང་། ཤུར་བུ་བཀྲ་ཤིས། ཡེ་ཤེས་ཤེས་རབ།
	སྐལ་སྒྲོན།
བློ་འདྲི་ཡུལ།	ཕྱ་རིག་པ་བློ་བཟང་རྣམ་རྒྱལ།
གཙོ་སྒྲིག་པ།	ཡེ་ཤེས་ཤེས་རབ། ཟླ་བ་ཚེ་རིང་།
ལག་བསྟར་རྩོམ་སྒྲིག་པ།	སྐལ་སྒྲོན། ཟླ་བ་རྡོ་རྗེ།

《城关区文化概述》编委会

顾　　问：果果　刘亮

主　　任：索朗次仁　李德明

副 主 任：安纪周　德吉央宗

终　　审：刘亮

主　　编：旦确

责任编辑：王福强　王锐

翻　　译：旦确

校　　对：次珠　索朗卓玛　旦增卓玛

《ཁྲིན་ཀོན་ཆུས་ཀྱི་རིག་གནས་ལོ་རྒྱུས་རགས་བཤད་》
རྩོམ་སྒྲིག་ཨུ་ཡོན་ལྷན་ཁང་།

བློ་འདྲི།	གོ་གོག ལིའུ་ལིའང་།
ཀྲུའུ་རེན།	བསོད་ནམས་ཚེ་རིང་། ལི་ཟླ་མིང་།
ཀྲུའུ་རེན་གཞོན་པ།	ཨན་ཅི་ཀྲོའུ། བདེ་སྐྱིད་གཡང་འཛོམས།
མཐའ་མའི་ཞུ་དག	ལིའུ་ལིའང་།
གཙོ་སྒྲིག་པ།	བསྟན་ཚོས།
རྩོམ་སྒྲིག་འགན་འཁུར་བ།	ཕང་རྒྱ་བྱང་། ཕང་ཏུའེ།
ཞིག་སྐྱར།	བསྟན་ཚོས།
ཞུ་དག	ཚེ་གྲུབ། བསོད་ནམས་སྒྲོལ་མ། བསྟན་འཛིན་སྒྲོལ་མ།

前 言

众所周知，青藏高原有着悠久的人文历史，作为西藏政治、经济、文化中心的拉萨市，有着1300多年的悠久历史，是一座历史文化名城，人文资源积淀深厚、地域文化特色鲜明。1982年，拉萨市被国务院列入国家历史文化名城。

不忘历史才能开辟未来，善于继承才能善于创新。党的十八大以来，以习近平同志为核心的党中央高度重视中华优秀传统文化的传承和发展。习近平总书记指出，城市是一个民族文化和情感记忆的载体，历史文化是城市魅力之关键。一个国家、一个民族的强盛，总是以文化兴盛为支撑的，没有文明的继承和发展，没有文化的弘扬和繁荣，就没有中国梦的实现。

政协文史工作是人民政协一项富有统一战线特色的基础性工作，发挥着“存史、资政、团结、育人”的重要作用。拉萨市政协文史资料征集工作在历届政协领导班子的的高度重视和文史资料工作者的共同努力下，通过翻阅大量西藏历史书籍和人物传记，走访各行业专家学者，搜集老人口述等渠道，编辑出版了《拉萨文史》《老城史话》《拉萨记忆》等十余本书籍，为丰富拉萨文史资料，加强统一战线，促进民族团结发挥了重要作用。

2020年，拉萨市政协组织八县（区）政协编辑整理出版《拉萨史话》系列丛书，介绍拉萨八县（区）历史变迁、宗教文化、人文景观，并以内部刊物的形式出版，是拉萨市政协文史资料工作的突出成果。2021年，十二届政协拉萨市委员会高度重视政协文史资料编纂工作，积极推动文化文史工作，坚持以铸牢中华民族共同体意识为主线，进一步修改完善《拉萨市县区史话丛书》，较全面、系统地反映了拉萨市的人文地理特征和社会历史发展，丛书内容丰富全面，版式图文并茂，具有一定的史实依据，对传承拉萨优秀地域历史文化、不断增强文化自信，引导树立增强国家观、历史观、民族观、文化观、宗教观起到有力的推动作用。

在编选中，为了保证《拉萨市县区史话丛书》能够有助于提供真实可靠的史料，有助于巩固和扩大爱国主义统一战线，且又具有高原特色和拉萨特点，参与编选的人员尽力做到精选细审，对遇到的问题，反复斟酌研究，认真考察文献资料。应当说《拉萨市县区史话丛书》一书是对拉萨市政协文史资料成果的一次检阅，其中凝聚了众多作者和几代文史资料工作者的心血。此书出版，得到了拉萨市各级领导的重视，得到了拉萨市政协各部门的密切配合，得到了广大政协委员及各界人士的大力支持，在此一并致以崇高的敬意和衷心的感谢！

修改完善后的《拉萨市县区史话丛书》题材广泛，资料搜罗更加丰富，共有《城关区文化概述》《达孜区文化概述》《堆龙德庆区文化概述》《墨竹工卡县文化概述》《曲水县文化概述》《尼木县文化概述》《当雄县文化概述》《林周县文化概述》八本书籍。其中《城关区文化概述》原名为《城关史话》，曾荣获全国政协优秀文史资料图书奖，这既是对拉萨政协文史资料工作的充分肯定，也是对老一辈文史工作者辛勤付出的肯定，更是对今后文史工作的鼓励和鞭策。拉萨政协将凝聚各方智慧和力量，力争打造更多精品图书，在弘扬社会主义核心价值观、推动中华民族伟大复兴中彰显应有的时代价值。

拉萨市政协文史民族宗教法制委员会

2022年8月

སྔོན་གཞི།།

བཀྲང་ཡས་སྐྱེ་བོ་ཀུན་གྱི་མཐོང་ཆོས་སུ་གྱུར་པའི་མཚོ་བོད་ས་མཐོར་མི་ཆོས་རིག་གནས་ཀྱི་ལོ་རྒྱུས་ཡུན་རིང་ལྡན་ཅིང་། ལྷག་པར་བོད་ཀྱི་ཆབ་སྲིད་དང་། དཔལ་འབྱོར། རིག་གནས་བཅས་ཀྱི་ལྟེ་བའི་གྲོང་ཁྱེར་ལྷ་སར་ཆ་མཚོན་ན་ལོ་ངོ་༡༣༠༠ལྷག་ཙམ་གྱི་ལོ་རྒྱུས་ལྡན་ཡོད། འདི་ནི་ལོ་རྒྱུས་དང་རིག་གནས་ཀྱིས་ཕྱུག་པའི་གྲགས་ཅན་གྱི་གྲོང་ཁྱེར་ཞིག་ཡིན་ལ་མི་ཆོས་རིག་གནས་ཀྱི་རྨང་གཞི་བརྟན་པོར་ཚུགས་ཤིང་། ས་ཁོངས་རིག་གནས་ཀྱི་ཁྱད་ཆོས་མངོན་པར་གསལ་བའི་གྲོང་ཁྱེར་ཞིག་ཡིན། སྤྱི་ལོ་༡༩༨༢ལོར་རྒྱལ་སྲིད་སྤྱི་ཁྱབ་ཁང་གིས་ལྷ་ས་གྲོང་ཁྱེར་འདི་རྒྱལ་ཁབ་ཀྱི་ལོ་རྒྱུས་རིག་གནས་ལྡན་པའི་གྲགས་ཅན་གྲོང་ཁྱེར་ཞེས་པའི་མིང་གཞུང་ནང་བཙུག་ཡོད།

ལོ་རྒྱུས་བློ་ལ་བཅངས་ཚེ་འབྱུང་འགྱུར་གཏོད་ཐུབ་པ་དང་། རྒྱུན་འཛིན་ལེགས་པོ་བྱུང་ཚེ་ད་གཟོད་གསར་གཏོད་བྱེད་ཐུབ། ཏང་གི་ཚོགས་ཆེན་བཅོ་བརྒྱད་པ་འཚོགས་ཚུན་བློ་མཐུན་ཞི་ཅིན་ཕིང་གིས་སྒྲོག་ཤིང་གནང་བའི་ཏང་ཀྲུང་དབྱང་གིས་ཀྲུང་ཧྭའི་ཕུལ་བྱུང་སྲོལ་རྒྱུན་རིག་གནས་རྒྱུན་འཛིན་དང་འཕེལ་རྒྱས་གཏོང་རྒྱུར་ཚད་མཐོའི་མཐོང་ཆེན་གནང་ཡོད། སྤྱི་ཁྱབ་ཧྲུའུ་ཅི་ཞི་ཅིན་ཕིང་གིས་གྲོང་ཁྱེར་ནི་མི་རིགས་ཤིག་གི་རིག་གནས་དང་། བསམ་བློའི་འདུ་ཤེས་སྒྲུབ་ས་ཡིན་པ་དང་། ལོ་རྒྱུས་དང་རིག་གནས་ནི་གྲོང་ཁྱེར་ཞིག་གི་ཡིད་དབང་འཕྲོག་ཡུལ་གཙོ་བོ་དེ་ཡིན་ཞེས་དང་། རྒྱལ་ཁབ་བམ་མི་རིགས་ག་གེ་མོ་ཞིག་སྟོབས་འབྱོར་མངའ་ཐང་རྒྱས་མིན་ནི་གང་དེའི་རིག་གནས་དར་རྒྱས་བྱུང་མིན་ལ་རག་ལུས་ཡོད་ཅིང་། ཤེས་དཔལ་ལ་རྒྱུན་འཛིན་མེད་པ་དང་། རིག་གནས་ལ་དར་རྒྱས་མ་བྱུང་ཚེ་ཀྲུང་གོའི་ཕུགས་འདུན་ཞེས་པ་མངོན་འགྱུར་ཡོང་མི་ཐུབ་ཅེས་གསལ་སྟོན་གནང་ཡོད།

སྲིད་གྲོས་རིག་གནས་ལོ་རྒྱུས་ལས་དོན་ནི་མི་དམངས་སྲིད་གྲོས་ཀྱི་འཐབ་ཕྱོགས་གཅིག་གྱུར་གྱི་ཁྱད་ཆོས་ལྡན་པའི་རྨང་གཞིའི་རང་བཞིན་གྱི་ལས་དོན་ཞིག་ཡིན་ཞིང་། “ལོ་རྒྱུས་ཉར་

ཚགས་དང་། སྲིད་དོན་སྐྱོང་བ། མཐུན་སྒྲིལ། མི་སྣ་གསོ་སྐྱོང་”བཅས་ཀྱི་ནུས་པ་གལ་ཆེན་འདོན་སྤེལ་བྱེད་བཞིན་ཡོད། གྲོང་ཁྱེར་ལྷ་ས་སྲིད་གྲོས་རིག་གནས་ཡིག་ཆ་བསྡུ་རུབ་ཀྱི་ལས་དོན་ནི་སྲིད་གྲོས་སྐབས་རིམ་བྱུང་གི་འགོ་ཁྲིད་རྣམ་པའི་ཚད་མཐོའི་མཐོང་ཆེན་དང་། རིག་གནས་ལོ་རྒྱུས་ཀྱི་དཔྱད་ཡིག་ལས་དོན་པ་ཚོའི་ཐུན་མོང་འབད་བརྩོན་འོག་བོད་ཀྱི་ལོ་རྒྱུས་ཡིག་ཚགས་དང་མི་སྣའི་རྣམ་ཐར་འཕོར་ཆེན་ལྷུ་སྒྲིག་བྱས་ཤིང་། ལས་རིགས་ཁག་གི་རིགས་གཅིག་མཁས་དབང་དང་དགེ་རྒན་ཁག་ལ་བཅར་འདྲི་བྱས་པ། རྒན་རབས་མྱོང་བ་ཅན་ཚོའི་ཞལ་རྒྱུན་ཉན་པ་བཅས་བརྒྱུད་སྔ་རྗེས་སུ《ལྷ་སའི་རིག་གནས་ལོ་རྒྱུས་》《གྲོང་ཁུལ་རྙིང་པའི་ལོ་རྒྱུས་》《ལྷ་སའི་དྲན་འཆར་》སོགས་དཔེ་དེབ་བཅུ་ཕྲག་འགྲེམས་སྤེལ་བྱས་ཡོད་པས་ལྷ་སའི་རིག་གནས་ལོ་རྒྱུས་ཀྱི་དཔྱད་གཞིའི་ཡིག་ཆ་ཕུན་སུམ་ཚོགས་སུ་གཏོང་བ་དང་། འཐབ་ཕྱོགས་གཅིག་གྱུར་ལ་ཤུགས་སྣོན་རྒྱག་པ། མི་རིགས་མཐུན་སྒྲིལ་ལ་སྐུལ་འདེད་གཏོང་བ་བཅས་ཀྱི་ཐད་ནུས་པ་གལ་ཆེན་ཐོན་ཡོད།

སྤྱི་ལོ་༢༠༢༠ལོར་ལྷ་ས་གྲོང་ཁྱེར་སྲིད་གྲོས་ཀྱིས་རྫོང་བརྒྱུད་（ཆུས་）སྒྲིག་འཛུགས་བྱས་ཤིང་། སྲིད་གྲོས་ཀྱིས་གཙོ་འགན་ཁུར་ཏེ《ལྷ་སའི་རིག་གནས་ལོ་རྒྱུས་》དཔེ་ཚོགས་ཞེས་པ་དཔེ་སྐྲུན་བྱས་ཡོད་དེ། གཙོ་བོ་ལྷ་སའི་རྫོང་（ཆུས་）བརྒྱུད་ཀྱི་ལོ་རྒྱུས་འཕེལ་འགྱུར་དང་། ཆོས་ལུགས་རིག་གནས། རིག་གནས་ཤུལ་བཞག་བཅས་ལ་ངོ་སྤྲོད་བྱས་པ་མ་ཟད། ནང་ཁུལ་དུས་དེབ་ཀྱི་རྣམ་པའི་ཐོག་ནས་དཔེ་སྐྲུན་བྱས་པ་དེ་ནི་ལྷ་ས་གྲོང་ཁྱེར་སྲིད་གྲོས་ཀྱི་རིག་གནས་དང་ལོ་རྒྱུས་ཡིག་ཚགས་ལས་དོན་གྱི་མངོན་གསལ་དོད་པའི་གྲུབ་འབྲས་ཤིག་རེད། སྤྱི་ལོ་༢༠༢༡ལོར་སྲིད་གྲོས་སྐབས་བཅུ་གཉིས་པའི་ལྷ་ས་གྲོང་ཁྱེར་ཨུ་ཡོན་ལྷན་ཁང་གིས་སྲིད་གྲོས་རིག་གནས་ལོ་རྒྱུས་ཀྱི་དཔྱད་གཞིའི་ཡིག་ཆའི་རྩོམ་སྒྲིག་གི་ལས་ཀར་ཚད་མཐོའི་མཐོང་ཆེན་དང་། རིག་གནས་ལོ་རྒྱུས་ཀྱི་ལས་དོན་ལ་སྐུལ་འདེད་ཧུར་ཐག་བཏང་ཐོག ཀྲུང་ཧྭ་མི་རིགས་ཀྱི་གཅིག་མཐུན་འདུས་གྲུབ་ཀྱི་འདུ་ཤེས་བརྟན་པོ་འཛུགས་རྒྱུ་མཐའ་འཁྱོངས་བྱས་ཏེ《ལྷ་ས་གྲོང་ཁྱེར་གྱི་ཆུས་དང་རྫོང་ཁག་གི་རིག་གནས་ལོ་རྒྱུས་དཔེ་ཚོགས་》ལ་སྔར་བས་བཟོ་བཅོས་དང་འཕྲུས་སྐོ་ཚང་དུ་བཏང་ནས། ལྷ་ས་གྲོང་ཁྱེར་གྱི་མི་ཆོས་ས་ཁམས་ཀྱི་ཁྱད་ཆོས་དང་། ལོ་

རྒྱུས་འཕེལ་རིམ་དག་ཚགས་དམ་ལ་ཆ་ཚང་བའི་སྒོ་ནས་མཚོན་པར་བྱས་ཡོད། དཔེ་ཚོགས་གྱི་ནང་དོན་ཕུན་སུམ་ཚོགས་པ་གང་ཞིག པར་རིས་དང་ཡི་གེ་མཉམ་དུ་བཀོད་པས། ལོ་རྒྱུས་དངོས་ཀྱི་གཞི་འཛིན་ས་ངེས་ཅན་ལྡན་པས་ལྷ་ས་ཁུལ་གྱི་ཕུལ་བྱུང་རིག་གནས་ལོ་རྒྱུས་ལ་རྒྱུན་འཛིན་དང་རིག་གནས་ཀྱི་གདེང་ཚོད་རྒྱུན་ཆད་མེད་པར་ཆེ་རུ་བཏང་ནས། རྒྱལ་ཁབ་ཀྱི་ལྟ་བ་དང་། ལོ་རྒྱུས་ཀྱི་ལྟ་བ། མི་རིགས་ཀྱི་ལྟ་བ། རིག་གནས་ཀྱི་ལྟ་བ། ཆོས་ལུགས་ཀྱི་ལྟ་བ་བཅས་འཛུགས་རྒྱུར་སྐུལ་འདེད་རང་བཞིན་གྱི་ནུས་པ་ཐོན་ཡོད།

རྩོམ་སྒྲིག་བྱེད་རིང་《ལྷ་ས་གྲོང་ཁྱེར་གྱི་ཆུས་དང་ཇོང་ཁག་གི་རིག་གནས་ལོ་རྒྱུས་དཔེ་ཚོགས་》ཀྱི་དོན་དངོས་རང་བཞིན་དང་ལོ་རྒྱུས་ཀྱི་དཔྱད་གཞིའི་ཡིག་རིགས་ཀྱི་ཁུངས་བཙུན་རང་བཞིན་ཆེས་ཆེར་མངོན་ཆེད་དང་། རྒྱལ་གཅེས་རིང་ལུགས་ཀྱི་འཐབ་ཕྱོགས་གཅིག་གྱུར་གྱི་བསམ་བློ་སྲ་བརྟན་དང་རྒྱ་ཆེར་གཏོང་རྒྱུར་ཕན་འདོགས་པའི་ཆེད། ས་མཐོའི་ཁྱད་ཆོས་དང་ལྷག་པར་དུ་ལྷ་སའི་ཁྱད་ཆོས་མངོན་ཆེད་ད་ཐེངས་རྩོམ་སྒྲིག་ནང་ཞུགས་མཁན་གྱི་རྩོམ་སྒྲིག་པ་རྣམ་པས་ལེགས་རྩོམ་ལེགས་བཏུས་དང་། ཕན་ཚུན་བགྲོ་གླེང་། ཞིབ་འཇུག་ཏུར་ཐག་བཅས་བྱས་ཤིང་ཚད་ལྡན་ཡིག་ཆ་དག་ལའང་ལྟ་བསྐྱར་ནན་པོ་བྱས་ཡོད། 《ལྷ་ས་གྲོང་ཁྱེར་གྱི་ཆུས་དང་ཇོང་ཁག་གི་རིག་གནས་ལོ་རྒྱུས་དཔེ་ཚོགས་》ཞེས་པའི་དེབ་ཕྲེང་འདི་ནི་ལྷ་ས་གྲོང་ཁྱེར་སྲིད་གྲོས་ཀྱི་རིག་གནས་ལོ་རྒྱུས་ཡིག་ཆའི་གྲུབ་འབྲས་ལ་ཞིབ་རྩིས་གནང་བ་ཞིག་ཡིན་ཞིང་། འདིར་རྩོམ་པ་པོ་རྣམས་དང་རིག་གནས་ལོ་རྒྱུས་ཀྱི་དཔྱད་གཞིའི་ལས་རིགས་ལ་འབད་འབུང་གནང་མཁན་མི་རབས་འགའ་ཤས་ཀྱི་སེམས་ནུས་གཅིག་ཏུ་འདུས་ཡོད། དཔེ་ཚོགས་འདི་དཔེ་སྐྲུན་བྱེད་པར་ལྷ་ས་གྲོང་ཁྱེར་གྱི་རིམ་ཁག་དབུ་ཁྲིད་ཁག་གིས་ཚད་མཐོའི་མཐོང་ཆེན་གནང་བ་དང་། ལྷ་ས་གྲོང་ཁྱེར་སྲིད་གྲོས་ཀྱི་ཚན་པ་ཁག་གིས་གཞོགས་འདེགས་ཏུར་ཐག་གནང་བ། རྒྱ་ཆེའི་སྲིད་གྲོས་ཨུ་ཡོན་དང་དེ་བཞིན་སྤྱི་ཚོགས་ལས་རིགས་ཁག་གི་མི་སྣའི་ཤུགས་ཆེའི་རྒྱབ་སྐྱོར་བཅས་ཐོབ་པ་བརྒྱུད་ད་ལམ་རྒྱ་ཆེའི་ཀློག་པ་པོ་ཚོའི་སྤྱན་ལམ་དུ་འདྲེན་འཆར་ཡོད་ཅིང་། སྐབས་འདི་དང་བསྟུན་ནས་ལྷ་ས་སྲིད་གྲོས་རིག་གནས་ལོ་རྒྱུས་ཀྱི་ཕྱུག་ལས་གནང་མཁན་དང་དེ་འབྲེལ་གྱི་མི་བུ་ཚོར་བླ་ན་མེད་པའི་གུས་འདུད་དང་སྙིང་

དཔྱིས་ནས་ཐུགས་རྗེ་ཆེ་ཞུ།

བཟོ་བཅོས་དང་འཕྲུལ་སྒྲ་ཇི་ཚད་དུ་བཏང་བའི་《ལྷ་ས་གྲོང་ཁྱེར་གྱི་ཆུས་དང་རྫོང་ཁག་གི་རིག་གནས་ལོ་རྒྱུས་དཔེ་ཚོགས་》འདི་ནི་བརྗོད་བྱ་རྒྱ་ཆེ་ཁར་དཔྱད་གཞིའི་ཡིག་རིགས་སྤྲར་བས་འཕྲུལ་སྒྲ་ཚད་བ་བྱུང་ཡོད་ཅིང་། དེ་ཡང་《ཁྲིང་ཀོན་ཆུས་ཀྱི་རིག་གནས་ལོ་རྒྱུས་རགས་བཤད་》དང་《སྟག་རྩེ་ཆུས་ཀྱི་རིག་གནས་ལོ་རྒྱུས་རགས་བཤད།》《སྟོད་ལུང་བདེ་ཆེན་ཆུས་ཀྱི་རིག་གནས་ལོ་རྒྱུས་རགས་བཤད།》《མལ་གྲོ་གུང་དཀར་རྫོང་གི་རིག་གནས་ལོ་རྒྱུས་རགས་བཤད།》《ཆུ་ཤུར་རྫོང་གི་རིག་གནས་ལོ་རྒྱུས་རགས་བཤད།》《སྙེ་མོ་རྫོང་གི་རིག་གནས་ལོ་རྒྱུས་རགས་བཤད།》《འདམ་གཞུང་རྫོང་གི་རིག་གནས་ལོ་རྒྱུས་རགས་བཤད།》《ལྷུན་གྲུབ་རྫོང་གི་རིག་གནས་ལོ་རྒྱུས་རགས་བཤད་》བཅས་ཁྱོན་དེབ་བརྒྱད་ཡོད། དེའི་ཁྲོད་ནས་《ཁྲིང་ཀོན་ཆུས་ཀྱི་རིག་གནས་ལོ་རྒྱུས་རགས་བཤད་》ཅེས་པའི་དེབ་དེའི་མིང་གཞན་ལ་《ཁྲིང་ཀོན་གནའ་བཤད་》ཅེས་བརྗོད་ཅིང་། དེབ་དེར་རྒྱལ་ཡོངས་སྲིད་གྲོས་ཀྱི་རིག་གནས་དང་ལོ་རྒྱུས་ཡིག་ཆའི་ཞུལ་བྱུང་གི་དཔེ་དེབ་བྱ་དགའ་ཐོབ་པ་དེ་ནི་ལྷ་སའི་སྲིད་གྲོས་ཀྱི་རིག་གནས་དང་ལོ་རྒྱུས་ཡིག་རིགས་ཀྱི་ལས་ཀར་ཁས་ལེན་གང་ལེགས་གནང་བ་ཞིག་ཡིན་ལ། རིག་གནས་ལོ་རྒྱུས་ཀྱི་ལས་ཀ་བྱེད་མཁན་རྣམ་རབས་རྣམས་ཀྱིས་དཀའ་སྤྱད་འབད་བརྩོན་གནང་བ་ཞིག་ཀྱང་ཡིན་པས། སྔད་ཕྱིན་གྱི་རིག་གནས་དང་ལོ་རྒྱུས་ཀྱི་ལས་ཀར་སྐུལ་ལྕག་གནང་བ་ཞིག་ཅི་ལ་མིན། ལྷ་ས་སྲིད་གྲོས་ཀྱིས་ཕྱོགས་ཁག་གི་བློ་གྲོས་དང་སྟོབས་ཤུགས་གཅིག་ཏུ་བསྒྲིལ་ནས་དཔེ་དེབ་རྩེ་གྲ་དེ་བས་མང་བ་བསྐྲུན་ཐུབ་པར་བརྩོན་ལེན་བྱས་ཏེ་སྤྱི་ཚོགས་རིང་ལུགས་ཀྱི་ལྗི་བའི་རིན་ཐང་ལྡ་བ་དར་སྤེལ་གཏོང་བ་དང་ཀྲུང་ཧྭ་མི་རིགས་ཀྱི་ཀླབས་ཆེན་བསྐྱར་དར་ལ་སྐུལ་འདེད་གཏོང་བའི་ཁྲོད་དུས་རབས་ཀྱི་རིན་ཐང་མངོན་པར་བྱ་རྒྱུ་རེད།

ལྷ་ས་གྲོང་ཁྱེར་སྲིད་གྲོས་རིག་གནས་ལོ་རྒྱུས་མི་རིགས་ཆོས་ལུགས་

ཁྲིམས་ལུགས་ཨུ་ཡོན་ལྷན་ཁང་།

༢༠༢༢ལོའི་ཟླ་༤པ།

清晨的城关区

ཞོགས་པའི་ཁྲིན་ཀོན་ཆུས།

布达拉宫

ཙོ་བྲང་པོ་ཏ་ལ།

远眺布达拉宫

ཐོ་བྲང་པོ་ཏ་ལའི་བཟེད་ཉམས།

夜幕中的城关

ཁྲིན་ཀོན་ཆུས་ཀྱི་མཚན་སྐྱོངས།

大昭圣水

ཇོ་ཁང་གནས་ཆུ།

汇泉实业

ཧུའེ་ཆོན་དངོས་ལས།

洁达环卫

གཙང་དག་ཁོར་སྲུང་།

夜幕中的美食街

ཟས་ཞིམ་གྲོང་གི་མཚན་མོ།

目　录

དཀར་ཆག

第一章 老城基本情况

一、城名来历

距今一千三百多年以前，拉萨城东面的直贡河流域（现今墨竹工卡县境内）、拉萨河流域（现今达孜县境内的一部分地区，拉萨河谷地带）直至拉萨河与雅鲁藏布江汇合处（现今堆龙德庆县的部分地区和曲水县的部分地区），这片狭长的地区居住着“吉”姓氏的人。根据拉萨河从东向西的流向，拉萨河上游地区（从直贡河与墨竹河汇合之处至达孜县境内的甘丹寺山口）称为“吉堆”（藏语音译，“吉”指“吉”姓氏人，“堆”意为上）；拉萨河中游地区（现今达孜县境内的甘丹寺山口至堆龙德庆区乃琼乡境内的摩崖大佛山）叫作“吉旭”（藏语音译，“旭”意为低）；拉萨河下游地区（现今堆龙德庆区部分地区和曲水县大部地区）称为“吉麦”（藏语音译，“麦”意为下）。古城拉萨正位于拉萨河中游地区，因此被称为“吉旭”。当时的“吉旭”荒野一片，河流纵横，到处长满荆棘丛林。公元7世纪，吐蕃第三十二代赞普——松赞干布从雅砻河谷（现今山南地区泽当镇附近）迁都拉萨，在这片荒野中筑坝修堤，整治河流，填平拉萨河北面荒野中一处被称为“沃塘措”的小湖，建立大昭寺，寺中供养以释迦牟尼为主的多种佛像。供养佛祖圣像的地方在藏语中称为“拉萨”（在藏语中“拉”意为神佛，“萨”意为地方。“拉萨”意为佛祖圣像所在的地方）。今天被称作城名的“拉萨”一词即源于此。还有一种说法，根据有些藏文历史典籍记载，早在松赞干布前，拉萨红山（修筑布达拉宫的那座山称为红山）上已经有过拉托托日年赞（吐蕃二十七代赞普）的宫殿。《敦煌文献》记载，雅恰卜河（此河待考）北面的大片土地属于森布奇国王的领地。当时万人之上的君主都称为“拉”（意为神），国王居住的地方叫作神地“拉萨”。

二、形成历史

公元7世纪，吐蕃赞普松赞干布从尼婆罗迎娶赤尊公主，从中原大唐迎娶文成公主。两位公主进入吐蕃的时候分别迎请了两尊佛祖释迦牟尼的的塑像。松赞干布决定为这两尊至尊佛像建立佛堂，供人们朝拜。松赞干布请文成公主按照中原察看风水的八卦卜算来确定寺址。文成公主认为：“雪域之地犹如罗刹魔女仰天大卧，而‘沃塘措’正如魔女心脏，红山与药王山则是魔女心口上的胸骨。在‘沃塘措’上修建释迦牟尼佛堂，在红山、药王山上修建国王宫殿，方能镇住邪魔。此外，周围的风水有这样的利弊。”（《西藏王臣记》）

正如文成公主所说，天为八幅祥轮，地为八瓣莲花，东方如立佛塔〔指贡布山（གུང་པོ་རི།），此山位于达孜县德庆乡西南面〕；南方似堆珍宝〔指直布村背面的敏珠杂日山（སྨིན་དྲུག་ཛེ་རི།）以西〕；西面如同云母石上端放着海螺碗一样〔此山指堆龙德庆县境内达隆章布岩石山（སྣག་ལུང་བྲག），位于达隆沟内〕；北面恰似绽开的莲花（指夺底拉山，也叫卡多岩石山）。四座圣山矗立四方，而象征八个吉祥图案的山形包围这块福地。娘热盆嘎山为宝伞形（指色拉寺西面的扎西曲林小寺背后的山）；曼冲山为金鱼形〔指米穷山（ན་ཕྱུང་རི།），西南面的山口〕；东嘎岩山为莲花形（堆龙德庆县东嘎村西面）；直布村（གྲིབ་ཀྱི་ཕུར།）背面山上的冰沟为白海螺形〔指拉萨大桥南岸的奔巴山（དུམ་པ་རི།）〕；尤巴山（ཡུག་པ་རི།）为吉祥结形（热玛岗西南面的山）；张甫岩山（བྲག་ཕུའི་བྲག）为法轮形（堆龙德庆区达扎沟内）……以上这些山上具备了八个吉祥图案形。此外，东有老虎嘎东沃玛（纳金乡境内），南有飞龙拉萨河，西有红鸟迪普东（东堆龙德庆县境内熏区），北有黑乌龟帕崩卡岩石（པ་བོང་ཁ་）（娘热乡境内）。除了这些吉祥图案以外，四周山上还可以找出象征邪恶的图案形状。东面沙堆山上有罗刹魔女露出阴部的形状（城关区白定乡东面），南面有蝎群围着食物一样的山形（指热玛岗西面），西面熏山的岩石上有魔鬼站岗放哨形状的山（指堆龙德庆县东嘎村西面的山峰），北面娘热乡与夺底乡之间山型如同大象怒上沙场（指色拉寺东面的大象山口），为了镇住这些象征邪恶的山形地貌，特意在大昭寺二楼外墙四方立了四个镇魔石像，东面是梵天，南面是大鹏鸟，西面是佛塔，北面是雄狮。

拉萨东北方向珠穆色色觉木斯斯山岭（ཇོ་མོ་ཟེ་ཟེ།）巍然屹立，南面的敏竹杂日山岭（སྨིན་དྲུག་རྩ་རི།）直刺苍穹，西北方向的格培乌孜山（དགེ་འཕེལ་དབུ་རྩེ།）雄奇壮观。三座大山山连山，山脚下长满绿草，山腰上刺縻树枝叶繁茂，树林间生长着许多绿色的蒿草等药用植物，山顶是一片褐色的岩石，座座大山层峦叠嶂，如同宝石堆砌。山上是香獐、岩羊、画眉鸟、雪鸡、鹧鸪、豹子、狐狸、獾等飞禽走兽栖息的好地方。平坦的河谷地带四面环绕着这样美丽的群山，平地中央那座红山犹如一头横卧的大象，山顶上布达拉宫建筑雄伟壮丽。与它并驾齐驱的药王山如同一头怒吼的狮子昂首冲天，药王山上的利众藏医药学院建筑宛如盛开的莲花。药王山下的磨盘山恰似母虎入穴，磨盘山上的文殊寺庙和关帝庙交相辉映。大昭寺位于布达拉宫东面，离大昭寺不远的北面是小昭寺，老城四面建立的密宗事部三怙主庙紧紧围绕着大昭寺、小昭寺。以大昭寺为中心，围绕古寺形成的环行街道便是老城中心街道八廓街。繁华热闹的八廓街是老城市民和农牧民烧香拜佛的圣地，同时也是采购生产、生活必需品的商业街道。老城东郊是嘎玛贡桑（ཀརྨ་དགོན་གསར།）居民小区（过去是一片田野，是郊区农民居住生产的地方，后随着城市扩建，嘎玛贡桑土地上出现了大片居民住房）与老城连成一片。南面有恰措林卡（ཁྱུག་མཛོད་གླིང་ཀ།），西面有罗布林卡（ནོར་བུ་གླིང་ཀ།），北面有雄卡林卡（གཞོང་ཁ་གླིང་ཀ།），这些林园中树林繁茂、鸟语花香，是拉萨老城的一道亮丽的风景线。老城郊外麦浪滚滚的田野上，雪白的农家小院斑斑点点，俨如众星拱月烘托老城。从拉萨北面的大象山山口一直向西南方向绵延的一道高高的流沙河沙堤把北面的山洪水挡得严严实实，并把山洪水安全地排泄到宽阔的芦苇荡中，以免老城受山洪之灾。拉萨城西的芦苇荡宽广平坦，生长着茂密的芦苇，水鸭和小鸟在这里自由嬉戏。冬季里鸳鸯、黑颈鹤等珍稀鸟类光顾这里。北面的娘热沟和夺底沟常年奔流不息的山泉水和东面从嘎模山山口引来的清清河水流经城中，是老城人们生活用水的主要来源。拉萨河南岸的山坡上绿草丛生，那里是牛羊尽情吃草撒欢的好地方。美丽的拉萨城夏季清凉爽快，冬季风和日丽，终年蓝天白云，阳光普照，被人们赞美为“日光城”。城里生活的人民诚实、质朴、善良，乐于施舍济贫。著名藏族诗人协嘎林巴曾经写过一首《忆拉萨》的长诗，诗人在这首诗中深情地表达了对拉萨的爱恋之情，不妨在此引一段供大家欣赏：

古城宽广的大地，
被绿色的树木装点，
在明媚的阳光下显得格外妖娆，
令人向往啊，故乡拉萨。
古城美丽的容貌，
从不被云雾遮掩，
冬暖夏凉的好地方，
怀念你呀故乡拉萨。
地上铺满八瓣莲花垫，
山上呈现八大吉祥图，
天空恰似法轮八幅像，
想念你呀福地拉萨。

三、物产丰富

1.矿物、建材

据相关藏文历史典籍记载，当年文成公主奉松赞干布之命，在拉萨看风水、选寺址的时候指出，“卡尔巴（གར་པ། 纳金乡卡巴村）珠穆色色山岭有铁矿，修巴洞穴（ཤུག་པ་དོང་།）有铜矿，热卡扎岩石山（ར་ག་བྲག色拉寺东面山）有银矿，嘉嘎山（ལྷགས་ག་རི།）有金矿”。（《西藏王臣记》）

公元20世纪初，第十三世达赖喇嘛曾经向国外派遣西藏贵族子弟，让他们学习西方水电、造币、探矿、军事等技术。据说他们当中的孜仲桑卡尔·钦绕贡桑回藏后在巴尔库山上探测出了金矿。

西藏和平解放以后，在夺底乡境内勘探挖掘出了铁矿、煤矿、腊石、寒水石（可入藏药之矿石）、天然青石板（藏式建筑中常用的一种防水石材）。娘热乡境内勘探挖掘出制作水泥所用的原料及阿嘎土（一种淡黄色粘土，藏式建筑中常用的地平打磨材料）、红土（一种红色黏土，质地好的可作为泥塑塑像材料，土质差的可作制作水泥的原料）。直布村山上可挖掘出黄白阿嘎土。拉萨芦苇荡可出土矾（皮革和毛织物染色前用作洗涤剂和媒染剂），另外白色花岗岩建筑石材资源十分丰富。

2.植物、药材

拉萨境内生长的蓝色绿绒蒿、红景天、贝母、虫草、党参、蒂丁、卷丝苣苔、荜拨、角蒿等药材植物资源丰富。马兰草、亚大黄叶、瞿麦、野蒜、野韭等生产、生活中常用的植物丰富。另外还生长有多种可供观赏的花卉。

3.树木

多种杨树、柳树、柏树、松树、竹子、榆树、胡桃、蜜桃、核桃、甘蔗、苹果、关桃子、梨树、葡萄、桦树、醋柳、高山柳、栗树、刺蘑树、小蘖、苏木、刺柏、杜鹃花、苏卢、柽柳、锦鸡儿等乔木、灌木类树种生长良好。

4.动物

鹰、兀鹫、乌鸦、红嘴乌鸦、杜鹃鸟、松鸡、雕、鸢、鹧鸪、鹤、黄白野鸭、鱼鹞、斑雀、鹞隼、鹦鹉、喜鹊、鸽子、画眉鸟、燕子、蝙蝠、麻雀、野鸡、丁丁鸟、云雀、啄木鸟等飞禽鸟类和香獐、岩獐、羚羊、旱獭、野兔等食草动物，豹子、土豹、狼、狐狸、獾、猞猁、水獭、猫、红熊猫等食肉动物，无尾地鼠、岩鼠、鼬、蛇、壁虎、沙蜥蜴及各种鱼类等栖息在陆地和水中的动物，都在这块地方生存，繁衍后代。还有高寒和热带地区生活的动物孔雀、鹦鹉、老虎、野牛、野熊、熊、野驴、大象、羚羊、猿、猴、骆驼、金鱼、龟等动物也可通过人工饲养存活。

5.农作物

生长的主要农作物有青稞、小麦、豌豆、蚕豆、油菜、麻、土豆、玉米等，蔬菜有内地品种萝卜、本地品种萝卜、红萝卜、圆根萝卜、甜萝卜、波菜、白菜、莴笋、芹菜、青菜、花菜、西红柿、莲花白菜、蒜、葱等。西藏和平解放以后，蔬菜种植更加丰富，如今南瓜、黄瓜、西葫芦、油菜、大白菜、甜萝卜、各种辣椒、洋姜等菜类已引进种植，冬季还利用温室种植蔬菜供应市场。冬小麦、冬青稞品种试种成功并已推广。

6.家畜

人工家养的牲畜主要有牦牛、犏牛、黄牛、马、骡、驴、山羊、绵羊、猪、鸡、鸭等。城市近郊与农区毗邻的山沟内也有不少纯牧和农牧结合的牧业户。

四、老城形成发展历史

拉萨老城最早的建筑是松赞干布时期在红山上修建的作为宫殿的白宫。紧接着赤尊公主修建了以赤孜玛布宫为首的上千间房屋和宫墙。随后修建了大昭寺、小昭寺和查拉鲁固山岩寺（བྲག་ལྷ་ཀླུ་ཕུག）。

与此同时，卫藏四如（卫藏，藏语音译，指现今的拉萨、山南和日喀则大部地区，也可称为西藏腹地。“如”也是藏语音译，是吐蕃时期军队编制称谓）军队驻扎在拉萨。后来民间口头禅中常说的“拉萨四如”一句即源于此。当时拉萨河从现今的林廓南路上流过。因此这里有一条土石结构的河堤，堤坝后有一座天葬台，习惯上被称为坝后天葬台（རག་རྒྱབ་དུར་ཁྲོད།）。20世纪50年代末，那里仍能见到天葬台遗迹，一座佛塔和一棵榆树。位于大昭寺东面的“翁堆形卡”（འོང་སྟོད་ཞིང་ཁ།）街区当时还是田野，紧挨着“翁堆形卡”街区的“八朗雪”（སྦྲ་ནག་ཤོལ།）街区也没有民居建筑，这块地方是黑压压的一片牦牛毛帐篷，“八朗”一词为藏语音译，意为黑帐篷；“雪”一词也是藏语音译，其意为依傍在高层建筑下面的低矮建筑群。例如布达拉宫山脚下紧挨着布达拉宫的民居建筑群叫作“雪”。同样聚集在县府高层建筑下的民居建筑群在藏语中称为“宗雪”。寺庙建筑下的民居建筑群在藏语中称为“贡雪”。鉴于这样的道理，最初从遥远的家乡千里迢迢徒步或骑马来到拉萨朝佛的善男信女们在离大昭寺不远的空地上安营扎寨，成为一片帐篷群，这样的地方叫作“八朗雪”。当年的帐篷群随着老城的发展成为民居建筑群。尽管如此，“八朗雪”这个名称一直保留下来直到今天。在宫殿周围逐渐形成臣民居住的建筑群落是拉萨老城最早形成的规模态势。公元9世纪赤热巴巾时期，在拉萨老城东面修建了嘎如、木如寺，南面修建了嘎瓦、嘎瓦韦寺，北面修建了陈康和陈康寺。这个时候拉萨老城的雏形已经基本形成。此后历史发展不同时期有所扩建，形成了十八区。1717年（藏历十二饶迥火鸡年）准噶尔入侵西藏时，准噶尔兵马在大昭寺西面的草地上，搭起了蒙古包，至今这个街区在藏语中称为“庆枯囊”（ཁྱིང་གུར་ནང་།“庆枯”为藏语音译，意为蒙古包。“囊”意为里外的里）。除了这些规模较大的建筑以外，达官贵族修建的豪华宅院建筑也是老城发展的一大因素。例如：浏巴大官员在拉萨修建的官府叫“浏夏”府（ཟྲིའུ་ཤག），热巴大官员在拉萨修建的官府叫“热夏”府（རག་ཤག），大官员朗孜巴在拉萨修建的官府叫“朗孜夏”（སྣང་རྩེ་ཤག）。在漫漫的历史发展中，拉萨老城四方修建了四座“日松佛殿”（རིགས་གསུམ་ལྷ་ཁང་།藏传佛教密宗事部中三位依怙神像为主供佛的佛堂称作“日松佛殿”，其寺庙规模不大）。同时木如寺、喜德寺、密宗上院寺、密宗下院寺、仓枯尼姑庵等寺庙建筑，部分公房建筑，两座伊斯兰大小清真寺，大活佛宅院，贵族官员官邸，大小商人的私宅，还有各大僧院投资修建的出租房建筑。这些建筑的相继出现使拉萨城市规模逐渐扩大，形成以大昭寺为中心，环绕大昭寺的八廓街商业街道。（藏传佛教信徒有步行转经的习俗。以大昭寺为中心，在八廓街上顺时针方向转圈，藏语中称为“八廓”，其街名由此而来）。八廓街东面的恰彩岗（ཕྱག་འཚལ་སྒང་།）街区（今铁崩岗居委会辖区内）到南面的玛索夺崩

（དམག་ཟོར་རྗེ་ཕུང་།今拉萨市第八中学附近），西到公德林（磨盘山南面山脚下的一座小寺庙），北至宗角禄康（今龙王潭公园）顺时针方向绕一圈叫作“林廓”（“林廓”为藏语音译，其意为绕城廓转一圈，是拉萨老城转经路程最长的一圈）。介于最大圈“林廓”与最小圈“八廓”之间的中圈是围绕布达拉宫、药王山、磨盘山、加上大小昭二寺顺时针方向转一圈，称为“堆廓”（“堆廓”为藏语音译，其意为上圈）。20世纪初，拉萨城市居民都集中住在“林廓”圈以内，“林廓”圈以外作为城郊很少有民居建筑。最初第十三世达赖喇麻家眷宅院——朗顿府（ཡབ་གཞིས་སྣང་མདུན།）修建在“林廓”圈以外，到了四五十年代，大贵族擦绒（ཚ་རོང་།）、车仁（ཁྲེང་རིང་།）、耸培（ཟོམ་ཕུད།）等在“林廓”圈外城郊修起了仿欧别墅式的私人豪华住宅，那时拉萨城市规模向外拓宽了一步。

五、市民住宅及部分街名

拉萨老城相传有四苏（ཟུར་བཞི། “苏”为藏语音译，其意为角。在这里指坐落在街角的建筑）、四岗（སྒང་བཞི། “岗”为藏语音译。其意为坡，在这里指特定的某些建筑群）、四布（སྦུག་བཞི། “布”为藏语音译，其意为内，相对外而言。在这里指距中心街道靠里的小巷建筑）、四桥（ཟམ་པ་བཞི།）、四树（ཤིང་སྡོང་བཞི།）、四井（ཁྲོན་པ་བཞི།）等住宅和公共设施。我们做了一些考察，其结果无法一一确定，我们认定这些住宅和公共设施的名称仅为传言，就不在这里赘述。倒是有些地名、街名对考察拉萨城市发展的历史有参考价值，在本节中加以简略叙述。1959年西藏民主改革之前，拉萨老城最繁华的街道就是八廓街。环形的八廓街道上经营着各种商品的商店连成一圈。八廓东、南街上的商店大多是来自克什米尔穆斯林的商店，他们主要经营各种高级毛皮和藏式帽子。八廓北街上的大部分商店是来自尼泊尔的尼商商店，他们经营彩缎、手表、布匹、毛料、糖果等商品。其余商店都是藏族和汉族商人的商店。八廓街上最大的丝绸店叫北京商店，是汉族商人经营的。有些藏族商人从内地购进丝绸、瓷器、海产干菜和茶叶等商品在八廓街上销售，有些藏族商人到印度采购商品在八廓街上经营布匹、毛料、尼子、五金等。除了这些商店以外，八廓街上还有金银珠宝首饰店，工艺品店，食品、服装、生活日用品店，还有几家土特产品店。街道上摊贩也不少。八廓街上除商店以外，还有小型的、家庭式的饭馆、茶馆、酒馆。整个街道商店林立、商品丰富，成为老城贸易中心。八廓街四面八方向外辐射出去形成许多条相对独立的中、小街巷，这些街巷中又是一些极有特色的集市贸易区。走出八廓东街不到十多米的措那巴小巷（མཚོ་སྣ་བར།）便是拉萨老城中规模最大的菜市场，菜市场中有一个专门经营牛肉的肉市场，它是20世纪初建立的，这里经营牛肉生意的人基本上都是回族，这条街以这个肉市场为命名，称为“夏冲沃”（ཤ་ཁྲོམ་འོག “夏冲沃”为藏语音译，其意为卖肉街）。顺着“夏冲沃”小街往东走十几步就到了“翁堆形卡”大街（“翁堆形卡”为藏语音译，其意为上庄稼地）。这里是露天商场，许多摊贩摆摊销售旧衣服、旧家具等旧货；又是个骡马市场，马、骡子等牲畜在这里进行交易，还有几家给马钉铁掌的门面。“翁排形卡”北面的一条不很宽敞的街道上集中了民间皮革加工作坊和他们生产制作的皮革商品销售街，这条小街道称为“吉日”（སྐྱིད་རས།）小巷（“吉日”为藏语音译。这条街上居住的大部分人是民间牛皮加工人员。烤生牛皮的在藏语中称为“吉斯克”，“吉斯克”音逐渐走样，变成“吉日”）。“八朗雪”街道上居住的大部分是昌都地区来的康巴人，他们主要经营茶叶。八廓南街往南出去的小巷中，有一批来自堆龙德庆县柳梧乡桑甫山沟的农民鞋匠，专门制作僧靴和皮包草垫进行销售。从这条卖靴的小巷向西转去便是陶器市场。拉萨古城宇拓桥（琉璃桥གཡུ་ཐོག་ཟམ་པ།，今区工商管理局西侧）西面是一片菜地，菜农们在这里种菜养猪维持他们的生活。小昭寺西北面有个小型的屠宰场。这里宰杀的山羊、绵羊拿到八廓北街外小街上销售，因此这条街称为“夏萨苏”（ཤ་གསར་ཟུར།）（“夏萨苏”为藏语音译，其意为鲜肉街道）。小昭寺前的街道上开了不少饭馆，这条街叫“萨康雄”（ཟ་ཁང་

གཞུང་། “萨康雄”为藏语音译，其意为饭馆街）。离林廓东路不远的“铁崩岗”（ཐལ་སྤུངས་སྒང་། “铁崩岗”为藏语音译，其意为灰土坡）街道上是郊区农民销售牛粪、木柴等燃料的地方。“冲赛康”（ཁྲོམ་གཟིགས་ཁང་། “冲赛康”为藏语音译，其意为观街楼）广场上是销售饲草和陶器的主要市场。过去老城没有标注街道名称、门牌号码的习惯，有人查询或者信件往来地址都是按照街名或房名来辩认。老城街道名称如“八朗雪”“翁堆形卡”“庆枯”“八廓”“吉日”等由来已在前面作过解释。“居康雄”这条街名的来历是这样的：这条街上的主要建筑物是上下密宗院和寺院僧舍，因此街名为“居康雄”（“居康雄”为藏语音译，其意为密宗院建筑街）。“鲁固”（ཀླུ་སྒུག）街名的来历是这样的：传说古代许多龙在现今“鲁固”这个地方等待释迦牟尼佛像到来，街名由此而得（“鲁固”为藏语音译。“鲁”在藏语中称为龙，“固”为等待）。“喜德贡香”（ཞི་བདེ་དགོན་གཤམ།）是指“喜德寺下的居民建筑，这一带房名就叫“喜得贡香”（“喜德贡香”为藏语音译，“喜德”指“喜德寺”，“贡香”指寺院下面的民居建筑）。“河坝林”（ཝ་པ་གླིང་།）街名来历是：很久以前城南的拉萨河河床就在现今的“河坝林”街道上，后来拉萨河北岸修筑了河堤，靠河堤的这部分建筑群就叫“河坝林”。“河坝林”街区上居住的居民大部分是回族，“河坝林”居民区内有一个拉萨最大的屠宰场，其屠宰场名叫“其米岗”（ཆུ་མིག་སྒང་།），主要宰杀牛。“铁崩岗”居民区很久以前是堆放牛粪灰的地方（铁崩岗”为藏语音译，其意为堆放牛粪灰的场地），其街名由此而得。“恰彩岗”（今城关区古艺建筑美术公司北面）这条街的街名来历是这样的：佛教信徒们转经到这里朝西观望的时候，可以见到布达拉宫，站在这里面向布达拉宫行礼祈祷后继续走在转经路上，这一带的街名就叫“恰彩岗”（“恰彩岗”为藏语音译，“恰彩”在藏语中意为叩拜）。大昭寺东面有一条“韦堆布”小巷，传说当年修建大昭寺的时候，修建工人都集中居住在这里，因此这个地方就叫“韦堆布”（ཁྲལ་སྡོད་སྦུག “韦堆布”为藏语音译，“韦堆”在藏语中意为差民居住的地方。“布”意为里，相对小巷外的八廓东大街而言）。古城八廓街上居住的主要居民是藏族，除了藏族以外，还有汉族、尼泊尔人、克什米尔人，拉达克穆斯林、森巴穆斯林。“八朗雪”街区居住的大部分是藏东的康巴人，“鲁固”和小昭寺附近居住的大多是流动人员。老城中居住的居民主要从事商业、手工业、建筑业、运输业，一部分人员充当寺院雇工，靠放牛、洗衣服等小活来维持生活。还有一些人在郊区农民田地里从事农田雇工工作。

老城郊区除了有大片的农田以外还有大面积的荒地，在1503年（藏历第八饶迥水猪年），仁崩·顿玉多吉为了抗衡哲蚌寺、色拉寺、甘丹寺势力，在老城东郊荒地上出资修建噶玛噶举教派“贡萨图丹曲科寺”，第六世噶玛巴活佛曾经住过此寺，从此此地称为“噶玛贡萨”（现今此地成了一个社区，此区称为“噶玛贡桑”区）。“噶玛贡萨”以北叫“沃杰塘”（འོ་རྒྱལ་ཐང་།）。松赞干布离世以后，唐王朝军队抵达拉萨，他们把释迦牟尼不动佛像（释迦牟尼八岁等身佛像，现今供奉小昭寺内）带到“沃杰塘”之地，佛像在露天放了七天，风吹日晒故佛祖受累了，因此此地称作“沃杰塘”（“沃杰塘”为藏语音译，“沃杰”一词在藏语中意为辛苦了，“塘”意为野地）。“沃杰塘”西面是“估崩塘”（སྐུ་འབུམ་ཐང་།），相传公元11世纪时，藏族著名的佛经翻译大师热译师在这里把自己的肉身变幻成十万个佛身显现出来，故此地叫“估崩塘”（“估崩塘”为藏语音译，“估崩”在藏语中意为十万身像）。“噶玛贡萨”南面为“冲拉”（འཁྲུངས་ལྷ།）之地，第七世达赖喇嘛时期，在这里修建了祭奉达赖喇嘛出生之神的小寺庙，该寺就叫“冲拉神殿”，后来神殿周围的村名就叫“冲拉村”（“冲拉”为藏语音译，意为出生之神）。

位于拉萨河南岸的村庄叫“直布村”（གྲིབ།），该村坐南朝北，东西方向山又高，早晨日出迟，下午日落快，因此叫作“直布村”（“直布”为藏语音译，意为遮阳的阴面）。老城西面的郊区有一大片沼泽地，也叫芦苇荡，这里称之为“江塘那卡”（རྐྱང་ཐང་ན་ཁ།），老城形成之初，这里是一块水草丰美、芦苇飘荡的绿洲，这块绿洲上栖息着成群的野驴，“江塘那卡”由此而来（“江塘那卡”为藏语音译，其意为野驴生活的缘地）。至今这块沼泽地比较完整地保留着，被称为拉鲁湿地。沼泽地北面山脚下有一个村庄，它的村名“巴尔库”（བྲག་རི་ཁུག），村庄周围被山包围，故得此名（“巴尔库”为藏语音译，意为藏在大山包围之中）。沼泽地西北面的“娘热”（ཉང་བྲན།）村庄的名称来历是这样的：很久以前，这里居住着“娘”氏族部落的头领和臣民，他们姓氏的名称成了村名（“娘热”为藏语音译，在藏语中意为娘氏人，“热”为“娘”氏族臣民）。位于拉萨东北方向山沟中的夺底（དོག་བདེ།“夺底”为藏语音译，在藏语中沟内地形狭窄称为“夺”，沟外地形开阔称为“底”），村名正是因该地独特的地理位置而得。“夺底村”北靠大山而沟底狭窄，南面面对拉萨河谷而逐渐走向开阔，因地形而得此名。拉萨东面的“纳金乡”乡名是因为乡北的那座山脚形似大象伸出大鼻子，故称为“纳金乡”（སྣ་ཆེན།“纳金”为藏语音译，“纳金”一词在藏语中意为大鼻子）。拉萨北郊“扎村（གྲྭ་བཞི།）村名来历是这样的：公元18世纪时，为了祈祝乾隆皇帝长命百岁，在这里新建一座小寺，固定四位僧人常年吟诵长寿经，此寺就叫“扎基寺”。寺庙周围的村名就叫“扎基扎”（“扎基寺”为藏语音译，“扎基”在藏语中是四位僧人的缩写）。

第二章 概 述

拉萨市城关区位于西藏自治区中部偏东南的雅鲁藏布江支流拉萨河下游城关区段南北两岸。地处东经91° 07'、北纬29° 39'，东西跨距28千米，南北跨距31千米。东与达孜区接壤，南与山南地区贡嘎县和扎囊县毗邻，西与堆龙德庆区紧靠，北与林周县相依。总面积554平方千米，其中城区面积51.4平方千米。城关区为西藏自治区及拉萨市人民政府驻地，区内有许多中央直属驻藏单位、驻藏部队以及自治区、拉萨市、城关区的党政军机关、企事业单位、社会团体等，是西藏自治区的政治、经济、文化中心和交通枢纽。城关区人民政府驻林廓东路36号，海拔3650米，距拉萨贡嘎机场67千米。

辖区内，冈底斯山、念青唐古拉山脉呈西东走向屹立于南北，形成北西向与北东向的山谷组合类型和复合地貌格局，总的地势为南北高、中间低。北部逶迤的高山刃脊绵亘，角峰林立，古冰斗和冰蚀槽谷广布，平均海拔5000米以上，最高山峰为曲莫主峰，海拔5459米。南部陡峭的高山奇峰嵯峨，山峦嶙峋，既有融冻侵蚀和流水切割的“山原面”，又有河谷下切、和缓浑圆的“盆地面”，平均海拔5100米以上，最高海拔为明珠则日主峰，达5598米。中部是宽阔的拉萨河谷冲积平原，沉积较厚，河漫滩阶地发育良好，植被葱茏，物产富饶，其谷底最低海拔为3620米。由于地势高耸，河谷平原深切，温和半干旱气候十分明显。主要表现为四季不分明，冬无严寒，夏无酷热；日照充足，太阳辐射强烈；日温差大，年温差小；干湿季分明，冬春干燥，多大风，水热同季，多夜雨；空气干燥，蒸发量大；气压低，空气相对含氧量较少。

辖区内土地肥沃，资源丰富；农作物主要有青稞、小麦、蚕豆、豌豆、油菜籽、马铃薯、黄瓜、丝瓜、南瓜、西葫芦、大蒜、洋葱、辣椒等；水果主要有苹果、核桃、桃子等；名贵中药材主要有红景天、贝母、虫草、党参等；野生动物主要有黑颈鹤、金雕、彩鹳、斑头雁、雕鸮、斑雀、鸽子、杜鹃鸟、百灵、赤麻鸭、旱獭、兔狲、藏原羚、麝、狐狸、猞猁、水獭、裂腹鱼、重唇鱼等；植被主要为禾本科、莎草科，其次为菊种、薇科以及部分豆科属植物，有高山蒿草、大花蒿草、粗壮蒿草、四川蒿草、西藏蒿草、喜马拉雅蒿草、青蒿草、固沙草、画眉草、垂穗披碱草、普通鹅冠草、雀麦早熟禾、羊茅、发草、野燕麦、剪股颖、紫花针茅、白草、沙生槐、葫芦巴、紫苜蓿、野豌豆、甘青锦鸡儿、藏白蒿、甘青蒲公英、粉芭苣、高山绣绒菊、圆叶栒子、火棘、萎陵菜、红景天、虫草、贝母、党参、雪莲、西藏黄芪、车前草、菌类、人参果、野葱、野韭菜等；河流主要有拉萨河、流沙河。多层次的地表植被和大河、溪流为野生动物提供了觅食、栖息、生长的环境和条件，水草丰盛的牧场载养着牦牛、黄牛、犏牛、马、驴、骡、山羊、绵羊等家养动物，高山、河谷中埋藏有铁、煤、花岗石、石灰石、寒水石等10多种矿藏，还有拉鲁湿地、拉萨河谷、雪岭奇峰等旖旎迷人的自然景观。

城关区历史悠久，文化灿烂，物华天宝，人杰地灵。千百年来，生活在这块神奇土地上的各族儿女勤劳勇敢、自强不息、和睦相处、相濡以沫，用智慧和民族精神共同推动了城关区的历史发展进程，共同谱写了城关区气壮山河、改天换地的宏伟诗篇。历史上，西藏许多重要历史事件都在这里发生和演绎，许多杰出历史人物也在这里应运而生，如松赞干布、文成公主、固始汗、第五世达赖喇嘛、第五世热振活佛及驻藏大臣傅清、拉布敦、和琳、张荫棠等人以其非凡的才智维护了祖国统一和民族团结，密切了祖国内地与西藏的交往联系。

城关区人民具有反抗压迫剥削和反帝爱国、维护祖国统一的光荣传统。吐蕃晚期，平民起义军直捣吐蕃腹心地带拉萨时，拉萨城区及郊区的奴隶、平民也举行大暴动，配合各路起义大军彻底摧毁了吐蕃政权的残酷统治。在之后的历史长河中，蒙古准噶尔部袭扰西藏、兵陷拉萨，廓尔喀军队入侵西藏，英国武装进犯拉萨以及英、俄、法国等人员强行进藏进行各种非法活动，城关区僧俗群众一方面联名向中央政府和驻藏大臣递送公禀，请求中央政府派兵平乱和驱逐侵略军队，另一方面自发组织起来以散发传单、拦阻外国人入境等形式，与入侵者作了不屈不挠的斗争，充分表现了城关区人民反对殖民主义侵略的坚强意志和维护祖国领土主权的崇高爱国主义情怀。同时，城关区人民还对西藏地方政府中的亲帝分子妄图分裂祖国的罪恶行径进行了一次又一次的斗争，并在中央政府的坚强领导和全国人民的支持下，使帝国主义和西藏分裂主义分子搞西藏独立的阴谋始终未能得逞。西藏和平解放后，城关区各族人民坚决拥护和贯彻《十七条协议》，积极支援解放军平息叛乱，并投身于民主改革运动，在中国共产党的领导下，彻底推翻了万恶的封建农奴制度。1962年，印度军队侵犯我国领土，城关区人民踊跃参加支前队，有力地支援了对印度的自卫反击战，捍卫了祖国神圣领土。

生活在拉萨城区的汉族、回族等民族，与藏族同胞一起，为城关区及西藏的多元文化锦上添花。城关区境内有雄伟的布达拉宫、壮观的大昭寺、别致的罗布林卡、古老的八廓街、悠久的石窟石刻摩崖和碑刻，以及藏传佛教寺院建筑等众多的人文景观，城关区还以古朴典雅的传统藏戏、婀娜婆娑的民间歌舞、五彩缤纷的民族服饰、绚烂独特的民族风情、丰富多彩的民族节日等文化遗产闻名于世。

西藏和平解放以来，在党的民族政策光辉照耀下，历届中共城关区委、城关区人民政府带领城关区各族人民艰苦创业、拼搏奋进，实现了国民经济和各项社会事业的长足发展，并在社会主义精神文明和物质文明建设中，取得前所未有的光辉业绩。半个世纪的发展历程，昭示了“发展才是硬道理”这一伟大真理。城关区各族人民在中央的亲切关怀和全国人民大力支持下，在西部大开发和中央赋予西藏一系列特殊政策、措施的支持下，坚持中国共产党的领导，坚定不移地走中国特色社会主义道路；坚持中共中央关于西藏工作的指导方针，正确处理改革、发展和稳定的关系；坚持反对分裂、维护祖国统一和民族团结，推进经济建设与社会进步、环境与经济协调发展；坚持可持续发展战略，发挥自身优势，促进各种经济成分健康发展；坚持贯彻民族区域自治法，团结一切可以团结的力量，调动一切积极因素，实现了城关区经济社会的跨越式发展和社会事业的全面进步。2018年，实现地区生产总值（GDP）273.15亿元。完成地方财政一般公共预算收入9.3亿元，财政支出37.72亿元。固定资产投资同比增长10.6%。实现社会消费品零售总额295.39亿元。规模以上工业增加值同比增长4.7%。实现农牧民人均可支配收入19200元。实现城镇居民人均可支配收入38187.53元。

第三章 历史沿革和党的建设

一、历史沿革

娘热乡曲贡村新石器时代遗址的发掘表明，在远古时期，“惹萨”（藏语音译，汉文史籍称“逻些”）一带就有原始人类活动，并在此采用自制的石质工具生产劳作，繁衍生息。

公元6世纪时，西藏全境分属12邦和40多个小邦。吉曲河（拉萨河）下游流域地区由额波查松和吉若江恩2个邦统治。额波查邦松统治领域包括今林周县、达孜区和城关区蔡公堂乡、纳金乡。6世纪与7世纪交替之际，额波查松邦大臣娘、瓦、嫩三氏暗通雅悉补野。悉补野首领朗日松赞率军北渡雅鲁布江，打败森波杰，尽收吉曲河流域。从此，今城关区所有地区成为悉补野部落的主要活动地区。

629年朗日松赞被人毒死，松赞干布继赞普位后组成并训练了一支精锐部队，先后征服松巴苏毗、象雄（即羊同）等部落，统一西藏高原，建立吐蕃政权，并于632年把都城由泽当迁到了逻些（拉萨）。松赞干布在政治、军事、文化、宗教等方面有重大建树，制定法律，设置行政区域。在今城关区热木齐一带设立卫茹治所，下设夺底东岱和热夏域参管理今城关区辖区内的军政事务和民事。

9世纪中叶，吐蕃政权崩溃后，西藏地方进入割据状态。吐蕃末代赞普达玛之子威松和云丹互相征战，各据一方，建立地方政权。云丹及其后裔占据卫茹大部，拉萨城区及近郊为其领地。

元代，中央政府在宣政院下设乌斯藏纳里速古鲁孙等三路宣慰使司都元帅府，管理西藏地方军政事务，拉萨城区隶属乌斯宣慰使司都元帅府。同时，元朝中央政府扶持藏传佛教萨迦派总理西藏地方政权，分封13个万户长管理军政事务，拉萨城区由蔡巴万户长管理。

明代，中央政府一方面推行都武卫制度，在拉萨设置搽里巴都指挥使司管理城郊等地，具体事务由帕木竹巴地方政权管理。帕木竹巴地方政权在各地推行“宗本”制，拉萨城区及堆龙德庆一部归乃邬宗管理。

明末清初，固始汗扶持藏传佛教格鲁派领袖、第五世达喇嘛建立甘丹颇章地方政权，拉萨城区及近郊归其管辖。17世纪中期后，西藏地方摄政第悉·洛桑金巴设立雪列空，管理布达拉宫城墙内外和城区“雪”地及其近18个谿卡的行政、治安和赋税。18世纪中叶，清朝中央政府废除郡王制，在拉萨设立噶厦和驻藏大臣衙门，授权驻藏大臣与达赖喇嘛共同掌管西藏地方政务。噶厦在拉萨城区设朗孜厦列空管理大昭寺和宇拓桥以东地区，雪列空管理布达拉宫和宇拓桥以西地区及近郊的9城、18营。至民国时期，拉萨城区及郊外一直为朗孜厦列空和雪列空分辖。

1954年，西藏地方政府设卫区总管直辖拉萨地区，拉萨城区由朗孜厦列空、雪列空分管。1956年，西藏自治区筹备委员会成立，建拉萨基巧办事处（地级），下设3个宗级办事处和7个宗、21个谿卡，拉萨城区除拉萨城仍隶卫区总管外，其余所设4个谿卡均隶属东嘎宗级办事处管理。1957年8月，撤销3个宗级办事处，拉萨城区所设谿卡直属拉萨基巧办事处。1959年3月，西藏上层反动集团发动全面武装叛乱，驻拉萨人民解放军奉命平叛，并成立军事管制委员会，撤销朗孜厦列空和雪列空等噶厦所设各级机构。5月至9月，相继建立东、南、西、北4城区和东郊、西郊区人民政府，直属拉萨军管会。10月，撤销拉萨军管会和基巧办事处，建立拉萨市，隶属自治区筹委会。拉萨城区的6个区人民政府隶属拉萨市管辖。1960年1月，拉萨市人民政府正式成立。2月，撤销东郊区、西郊区，所余东、南、西、北4城区由拉萨市人民政府管理。1961年4月23日，撤销东、南、西、北4城区，合并成立城关区人民政府，下设6个办事处、12个居民委员会和11个乡。1965年8月，城关区人民政府更名为城关区人民委员会。1969年9月，成立城关区革命委员会（简称城关区革委会），取代城关区人民委员会。城关区革委会下辖6个办事处革委会和12个居民革委会、11个人民公社革委会。1981年11月，撤销城关区革委会，恢复建立城关区人民政府，下辖6个办事处、12个居委会和11个人民公社管理委员会。1984年11月，撤销人民公社管委会，恢复乡建制，并成立各乡人民政府。1988年至1990年，通过撤区并乡，组建6个办事处、4个乡人民政府。

2017年，城关区下辖八廓、吉日、功德林、吉崩岗、金珠西路、扎细、两岛、嘎玛贡桑8个街道办事处，蔡公堂、纳金、娘热、夺底4个乡政府，以及40个社区、11个行政村。户籍人口80659户、172175人，其中藏族123611人、汉族44975人、回族1955人、其他民族1634人。

二、党的建设

1951年5月23日，《中央人民政府和西藏地方政府关于和平解放西藏办法的协议》（简称《十七条协议》）在北京签订，西藏实现和平解放。

1951年10月至1958年，中共拉萨工委和中共拉萨分工委加强党的组织建设，积极培养藏族干部、发展藏族党员。1959年3月，拉萨市区的武装叛乱平息后，中共拉萨市委抽调地方、军队干部组成6个工作队分赴拉萨市区和郊区建立工作队党委（临时党委、党支部），在市委领导下开展平叛、改革和党组织的组建、发展工作。同年5月至8月，以6个工作队党委（临时党委、党支部）所辖地区为基础，先后建立中共拉萨市东城、南城、西城、北城和东郊、西郊区委，并相继撤销6个工作队党委（临时党委、党支部）。之后，在带领翻身农奴开展以“三反双减”（反叛乱、反奴役、反乌拉差役，减租减息）、“三反两利”（反叛乱、反奴役、反乌拉差役，牧工、牧主两利）、“三反三算”（反叛乱、反剥削、反特权，算政治迫害账、算经济剥削账、算等级压迫账）为主要内容的民主改革运动的同时，按照中共拉萨市委关于建党工作的指示，加强党的组织建设，制定建党计划，培养藏族干部，发展少数民族党员。

1960年1月，撤销东郊、西郊区，其区委分别并入中共东、南、西、北城区委和堆龙德庆、达孜县委。1961年4月23日，撤销东、南、西、北4

城区委，合并成立为中共城关区委。当时，共有党员127名，其中预备党员48名。中共城关区委成立后，陆续建立八廓街、德吉路、吉日、巴尔库、纳金、蔡公堂6个办事处党委及其基层党支部。1961年11月，组建城关区人民政府党组。1964年，组建财经党组和政法党组。同时，贯彻中共中央“稳定发展”的方针，以农牧业生产为中心，整顿提高城乡互助组，稳定城市个体手工业经济和农牧民个体所有制；积极培养民族干部，发展党员，尤其是注重发展当地藏族及其他少数民族党员，不断壮大党员队伍。到1965年底，中共城关区委下辖3个政权系统党组、6个办事处党委、26个基层党支部（其中11个农村党支部）。共有党员168名，其中藏族及其他少数民族党员122名，占党员总数的72.6%。

“文化大革命”中，中共党组织建设遭到破坏，中共城关区委及其各级党组织基本瘫痪。1967年4月10日，经中国人民解放军拉萨军分区党委批准，成立城关区人武部党委。1970年1月26日，成立中共城关区革委会核心小组，党的组织建设工作有所恢复。1972年5月初，恢复建立城关区6个办事处党委。

1972年5月31日至6月2日，中共城关区第一次代表大会撤销中共城关区革委会核心小组，选举产生中共城关区第一届委员会，党的组织建设工作得以全面恢复。同年7月，中共城关区委设机关党总支。1973年9月，城关区人武部党委撤销。1979年1月，建立城关区人武部临时党委；2月，建立城关区建筑公司党委。1982年，建立城关区人大常委会党组。1983年恢复建立城关区人武部党委。1987年5月，撤销城关区建筑公司党委。到1987年底，中共城关区委下辖党组4个、党委6个、党总支1个、党支部57个（其中农牧区党支部11个）。共有党员837名，其中藏族和其他少数民族党员776名，占党员总数的92.7%。期间，中共城关区委认真贯彻十一届三中全会以来的各项方针、政策，全面开展拨乱反正、落实政策工作，并把工作重点转移到社会主义现代化建设上来，带领各族人民大搞经济建设，积极发展各项社会事业。

1988年，城关区在撤区并乡工作中，将6个办事处调整为5个办事处和4个乡；对原有的社区居委会和行政村、自然村进行调整，组建为22个居委会和42个村委会。即中共城关区委建立办事处、乡党委9个，建立居委会、村委会党支部64个。1990年，中共城关区委增设1个办事处（扎细）党委和3个居委会党支部。

20世纪90年代，中共城关区委一手抓反分裂斗争，确保社会稳定；一手抓改革开放，加快经济发展。同时，加大党的组织建设力度，本着“坚持标准，改善结构，保证质量，慎重发展”的方针，积极发展党员，并把培养、教育入党积极分子纳入正轨。中共城关区委采取办培训班或以会代训等方法，对入党积极分子进行党章、党纲、党风、党纪和为人民服务宗旨等党的基本知识教育以及党的基本路线教育。同时建立入党积极分子考察制度，对其经过一年以上考察后，成熟一个，发展一个。机关和企事业单位着重发展中青年知识分子入党；农牧区着重吸收有一定文化的中青年入党，逐步改善基层党员的年龄结构和文化结构，使党的组织建设不断加强，党员队伍不断发展壮大。另一方面。中共城关区委还十分重视党的思想建设，坚持以经济建设为中心，紧紧围绕改革开放、经济发展、社会稳定、民族团结，对各级党组织、全体党员和入党积极分子进行解放思想、实事求是、廉洁自律、反腐倡廉、纠正行业不正之风、“三个代表”以及“讲学习、讲政治、讲正气和维护祖国统一、反对分裂等方面的教育，充分发挥各级党组织的战斗堡垒作用和党员的先锋模范作用。

至2000年，中共城关区委共建有党组4个、党委11个、党总支1个、党支部83个。党员总数达1667人，其中藏族及其他少数民族党员1589人，占党员总数的93.3%。

截至目前，城关区共建立基层党组织395个，其中党委22个，党组11个，党总支40个，党支部322个，党的组织和工作覆盖各领域。全区共有党员7255名，其中机关干部党员1962名，事业及工勤党员2240名，农（牧居）名党员2576名，离退休党员470名。妇女党员3452名，40岁以下党员

4163名，大专及以上学历党员4024名。

三、党员代表大会

中共城关区第一次党员代表大会。1972年5月31日至6月2日，中共城关区第一次党员代表大会在拉萨召开。出席会议的代表共125名。其中贫下中农牧代表41人，解放军代表16人，领导干部代表34人，一般干部代表20人，其他劳动者代表14人。藏族及其他少数民族代表88人，占代表总数的70%以上。

会议听取、通过了王守民代表中共城关区革委会核心小组所作题为《团结起来，争取更大的胜利》的工作报告，撤销中共城关区革委会核心小组，选举产生中共城关区第一届委员会委员23名、候补委员2名。经过一届一次全委会选出常委11名，其中第一书记1名、书记2名、副书记2名。

中共城关区第二次党员代表大会。1977年8月11日至13日，中共城关区第二次党员代表大会在拉萨召开。出席会议的代表共131名，其中贫下中农牧代表75人，干部代表41人，其他劳动者代表15人；藏族及其他少数民族代表109人，占代表总数的83.2%。

会议听取、讨论并通过了张同和代表中共城关区第一届委员会所作题为《高举毛主席的伟大旗帜，为实现华主席“抓纲治国”的战略决策而努力奋斗》的报告，选举产生了中共城关区第二届委员会委员30名、候补委员1名。经过二届一次全委会选出常委11名，其中第一书记1名、书记1名、副书记2名。

中共城关区第三次党员代表大会。1987年5月21日至23日，中共城关区第三次党员代表大会在拉萨召开。出席会议的代表共145名，其中干部代表100名，知识分子和专业技术人员代表29名，农牧民和劳模、英模代表16名。藏族及其他少数民族代表128名，占代表总数的88.3%；妇女代表34名，占代表总数的23.4%。

会议听取、讨论并通过了扎西多吉代表中共城关区第二届委员会所作题为《坚持四项基本原则，为加快我区两个文明建设而奋斗》的报告和中共城关区纪律检查委员会（简称“中共城关区纪委”）的工作报告；选举产生中共城关区第三届委员会委员17名、候补委员3名以及中共城关区纪委委员7名；经过三届一次全委会选举出常委7名，其中书记1名、副书记4名；经过中共城关区纪委第一次全委会选举出书记1名、副书记1名。

中共城关区第四次党员代表大会。1990年6月4日至7日，中共城关区第四次党员代表大会在拉萨召开。出席会议的代表共95名，其中干部代表42名，城市居民代表28名，农牧民代表13名，科技教育战线代表9名，解放军代表2名。藏族及其他少数民族代表占代表总数的80%以上，妇女代表占代表总数的20%以上。

会议听取、讨论并通过了扎西多吉代表中共城关区第三届委员会所作的工作报告和中共城关区纪委的工作报告；选举产生中共城关区第四届委员会委员16名；经过四届一次全委会选出常委5名，其中书记1名、副书记2名；经过中共城关区纪委全委会选出书记1名、副书记1名。

中共城关区第五次党员代表大会。1995年5月22日至25日，中共城关区第五次党员代表大会在拉萨召开。出席会议的代表共121名，其中领导干部代表72名，工人代表5名，农牧民代表12名，居民代表18名，专业技术人员代表11名，解放军代表3名。藏族及其他少数民族代表103名，占代表总数的85.1%；妇女代表24名，占代表总数的19.8%。

会议听取、讨论并通过了扎西多吉代表中共城关区第四届委员会所作的工作报告和中共城关区纪委的工作报告；选举产生中共城关区第五届委员会委员19名、候补委员4名以及中共城关区纪委委员7名；经五届一次全委会选出常委9名，其中书记1名、副书记4名；经中共城关区纪委全委会选出书记1名、副书记1名。

中共城关区第六次党员代表大会。2000年10月25日至28日，中共城关区第六次党员代表大会在拉萨召开。出席会议的代表共123名，其中领导干部代表79名，农牧民代表28名，科技教育战线代表11名，工人代表3名，解放军代表2名。藏族及其他少数民族代表占代表总数的80%以上，妇女代表占代表总数的20%以上。

会议听取、讨论、通过了洛桑代表中共城关区第五届委员会所作的工作报告和中共城关区纪委的工作报告；选举产生中共城关区第六届委员会委员25名、候补委员2名以及中共城关区纪委委员9名；经六届一次全委会选出常委10名，其中书记1名、副书记4名；经中共城关区纪委全委会选出书记1名、副书记1名。

中共城关区第七次党员代表大会。2006年7月，根据《区委关于中国共产党拉萨市城关区第七次代表大会的通知》要求，全区划分4个选举单位，确定代表名额为130名（其中机动名额2名），选举产生128名代表。

代表中干部71人，占代表总人数的55.5%；先进人物19人，占代表总人数的14.8%；各类专业技术人员14人，占代表总人数的10.9%；农牧民、居民22人，占代表总人数的17.2%；解放军、武警部队2人，占代表总数的1.6%。年龄在45岁以下的78人，占代表总人数的60.9%。妇女37人，占代表总数的28.9%。大专以上文化程度69人，占代表总人数的53.9%；汉族33人，占代表总数的25.8%；其他民族95人，占代表总数的74.2%。

中共拉萨市城关区第七次代表大会于2006年7月18—20日召开，出席大会代表128人。热旦作题为《发挥优势、突出特色、创新思路、重点突破，为实现跨越式发展和构建和谐城关而努力奋斗》的区委工作报告，达瓦作纪委工作报告。大会选举区委委员23人、候补委员4人，选举纪委委员13人。

中共城关区第八次党员代表大会。2011年6月，根据《区委关于中国共产党拉萨市城关区第八次代表大会的通知》要求，全区划分49个选举单位，确定代表名额为130名（其中机动名额3名），选举产生127名代表。

代表中干部71人，占代表总人数的55.9%；先进人物19人，占代表总人数的14.9%；专业技术人员11人，占代表人数的8.7%；农牧民、居民代表24人，占代表总人数的18.9%；解放军、武警部队2人，占代表总数的1.6%。年龄在45岁以下81人，占代数总人数的64%。妇女35人，占代表总人数的28%。大专以上文化程度86人，占代表总数的68%。汉族44人，占代表总数的34.6%；其他民族83人，占代表总数的65.4%。

中共拉萨市城关区第八次代表大会于2011年8月13—14日召开，出席大会代表127人。赤列多吉作题为《围绕主题、加快发展、确保稳定，全面推进小康城关、平安城关、和谐城关、生态城关建设》的区委工作报告，洛桑尼玛作纪委工作报告。大会选举区委委员25人、候补委员5人，选举纪委委员12人。

中共城关区第九次党员代表大会。2016年6月，根据《区委关于中国共产党拉萨市城关区第九次代表大会的通知》要求，全区划分27个选举单位，确定代表名额为240名（其中机动名额10名），选举产生230名代表。

代表中干部116人，占代表总人数的50.4%；先进人物35人，占代表总人数的15.2%；专业技术人员24人，占代表总人数的10.4%；农牧民、居民53人，占代表总人数的23%；解放军、武警部队2人，占代表总人数的1%。年龄在45岁以下171人，占代表总人数的74%。妇女代表97人，占代表总人数的42%。大专以上文化程度166人，占代表总人数的72%。汉族73人，占代表总人数的32%；其他民族157人，占代表总人数的68%。

中共拉萨市城关区第九次代表大会于2016年9月18—20日召开，出席大会代表230人。果果作题为《干在实处创新业、走在前列谋新篇、凝心聚力抓发展、团结奋斗奔小康》的区委工作报告，隋兴国作纪委工作报告。大会选举区委委员28人、候补委员5人，选举纪委委员13人。

第四章　经济和社会事业发展

西藏和平解放前，城关区的农牧自然经济一直处于落后状态，生产资料完全被农奴主阶级占有，广大农奴和奴隶挣扎在官府、农奴主、寺庙的铁蹄之下，过着水深火热的生活。

民主改革初期，城区的总面积只有3平方千米，当前城区面积发展到了50多平方千米。拉萨作为西藏自治区的首府城市，近年来重点抓城区建设，使得民主改革前污水横流、堆满垃圾的荒地上，建起了一排排整齐的高楼大厦；清洁平整的柏油马路纵横交错，路边绿树成荫；城区的小巷铺成了石板路；夜间灯火通明；车辆川流不息。原来只有八廓一条街，现在不仅有八廓街，还有宇拓路、北京路、解放路、朵森格路、娘热路、夺底路、环城路等，沿街满是大小商店、设施完备的饭店宾馆、各种娱乐场所，以及工厂、银行、邮政、学校、医院和度假休闲场所等精美的建筑，给古城拉萨带来了现代化气息。国家不仅拨专款维修了布达拉宫和大昭寺，还批准和补助了遭破坏的其他古迹、寺院和经堂（包括清真寺）的修复工作，保护了正常的宗教活动。经改造、维修城区危房，使城区和农村人口的居住和生活条件得到很大的改善。

一、工业发展

和平解放前，拉萨地区的工业，只有夺底小型水电站、扎细机电厂和从事金银铜铁翻砂锻造的雪堆白手工作坊。和平解放后，从新建夺底电厂和汽车修理厂，到如今，除坐落在城区和近郊的由自治区和拉萨市管理的工厂、矿山企业外，城关区辖下还有机械维修、地毯、粮食加工、家具生产、建材和民族手工业等各种大小企业，乡和办事处辖下的石头加工、粮食加工和民族手工业等各种乡镇企业。直至2017年，城关区实现规模以上工业增加值132374.70万元，同比增长23.5%。

二、农业发展

民主改革前，农业方面只有春播的习惯，农业生产很落后。1964年试种冬小麦获得成功，开始了冬小麦的种植。虽因城区建设的需要，近郊耕地锐减，但由于实行科学种田，粮食产量有了较大幅度的增长，1996年城关区所辖4个乡的36个村有耕地23378亩，产粮1352.21万斤，平均每亩粮食产量为578.4斤，菜地7754亩，蔬菜产量4238.68斤。兴修夺底水库（一号水库）、乃囊水库（二号水库）、娘热水库和蔡公堂乡白定水库，可浇耕地5千余亩。另外，各乡也修建和维修了大小水库和水渠，为抗旱保灌发挥了很大作用。城关区辖区内有草场50.7866万亩（包括拉鲁湿地的730亩草地），民主改革后，特别是在改革开放方针的指引下，畜牧业方面，大力推行改良品种和科学养畜，牧业生产有了很大发展。每年干部职工（包括区、市直属机关）部队官兵和市民进行植树造林，绿化城区，取得了很大成绩。城关区所辖的林木达3179亩，同时也加大了对自然生长的树木的严格管理。

1959年至1965年，拉萨六城（郊）区党委、政府和中共城关区委、城关区人民政府，带领全体人民在平息叛乱的同时，进行民主改革，推翻封建农奴制度，实现了翻身农奴当家做主的权力，实行民族手工业和农牧民个体所有制，解放了生产力，推动了社会、经济的发展。1965年，城关区粮食总产550.95万千克，牲畜存栏2.75万头（只、匹）；农村经济总收入242.45万元，农牧民人均收入223元。

1966年至1978年，城关区进行社会主义改造，初步建立起以社会主义公有制为主体的社会主义经济。这段工作由于“文化大革命”的影响，出现过一些偏差。但通过“农业学大寨”“工业学大庆”等群众运动，城关区的经济、社会仍然有所发展。1978年，城关区除粮食因严重干旱、虫害造成减产外，牲畜存栏485头（只、匹），比1965年增长76.63%；农村经济总收入509.4万元，比1965年增长110%；农牧民人均收入393.6元，比1965年增长76.5%。

随着城乡一体化进程加快，农牧业结构得到进一步调整优化，农业特色产业进一步发展，城关区的粮经饲比例从过去的33：57：10调整到现在的24：65：11。2015年，城关区共有乡村户数4907户，其中农业户4824户，牧业户数83户，农牧民总人数13843人，其中农业人口13565人、牧业人口278人，现有劳动力12055人。

三、林产品经营

拉萨市城关区的经济林木主要为苹果、核桃、桃子，分布于纳金乡、蔡公堂乡、夺底乡、娘热乡和公德林办事处、吉日办事处、吉崩岗办事处辖区内。现辖区产量较大的主要是油桃。

20世纪70年代，果树工作者通过酸油桃与西藏地区特有的优质毛桃杂交，采用去劣留优的选育标准，经过多年的培育得到了以浓甜为主的新品种油桃——拉萨油桃。历届党委、政府立足于拉萨市地理位置特殊、雨量少、阳光充足，比较适宜油桃种植的实际情况，经过多年摸索和试验，在以城关区为中心的蔡公堂乡白定村选用了1063亩的流转土地建设了拉萨油桃种植基地，总投资3974万元，完成拉萨油桃种植154700株，采用嫁接、人工授粉、套袋等现代化的科学种植栽培技术发展优质的油桃种植产业。目前已将该产业纳入了拉萨市的经济重要支柱产业进行重点培育。

为了促进产业健康发展，市政府及市农业局，对该项目实行统一服务、统一技术指导、统一组织产品外销，使得该项目影响力不断扩大，辐射带动了周边县城乡镇，带动了区域经济发展。目前，城关区已经建成1000亩拉萨油桃核心示范园。油桃采摘、农家休闲产业发展取得长足发展。2015年秋，举办了城关区第一届拉萨油桃采摘节；2016年4月，举办了城关区首届桃花林卡节；2018年8月举办了城关区第四届拉萨油桃采摘节，并被自治区评为3A级旅游景区，形成了具有特色的旅游项目。

2004年城关区农村经济总收入1.75亿元，比上年增长18.72%，2005

年，城关区农村经济总收入1.96亿元，比上年增长12%，农牧民人均纯收入3295.14元，比上年增长7.6%　；2006年城关区农村经济总收入达2.24亿元，比上年增长14.28%，农牧民人均纯收入达3933.6元，比上年增长19.38%。

2007年城关区农村经济总收入达2.69亿元，比上年增长20.08%，农牧民人均纯收入达4668元，比上年实际增长18.67%；2008年城关区农村经济总收入达3.36亿元，比上年增长24.90%，农牧民人均纯收入达5370元，比上年增长15%。

2009年城关区农村经济总收入达4.081亿元，比上年增长21.45%，农牧民人均纯收入达6712元，比上年增长24.99%；2010年城关区农村经济总收入达4.62亿元，比上年增长13.20%，农牧民人均纯收入达6791.65元，比上年增长1.18%；2011年，城关区农村经济总收入5.9839亿元，比1980年的696.84万元增加85倍多。国民经济总收入45.32亿元。三产比重分别为1.6：12.4：86；农牧民人均纯收入达到8170.35元。比1980年的362元增加约22倍；2012年，全区实现农村经济总收入5.4亿元，比上年下降9.8%，三次产业结构比重调整为1.5：29.4：69.1；农牧民人均纯收入达9477.6元，比上年增长16%。

2013年，全区实现农村经济总收入6.3亿元，同比增长16.67%；农牧民人均纯收入达11021元，同比增长16.28%；2014年，全区实现农村经济总收入6.95亿元，同比增长10.3%；农牧民人均纯收入达12391.6元，同比增长12.4%；2015年全区实现农村经济总收入8.11亿元，同比增长17%；农牧民人均纯收入达13785元，同比增长11.24%。

2017年，城关区农牧民人均可支配收入为17261元，同比增长13.5%。农作物总播种面积为12414亩，2017年年末牲畜总存栏数达24295头（只、匹）。2017年，城关区共有农村户数4208户13448人，农村经济总收入97743.73万元，农牧民人均可支配收入达17261元，同比增长13.5%。持续加大“三农”投入，各项指标稳中有升，仅本级财政安排“三农”经费近8531

万元。同年7月，城关区水利局正式单列为政府序列部门。

至2018年，农作物总播种面积12414亩，其中粮食作物2189亩、经济作物8125亩、饲草作物2100亩，粮、经、饲比例调整为18∶65∶17，结构进一步得到优化。粮食总产量为7365万公斤，比2016年减少44.76万公斤，减少36.6%。蔬菜生产面积指标为0.7万亩、产量为5.6万吨，完成种植面积0.7062万亩，产量达5.63万吨。2017年未发生任何灾情。年末辖区内牲畜总存栏数达24295头（只、匹），其中牦牛9155头、黄牛13722头，犏牛349头，绵山羊1069只，控制率110.31%。新生各类牲畜4428头（只），成活率达98.97%；成畜死亡48头，死亡率0.19%，成畜死亡率低于指标的0.71%；猪、牛羊肉产量1297吨（含个体养殖户），出栏牲畜8732头（只），出栏率36.76%；禽蛋产量27.53吨（含个体户）；禽肉产量498.12吨（含个体户）；奶产量16183吨；黄牛改良实际完成3031头；牲畜良种达15305头，覆盖率达63%。

四、农业产业化和合作经济

为大力实施“产业强市”战略，充分发挥城郊农牧业经济的优势，壮大和培育特色产业，进一步保障和改善民生，增加农牧民现金收入，城关区园艺产业化科技示范园区于2010年6月7日正式开工建设，2011年5月正式投入运营，总占地面积为535.16亩，总投资达4073万元。近年来，在区市党委、政府的亲切关怀和大力支持下，城关区委、区政府认真实施拉萨市“六大战略”部署，于2013年率先注册1亿元资金成立了“城关区净土农业发展有限公司”，围绕城关区“一园、四区”的规划积极推进净土健康产业发展，规划期2014—2020年，涉及30个项目，总投资10.7亿元。截至目前，已完成13个项目，涉及5.8亿元。其中在智昭产业园区完成7大项目，涉及资金3.43亿元。

据2016年年末统计，截至2016年年底在城关区农牧局备案的专业合作社21家，其中种植业4家、养殖业3家、建筑类4家、旅游类4家，手工类4家、农业机械2家。注册资金2788.1万元、成员人数1745人、年利额

1781.05万元，得到扶持资金16家，涉及资金达571万元。

五、水能开发

城关区大昭圣泉实业有限公司。城关区委区政府高度重视，大力发展天然饮用水产业，通过市场调研，并对水质指标进行全面分析，认定拉萨绿能科技实业有限公司水源水指标良好，符合净土健康产业发展要求。自公司成立以来，由城关区净土公司牵头，开展了厂房建设、仓库建设、厂区路面硬化以及购买先进设备等工作，确保了产品生产工作的正常开展。现有厂区占地面积100亩，于2015年8月正式投产，主要产品包括330mL瓶装水、5L桶装水、5L袋装水。公司现有员工89人，直接解决当地农牧民就业57人，占比65%。目前已建成4条生产线，分别为1200桶/小时5升桶装生产线1条，年产量约5万吨；250袋/小时5升袋装生产线2条，年产量约2万吨；进口法国西得乐44000瓶/小时330毫升瓶装生产线1条，年产量约10万吨。

2015年先后获得由西藏自治区人民政府颁发的“西藏自治区天然饮用水产业发展先进单位”称号、拉萨市人民政府颁发的“先进企业”称号、城关区人民政府颁发的安全生产“先进单位”称号以及第十三届中国国际农产品交易会组委会颁发的“第十三届中国国际农产品交易会参展产品金奖”等荣誉称号。

西藏汇泉实业有限公司。总资产1亿元，为合资股份制企业，占地面积1000亩。下设行政人事中心、管理中心、产品研发中心、生产运营中心、采购配送中心品牌策划中心、客服中心、大客户部等部门。拥有一个生产车间、两个仓储库，一个原材料库和一个产品展示厅，总面积约5万平方米，均采用水磨固化地面确保无尘。建有一个205米深的储水库，储量约400万吨。整体项目投资分三期进行，第一期（天然饮用水生产线）项目已全部落成，配比厂房3万平方米，占地300亩，目标年产量30万吨；一期天然水饮用水容量规格初步规划350mL、550mL、1.5L三个不同规格的产品以满足市场需求；二期项目建设包括厂房扩建及生产线扩充，累计配比厂房5万平方米，占地面积500亩，目标年产量达50万吨；为满足家庭装消费需求，二期将初步规划家庭装规格产品；三期项目建设全部落成，累计配比厂房10万平方米，占地面积1000亩，三期将以水果种植、加工、灌装为一体的市场需求，力争突破百万吨的产能目标。公司引进了意大利思得乐饮用水生产线，全自动化生产，安全高效；源头取水灌装，从取水、净化、吹瓶、灌装、瓶贴包装码、品控等工艺均采用目前世界上最先进的生产工艺，保障质量。

六、商业和金融

民主改革后，以国营商业企业为主导，在各乡、生产队（自然村）和居委会，建立了供销社、消费社和信用社，当前在改革开放的政策下，由当地人、区内外和外国人经商，拉萨的各大小商店内，内地和国外引进的商品琳琅满目，市场繁荣，近郊农村也有很多商业网点，生活必需品随时都能买到。城区内外，建立了大小银行、储蓄所，金融服务项目也很齐全。

截至2017年，城关区社会消费品零售总额达92.5亿元，同比增长16%，完成年计划的100%。

1997年10月根据城党组发〔1997〕09号《关于印发〈城关区党政机关事业单位机构设置、职能配置、人员编制方案〉的通知》设立了城关区民族手工业管理局，行政编制5名，其中科级领导职数3名。

2002年9月根据城党组发〔2002〕26号《关于印发〈城关区政府系统设置职能配置与人员编制方案〉的通知》设立了城关区经济贸易委员会，人员编制核定6名，其中科级领导职数2名。

2004年9月根据城党组发〔2004〕10号《关于印发〈城关区商务局、安全生产监督管理局、人口和计划生育委员会、发展和改革委员会机构设置、职能配置与人员编制方案〉的通知》设立了城关区商务局，为正科级建制。

商务局属企业有23家，其中1家国有企业（贸易公司），1家股份制企业（哈达集团），1家中外合资企业（雪莲地毯厂），20家集体企业，固定资产约54761.4万元；局属企业大部分为民族手工业企业，规模企业1家（城关区地毯厂）；企业现有职工近940人，其中在职约850人，退休约80人；企业经营范围涉及房产建筑、旅游产品、古艺建筑、宗教用品、藏毯、民族服饰等十余个富有特色的生产领域。

商务工作始终围绕以保障和改善民生为出发点和落脚点，积极发挥商务职能，采取多种形式抓好落实，积极推进城乡市场体系建设，以提高农牧区碘盐覆盖率为突破口，以家电家具下乡为着力点，全力推进民生工程，商务工作与民生的关联度提高，商务惠民能力得以提升。

“十五”期间，城关区已形成以冲赛康为中心的商业体系，已有一定规模的大型商品市场，主要有：辐射周边地区的冲赛康综合市场，以日用百货、烟酒糖果、五金产品为主进行小商品零售、批发；民族手工业市场主要聚集在包括大昭寺广场和八廓街的八廓商业步行街，该市场包括1440余户商家，从业人员达3000多人，经营范围主要为民族手工业产品、旅游纪念品、宗教用品等生活用品；以娘热路综合批发市场、药王山农贸市场为主的农贸市场以及嘎玛贡桑小区修建的绿色农贸市场，主要经营农畜产品。各类便民超市、百货、餐饮、住宿等消费网点在城区较为集中，分布较广，其投资主体多为集体和个体工商户，注册个体工商户217087户，注册资金达到6.4亿元，从业人员达41000人。

截至2006年底，城关区商贸流通服务业已实现产值1.9亿元，占全区经济总量的12.1%。

按照自治区“一产上水平、二产抓重点、三产大发展”的总体要求，为此，城关区在“十一五”规划纲要中进一步确立了商贸流通业在城关区经济发展中的重要地位。开发建设以纳金路、冲赛康、天海夜市和温州商贸城、阳城广场为中心的城市东、中、西三个商业区，培育和完善丹杰林路酒吧街、德吉路餐饮美食街、八廓旅游纪念品街、小昭寺路旅游购物街等特色街区。

2011年，城关区社会消费品零售总额完成28.32亿元，局属企业完成总收入20793万元。其中手工业完成产值5988万元，建筑业完成产值9488万元，服务业收入实现4822万元，贸易业实现收入495万元，完成招商引资任务3000万元，争取上级专项扶持资金500万元。

2012年，城关区社会消费品零售总额达到34.6亿元，同比增长20.2%；手工业完成产值7300万元，同比增长21.9%。服务业实现收入任务的11.6%；贸易业实现收入594万元，同比增长20%，完成招商引资任务3000万元，争取上级专项扶持资金700万元，完成年任务的100%。

“十一五”期间，局属企业完成总收入71980.36万元，年均增长10.87%，上缴税金1902.52万元。其中：手工业产值完成17798.56万元，年均增长10.16%；建筑业产值完成34829万元，年均增长12.93%；服务业实现收入17617.58万元，年均增长13.03%；贸易业实现收入1735.22万元，年均增长13.50%。完成招商引资任务5975万元；争取上级专项扶持资金1225万元。

截至“十二五”，局属企业全年实现总收入23150.5万元，比上年同期增长11.5%，其中手工业实现产值7751.25万元，比上年同期增长6.18%，虽然都呈增长态势，但是作为主要产业的手工业产值仅占总收入的33.48%。从以上数据可以看出，局属企业的经济效益与产业所处的地位不成正比。另，局属企业以民族手工业为主营项目的企业大多需要以建筑业、服务业、房屋租赁业等其他经营项目维持正常运转。

2016年，全年城关区社会消费品零售总额达到79.75亿元，同比增长15%；手工业完成产值6705.33万元，同比下降7.5%；服务业收入实现22001万元，同比增长10%；贸易业实现收入897.5万元，同比增长8.5%。

在同期数据中，2016年度，手工业产值下降的主要原因有：传统手工业成本居高不下，利润空间小，企业技术人员老龄化，年轻学徒少，技术创新不足，产出少，精品少，销路不畅，同时受到其他地县手工业产品的冲击。纳入统计范围的集体手工业企业有3家已彻底改行，部分企业也在尝试改行。

“十二五”期间，城关区商贸服务业的市场化进程明显加快，流通现代化水平不断提升，已形成多元化投资、多业态发展的格局。经过一段时间的发展，城关区现有的大型商业网点已达33家，分布各有特色，老城区主要为旅游产品商场集中地，也有多家大型超市及购物中心，商贸服务设施齐全；新型大型商圈以神力时代广场为中心辐射到八廓商城、温州商贸城一带，此商圈也聚集了大量人气；汽贸城大多集中在西郊；西郊以餐饮、娱乐特色为主，商贸服务业发展较完善，东城区集中发展行政办公区、住宅区，相应配套商业服务设施也在进一步的完善中。“十二五”期间，社区商业网点增长迅速，比较有代表性的冲赛康社区居委会商业网点有345家；雪社区居委会各种服务行业工商登记为297家，就业人数618人；当巴社区居委会商业网点369家；扎细社区居委会商业网点139家，就业人数284人；鲁固社区居委会商业网点545家。各社区商业网点不断增长。结合社区实际，着力打造“一刻钟便民消费圈”，在十个社区推行设立了社区家政服务点、肉菜店、便民超市，带动社区商业实现功能完善消费便利。

自2007年实施“万村千乡”市场工程以来，共完成82家布点任务，建设配送中心1家，拟建商贸中心1家，确保了农村商业网点建设的顺利推进，有力地改善了城关区农牧民消费环境，为促进城关区新农村建设作出了积极贡献；通过积极推荐，经商务厅审核验收，城关区已有冲赛康社区和雪社区被评为第一批自治区级商业示范社区并正式挂牌。

截至2015年12月，城关区共建立了“万村千乡”农家店38家，存活31家，有百益超市、圣美家超市等企业参与到供货体系中。基本改变了农区消费不安全、不方便、不实惠的状况，加快了农区建设步伐，完善了农区流通网络建设，改善了城关区消费环境，保障了城关区农民安全消费、经济消费与方便消费。

截至目前，城关区存活的农家店有18家，存活率为50%左右。“万村千乡市场工程”在实施进程中发挥了应有的积极作用。

“十二五”期间，在原有农贸市场的基础上，积极推行农牧民自产自销产品免费摊位入点，减少农产品供销环节，解决农牧民产品销售难的问题，提高他们的直接收入。为农牧民群众提供免费摊位的农贸市场有药王山农贸综合市场、河坝林市场、气象局市场、向阳市场，按照就近原则，为方便辖区居民，根据4乡的实际情况，共完成119个点的入驻工作。

2011年起，城关区大力宣传、广泛联系，加强监管，积极开展“农超对接”项目。2011年城关区蔡公堂乡蔬菜基地成功与圣美家超市对接并签订了协议，蔡公堂乡蔬菜园区内共有426栋温室，其中378栋温室的22个品种无公害种植蔬菜已投入市场。2012年在原有的工作基础上，蔡公堂乡蔬菜基地与摩尔阳光超市对接，400栋温室的26个品种蔬菜投入市场，形成产供销的农产品流通体系。

家电家具下乡工作是商务部和财政部实施的一项惠民工程，是落实科学发展观扩大内需的重要举措，结合城关区农牧民群众购买水平、消费水平，积极开展“家电家具下乡、汽车摩托车下乡”现场会，并纳入到城关区“三下乡”工作中。

“十二五”期间，共审核家电家具下乡产品近9000件，销售金额近2000万元，财政补200余万元。2016年度，城关区享受到家电家具补贴政策的农牧民群众和低保户共304户，兑付票据资金5913278.85元，超额完成任务2001821.2元。

城关区辖区电子商务和物流企业多为输入型企业。覆盖辖区城区，部分覆盖到乡村。城关区目前拥有约50家物流企业，配送网点覆盖整个市区，部分乡村也设立了网点（如纳金乡）。

七、邮政事业

旧西藏时期，传递紧急公文的信差（阿冲），在腰带上盖上紫胶封印，在各驿站换乘骡马，不分昼夜地去送公文。一般的公文，信差骑马送到各县。各村接到公文后，由头人负责通知。私人之间的信件，只有托人带到目的地。20世纪20年代，以拉萨为中心，经江孜到亚东之间建有一条有线电台，各地也设立了一些信差，这些信差没有马，要靠步行送信。和平解放后，建立邮电机关，扩大了邮电业务，民主改革后，邮政业务得到发展，做到了及时、准确投递信件、报纸、电报和包裹。当前，城关区通信设施先进、完善，程控电话已经普及，无线移动电话、国际国内长途直拨、图文传真等业务均已开通，互联网已经普及，普通群众使用手机上网已经是家常便饭。

八、交通运输事业

旧西藏时，没有一条公路，一切运输任务，只有靠人力和畜力。所以，因公出行的人，都持有一张写上“解决骡马差（头数）和驮畜差（头数）”的路单。各地百姓就按耕地面积，支应骡马、驮畜的差。因公出行的官员和军队，都按照路单使用骡马、驮畜，路单上写明送达目的地的县或驿站名，如果要送达到县上，提前数日，用箭函通知县里。所谓箭函，就是在一只箭竿上裹一块红布，红布上写有到达时间、骡马驮畜数、船只、住宿、马夫和厨师等必需筹备的事项。接到箭函后，须照此筹办。从拉萨经拉萨河南路东行，骡马驮畜运至墨竹工卡；翻越嘎拉山去山南，骡马驮畜运至桑耶；经拉萨河北路东行，骡马驮畜运至达孜县；去拉萨西北方向，骡马驮畜运至堆龙德庆县辖的德庆；去南北方向，骡马驮畜运至曲水；翻澎波郭拉山北行，骡马驮畜运至林周（现林周县所在地），以上行程需两三天时间，故称送达县。从拉萨东行送到蔡公堂、嘎巴，北行要翻澎波郭拉山的送到夺底黄塔和西行送到东嘎后，需换乘骡马驮畜称送达驿站。因私出行的人员，可能遇到的麻烦不少，如要靠自己的骡马驮畜，在狭路和山口遭遇匪徒，不能及时渡船，夏季骡马到地里吃青苗，客栈不熟而难以住宿等等。当前，以城关区市区为枢纽，以5条进出藏国道为骨架，以14条省（区）道、77条县乡公路为基础的公路交通网络已基本形成，可直接通往市内及近郊各旅游景点和贡嘎机场。

九、教育体育事业

民主改革后，在城区和农村相继建立了很多学校，各学校开设了汉语、藏语、数学、体育等文化课和政治、应用知识的课程，大大扫除了文盲，培养了大批的知识分子，他们在各自的工作岗位上发挥着骨干的作用。目前，城关区辖区有26座公办小学、16座完小和10座教学点，在校生达1049人。另外，13个乡和办事处也建立了扫盲学校。2001年城关区教育局下属机构为13所小学。此后，随着历次管理体制改革和新建机构力度加大，机构数量不断增多，教育规模不断扩大。2002年，拉萨市向城关区移交第五中学（后因江苏援建改名江苏中学）和市区民办学前教育机构35所。2009年，新建城关区教师培训中心1所。2012年，全市理顺学校管理体制，城关区接管市直初中、小学、幼儿园，教育总量达到全市教育总量的一半，已成为全自治区规模最庞大的县级教育区域。截至2017年初，城关区各类学校达到93所，在校生总数54218人。其中，幼儿园63所（民办36所、城区公办20所、村级公办7所）在园幼儿16762人；小学20所，在校生27862人；初中8所，在校生9594人；另设教师培训中心和职业技术培训中心各1所。

城关区下属学校属于科级单位有13所：拉萨市第一中学、拉萨市第二中学、拉萨市第三中学、拉萨市第四中学、拉萨市第六中学、拉萨市第七中学、拉萨市第八中学、拉萨市实验小学、拉萨市第一小学、拉萨市广西友谊小学、拉萨市北京小学、拉萨市第三小学、拉萨市实验幼儿园；属于股级单位有33所：城关区教师培训中心、城关区职业技术培训中心、江苏中学、城关区第二小学、城关区海城小学、城关区雪小学、城关区吉崩岗小学、城关区拉鲁小学、城关区藏热小学、城关区当巴小学、城关区海淀小学、城关区纳金小学、城关区娘热小学、城关区夺底小学、城关区白定小学、城关区海萨小学、城关区第一幼儿园、城关区第二幼儿园、城关区第三幼儿园、城关区第四幼儿园、城关区第五幼儿园、城关区第六幼儿园、城关区第七幼儿园、城关区第八幼儿园、城关区第九幼儿园、城关区第十幼儿园、城关区第十一幼儿园、城关区第十二幼儿园、城关区第十三幼儿园、城关区第十四幼儿园、城关区第十五幼儿园、城关区第十六幼儿园、北京小学幼儿园。

近年来，城关区体育事业发展迅速。体育人口有较大增长，全民健身场所及健身器材设施明显增多，群众健身条件有了显著改善，建有田径场、足球场、篮球场、室内体育馆、活动中心、羽毛球馆、健身房等。

场馆建设方面：截至2016年底，城关区体育场馆设施数量为30个，健身步道数量为5条，群众活动广场约为30个，活动中心51个。

设备设施方面：截至2016年底，我辖区各机关、企事业单位有篮球架、乒乓球台、健身器材等基本的体育设备，学校依照国家中小学体育器材配套标准，已全部配置一类必备体育器材跳绳、拔河绳、羽毛球、乒乓球、篮球、足球、垒球、垫子、跳远沙坑、跳高架、单杠、双杠等。

学校体育方面，全面实施《国家学生体质健康标准》，认真落实《关于加强青少年体育，增强青少年体质的意见》。从2001年开始，城关区各校坚持每年进行《学生体质健康标准》测试工作；各校自行举办田径赛、足球赛、篮球赛等活动。同时积极参加市、自治区举办的各类体育赛事活动，截至2016年，城关区举办了六届学生运动会。以科学发展观为指导，全面落实贯彻《全民健身计划纲要》，以形成健康的工作生活方式为重点，以增强干部职工的身心健康为核心，传递“全民健身，人人参与，人人受益，天天健身，天天快乐”的健身理念，从而形成生动活泼、健康向上、幸福和谐的生活氛围。

群众体育方面，从2001年开始，城关区机关、企事业单位职工体育活动蓬勃开展，各单位自行组织开展小型体育比赛，逢年过节开展各种文体活动。积极踊跃参加城关区、拉萨市、自治区举办的各类竞赛活动。截至2016年底，城关区已举办了八届大型综合性运动会（干部职工运动会五届，全民健身运动会一届，教育系统运动会两届）。农牧区体育方面，农牧区体育活动十分活跃，除群众自发开展体育活动外，各乡在传统喜庆的节假日期间还组织统一的体育竞赛、文体活动，城关区政府也经常选派运动员组队参加拉萨市、自治区和全国举办的运动会以及藏围棋、抱石头、赛牦牛等体育项目竞赛。

竞技体育方面，在区委、区政府各级领导的高度重视和关心下，自2001以来，城关区竞技体育成绩取得了长足的发展，水平逐年提高，尤其是足球、篮球、田径等方面，截至2016年城关区各学校向拉萨市业余体校输送了约80名运动员。

十、医疗卫生事业

西藏和平解放后，相继在城关区辖区内建立了西藏自治区人民医院和拉萨市人民医院，合并扩建的藏医院得到了发展。还建有城关区的防疫站、各乡卫生所，特别是在城区、农村行医的很多私人医生，大大方便了城市居民和农牧民的看病就医，从而提高了婴儿成活率、人们的健康水平和寿命。卫生习惯方面发生了很大变化，清洁工人每天清扫街道马路，市容整洁，新修马路的两边绿化美丽如画。自1984年成立城关区卫生局以来，城关区卫生局内逐步完备科室配置，至2016年，卫生局内设局办公室、医政科、医管办、藏医科、财务科、卫生监督科、计生科，下辖城关区疾病预防控制中心、扎细社区卫生服务中心、八廓社区卫生服务中心、两岛社区卫生服务中心、嘎玛贡桑社区卫生服务中心、塔玛社区卫生服务中心、藏热社区卫生服务中心、金珠西路社区卫生服务中心和娘热、纳金、夺底、蔡公堂4个乡卫生院。卫生系统内共有在职人员212人，其中卫生专业技术204名（博士生1人，硕士生4人，本科生126人，专科生79人，中专学历6人），行政人员5名。村医22名，城市防保专干13个。

2011年，城关区启动了西藏首个城市社区卫生服务中心扎细社区卫生服务中心。2013年，城关区政府投入195万元，新建了娘热乡卫生院。2015年，城关区政府投入453.5万元，新建了夺底乡卫生院。2016年，城关区政府投入233万元，新建了夺底乡卫生院职工应急值班楼及配餐中心。至2016年12月，城关区有4个乡卫生院和5个村卫生室，在职医务人员37人，村医22名，承担着辖区群众基本的门诊医疗卫生服务和公共卫生服务，能保证常见病、多发病能及时得到诊治。

至2016年，陆续又启动了八廓、两岛、嘎玛贡桑、金珠西路、塔玛、藏热、公德林和热木其8个社区卫生服务中心，基本实现了城关区城市社区卫生服务中心全覆盖，并不断完善城区“15分钟卫生服务圈”的构建。社区卫生服务中心设有临床全科诊室、藏医全科诊室、孕产妇保健室、儿保科室、药房、医技等18个科室。秉承“以病人为中心、以服务为根本、以质量为生命”的服务总旨，主要开展以预防为主，防治结合、接连性综合管理为基础的医疗、咨询、家庭病床、康复护理、健康教育等多种“安全、优质、温馨、周到”的社区医疗保健服务和国家基本的12项公共卫生服务。

城关区疾病预防控制中心是在城关区卫生防疫保健站的基础上组建的卫生全额拨款事业单位，于2007年更名为城关区疾病预防控制中心，副科级建制，隶属于城关区卫生局。2015年，城关区政府投入72.4万元打造了疾控中心P2实验室。至2016年12月，疾控中心下设8个综合业务科室，分别是结麻性艾科、慢性病科、检验科、卫生监督科、传染病科、健教地病科、计免科、妇保科。负责对城关区辖区内传染病、地方病、寄生虫病、慢性非传染性疾病、职业病、公害病、学生常见病及意外伤害、中毒等发生、发布和发展的规律进行流行病学监测和制定预防控制对策，开展国家免疫规划、健康教育与促进等疾病预防控制常规工作及承担国家及区市两级项目工作。

城关区无独立的妇幼保健机构，辖区妇幼保健工作由城关区疾病预防控制中心妇保科与社区卫生服务中心及乡卫生院共同开展。各医疗机构内设妇幼保健科。疾控中心妇保科承担着国家重大及基本公共卫生妇幼项目即《孕产妇住院分娩补助》《孕妇增补叶酸》《预防艾滋病母婴传播项目》《孕产妇健康管理服务项目》《0—36个月儿童健康管理服务项目》工作及基层妇幼保健技术人员的培训工作任务。社区卫生服务中心和乡卫生院承担所辖区域内妇女、儿童的医疗保健与公共卫生技术管理和服务的公益工作，承担妇女病普查普治、孕产妇系统管理、儿童系统管理，妇女儿童的医疗、健康教育工作。

十一、广播影视

为老城区2万余户居民免费安装了有线数字电视。寺庙按照僧尼在编人数开展有线数字电视免费安装工作，截至2016年年底，12座寺庙共计安装328台，每年10万余元的收视费由城关区统一支付。

“十二五”期间城关区共发放、安装、调试“户户通”482套，分别是“十二五”第一阶段新增农牧民群众222套，“十二五”第二阶段蔡公堂乡、纳金乡、夺底乡、娘热乡四个乡干部职工140套及新增用户120套，2016年在蔡公堂乡白定村完成30户“十二五”新增户建设项目。2015年通过拉萨市发放的设备和广电经费购买的设备先后在夺底乡维巴村、娘热乡仁钦蔡村和纳金乡嘎巴村完成“二代机”整村推进工作共计994户。2016年，完成清流设备置换项目3173台，清流设备置换项目具体分布情况是蔡公堂乡1306台、纳金乡868台、夺底乡418台、娘热乡581台。同时，更换卫星接收天线943户。

十二、旅游观光

在城关区辖区内，有众多的文物古迹和旅游景点，国内外的很多游客喜欢来此旅游。城关区所辖有八朗学、吉日、雪域、巴扎、哈达、亚等旅游宾馆，接待国内外的来宾，并得到了来宾的赞誉。

2010年城关区旅游发展速度较快，旅游基础设施建设步伐较快，特别是乡村旅游基础设施得到进一步改善，规模越来越大，档次越来越高，城乡群众参与旅游业的积极性越来越强，农村休闲游和城市家庭旅馆发展速度较快，拥有星级宾馆（饭店）、家庭旅馆39家，其中四星级酒店3家；非星级社会旅馆、家庭旅馆192家；旅游定点车辆178辆；旅游工艺品生产加工厂10家；旅游工艺品大型商场11家，工艺品店铺400家；旅游纪念品摊点1454个；旅游餐馆业53家；以寺庙、农村休闲旅游点为主的旅游景区（点）47处，其中农村旅游休闲度假点16处。客房总数4194间，床位7845

张；旅游从业总人数9560人，农村参与旅游户数680户，1500人。接待旅游总人数达2130774人次，其中国内旅游者达657899人次，海外旅游者达39641人次，全年旅游总收入达到40823.13万元。农村参与旅游户数达580户，参与人数达1260人；收入达1058.2万元；乡村旅游一日游、朝佛游接待人数达1433234人次，其中乡村旅游一日游接待人数达729879人次。而到2016年辖区内拥有星级宾馆（饭店）、家庭旅馆141家，社会旅馆1020家，购物店2670家，农村“好客藏家”20户，农村旅游休闲度假点增加至25处。旅游景点（区）52处，其中AAAAA级2处，AAAA级2处，AAA级3处，AA级2处。辖区内有65名旅游联络员，进行日常旅游监管工作。2016年旅游接待总人数达1328.96万人次，旅游总收入达到101.62亿元。

十三、援藏工作

和平解放初期，拉萨城区经济落后，人民生活十分困难。上级党委和政府直接派人、拨款，在办教育、发放无息贷款和铁制农具、实施社会救济、改善人民生活等方面给予大力扶持和援助。

1959年后，城关区内的医院、学校、银行、邮电、民贸公司、水电、气象、兽防、农场等单位在内地进藏干部和技术人员的帮助下陆续建立，农牧业经济迅速发展，现代工业企业开始起步，民族手工业出现生机。

“文化大革命”时期，城关区在各方面都受到严重影响，但中央仍十分关心西藏地方工作，各省、市、自治区对城关区给予多方面的援助和支持，使城关区的农牧业经济、交通运输、民族手工业、文教卫生事业都有较大发展。

1980年3月，中央召开第一次西藏工作座谈会。自治区党委和政府根据座谈会精神，制定一系列休养生息、治穷致富的具体政策，全部减免农牧业税和集体企业、个体工商户的工商税，努力使人民群众尽快富裕起来。城关区坚决贯彻执行中央和自治区党委、政府的指示，实行“减、免、放、保”方针，保障农牧民和市民休养生息，发展生产。

1984年，中央召开第二次西藏工作座谈会。会议总结第一次座谈会以来的工作经验，对西藏的特殊性进行了一次“再认识”。会后，中央提出“解放思想、放开手脚、充分发挥优势、勇于探索、善于改革”和“从封闭型经济转变为经营型经济”以及“以家庭经营为辅，以市场调节为主”的战略方针，制定“土地归农户使用，自主经营，长期不变；牲畜归户，私有私养，自主经营，长期不变”的特殊政策。城关区及时调整农牧区生产关系，全面实行家庭联产承包责任制，加快农牧业生产的发展。

1994年7月，中央召开第三次西藏工作座谈会。会议从国际国内的高度分析了西藏面临的新情况、新问题，明确了西藏在全国的政治地位，并在新的历史条件下作出了“分片负责、对口支援、定期轮换”的援藏决策，全面加大人、财、物等方面的援助力度，确定由北京市、江苏省对口支援拉萨市及其各县（区）。城关区的对口支援单位为北京市海淀区。

2001年6月，中共中央、国务院在北京召开了第四次西藏工作座谈会。座谈会强调:西藏的发展和藏族同胞的命运，历来与祖国和中华民族的命运紧紧联系在一起。全党同志必须站在党和国家工作大局的战略高度，扎扎实实地做好新世纪的西藏工作。在中央和全国各族人民的大力支持下，西藏广大干部群众共同努力，认真贯彻本次会议的精神，解放思想，实事求是，艰苦奋斗，开拓创新，邓小平同志提出的要使西藏“在中国四个现代化建设中走进前列”的伟大目标，一定能够实现。

2010年1月，中共中央、国务院召开第五次西藏工作座谈会。强调做好西藏工作，是深入贯彻落实科学发展观、全面建设小康社会的迫切需要，是构建国家生态安全屏障、实现可持续发展的迫切需要，是维护民族团结、维护社会稳定、维护国家安全的迫切需要，是营造良好国际环境的迫切需要。推进西藏跨越式发展和长治久安，把雄伟辽阔的青藏高原建设得更加美丽富饶、安定祥和，是全党全国各族人民的共同心愿。全党同志一定要站在党和国家工作全局的战略高度，进一步认识做好西藏工作的重要性和紧迫性，认真落实中央关于西藏工作的一系列方针政策，不断开创西藏工作新局面。

2015年8月，中央第六次西藏工作座谈会在北京召开。中共中央总书记、国家主席、中央军委主席习近平出席会议并发表重要讲话。习近平强调，要以邓小平理论、“三个代表”重要思想、科学发展观为指导，坚持“四个全面”战略布局，坚持党的治藏方略，把维护祖国统一、加强民族团结作为工作的着眼点和着力点，坚定不移开展反分裂斗争，坚定不移促进经济社会发展，坚定不移保障和改善民生，坚定不移促进各民族交往交流交融，确保国家安全和长治久安，确保经济社会持续健康发展，确保各族人民物质文化生活水平不断提高，确保生态环境良好。

2020年8月28日至29日，中央第七次西藏工作座谈会在北京召开。中共中央总书记、国家主席、中央军委主席习近平出席会议并发表重要讲话。习近平强调，而对新形势新任务，必须全面贯彻新时代党的治藏方略，坚持统筹推进“五位一体”总体布局、协调推进“四个全面”战略布局，坚持稳中求进工作总基调，铸牢中华民族共同体意识，提升发展质量，保障和改善民生，推进生态文明建设，加强党的组织和政权建设，确保国家安全和长治久安，确保人民生活水平不断提高，确保生态环境良好，确保边防巩固和边境安全，努力建设团结富裕文明和谐美丽的社会主义现代化新西藏。安排海淀区、朝阳区、西城区、东城区对口支援城关区，选派8批26名干部到城关区任职，为城关区的经济发展注入了活力。

1995—2016年，城关区受援资金共计2.05亿元，实施项目30个。分别为：

1995—2000年，受援资金696万元，实施项目13个，其中416万元用于新建海城小学、海淀小学，280万元用于民族手工业、农牧业、人才培训等。

2001—2007年受援资金1870万元，实施项目2个。其中1630万元用于阳光广场建设，240万元用于12个村委会建设。

2008—2010年，受援资金5010万元，实施项目4个。其中1290万元用于塔玛村贡布塘小康示范村基础设施建设，1300万元用于藏热小学改扩建工程，2100万元用于城关区市民服务中心建设，320万元用于农村沼气建设。

2011—2013年受援资金5485万元，实施项目6个。其中5个项目情况为：500万元用于蔡公堂乡蔡村一组、二组新农村建设，206万元用于安居工程提升，1300万元用于纳金乡塔玛村江冲组安置小区建设，1079万元用于雄嘎自建小区基础设施改造，1600万元用于海淀小学改扩建工程。

2014年受援资金1500万元，实施项目1个，为北京小学附属幼儿园建设项目。

2015年，受援资金3200万元，实施项目2个。1200万元用于娘热乡吉苏村三、四组基础设施改造，2000万元用于城关区党建活动场所建设。

2016年，受援资金2800万元，实施项目2个。1200万元用于金珠西路街道八一社区小康社区基础设施建设，1600万元用于城关区第22幼儿园建设。

2017年，受援资金5300万元，实施项目1个，为城关区乳制品加工厂。

2018年，受援资金4500万元，实施4个项目，500万元用于嘎巴生态牧场设备购置，2100万元用于扎细街道团结新村小康社区基础设施改造，900万元用于夺底、娘热、蔡公堂安全饮水工程，1000万元用于好客藏家民俗旅游村建设。

第五章 愿景展望

以党的十九大和第七次西藏工作座谈会精神为指导，全力做好新时代城关区工作，在“新时代”开启城关区工作新局面

经过40多年改革开放艰苦卓绝的实践，中国共产党团结带领全国各族人民始终高举中国特色社会主义伟大旗帜，艰苦奋斗，锐意进取，我国经济实力、科技实力、国防实力、综合国力进入世界前列，国际地位实现前所未有的提升，党的面貌、国家的面貌、人民的面貌、军队的面貌、中华民族的面貌发生了前所未有的变化，中国特色社会主义展现出旺盛的生命力，中华民族伟大复兴呈现出光明前景。习近平同志在十九大报告中指出，“中国特色社会主义进入了新时代，这是我国发展新的历史方位”。这是对当前我国所处的历史时期的最新定位，是在综合分析当前国际国内形势、纵横考察历史与现实状况，所作出的精准判断。

对于这个“新时代”的内涵，习近平同志指出，“中国特色社会主义进入新时代，意味着近代以来久经磨难的中华民族迎来了从站起来、富起来到强起来的伟大飞跃，迎来了实现中华民族伟大复兴的光明前景；意味着科学社会主义在21世纪的中国焕发出强大生机活力，在世界上高高举起了中国特色社会主义伟大旗帜；意味着中国特色社会主义道路、理论、制度、文化不断发展，拓展了发展中国家走向现代化的途径，给世界上既希望加快发展又希望保持自身独立性的国家和民族提供了全新选择，为解决人类问题贡献了中国智慧和中国方案”。三个“意味着”把“新时代”的历史特征、历史定位、历史贡献交代得清晰明了，使城关区更加清楚当前站立在一个什么样的历史起点。有了对这个新的历史起点的准确认识，也就有了对“新时代”真实状况的准确把握，是从党和国家工作全局出发做好城关区工作的事业原点。

习近平同志指出，“这个新时代，是承前启后、继往开来、在新的历史条件下继续夺取中国特色社会主义伟大胜利的时代，是决胜全面建成小康社会、进而全面建设社会主义现代化强国的时代，是全国各族人民团结奋斗、不断创造美好生活、逐步实现全体人民共同富裕的时代，是全体中华儿女勠力同心、奋力实现中华民族伟大复兴中国梦的时代，是我国日益走近世界舞台中央、不断为人类作出更大贡献的时代”。“五个时代”的论述，包含了“夺取中国特色社会主义伟大胜利”“决胜全面建成小康社会”“开启建设社会主义现代化强国征程”“共同富裕”“中国梦”“走近世界舞台中央”“为人类作出更大贡献”等方面的内容，深刻回答了“新时代”的历史主题、时代使命和任务要求，郑重宣告城关区要举什么样的旗、走什么样的路、建设什么样的国家、实现什么样的发展、达到什么样的目的、作出什么样的贡献。

对于城关区工作而言，因应新时代的新要求，城关区必须以开拓进取的精神在雪域高原为夺取新时代中国特色社会主义伟大胜利进行创造，必须以时不我待的魄力打赢脱贫攻坚战，必须以开放包容的心态把西藏建设成改革开放的前沿标兵，必须以坚韧不拔的毅力“加强民族团结，建设美丽西藏”，必须以持之以恒的作为奋力谱写中国梦西藏篇章，开启建设社会主义现代化强国的新征程。

在“新思想”指引下开创城关区工作新境界

党的十八大以来，以习近平同志为主要代表的中国共产党人，顺应时代发展需要，从理论和实践的结合上系统回答了新时代坚持和发展中国特色社会主义的一系列重大问题。对坚持和发展什么样的中国特色社会主义，习近平总书记从理论渊源、历史根据、本质特征、独特优势、强大生命力等多方面多角度做出了深刻回答；对怎样坚持和发展中国特色社会主义，习近平总书记以一系列战略性、前瞻性、创造性的观点，深刻回答了新时代坚持和发展中国特色社会主义的总目标、总任务、总体布局、战略布局和发展方向、发展方式、发展动力、战略步骤、外部条件、政治保证等基本问题，这些思想观点，在理论上有重大突破、重大创新、重大发展，集中体现在党的十九大报告概括的“8个明确”和“14”个坚持之中。

习近平新时代中国特色社会主义思想，明确了坚持和发展中国特色社会主义的总任务，明确了新时代我国社会的主要矛盾，明确了中国特色社会主义事业的总体布局和战略布局，明确了全面深化改革的总目标，明确了全面推进依法治国的总目标，明确了党在新时代的强军目标，明确了中国特色大国外交的任务和使命，明确了中国特色社会主义最本质的特征。习近平新时代中国特色社会主义思想的精神实质和科学内涵无比深刻和丰富，针对各项工作提出了明确的具体要求。坚持党对一切工作的领导，坚持以人民为中心，坚持全面深化改革，坚持新发展理念，坚持人民当家作主，坚持全面依法治国，坚持社会主义核心价值体系，坚持在发展中保障和改善民生，坚持人与自然和谐共生，坚持总体国家安全观，坚持党对人民军队的绝对领导，坚持“一国两制”和推进祖国统一，坚持推动构建人类命运共同体，坚持全面从严治党。这十四条坚持，构成了新时代坚持和发展中国特色社会主义的基本方略。

从习近平新时代中国特色社会主义思想的精神实质、科学内涵和基本要求出发，做好城关区工作，有了更加明确的方向和目标。城关区必须努力打赢脱贫攻坚战，为西藏和全国一道分两步走实现社会主义现代化和中华民族伟大复兴打下坚实的基础；必须坚持以人民为中心的发展思想，始终把改善民生、凝聚人心作为西藏经济社会发展的出发点和落脚点；必须统筹推进“五位一体”总体布局和协调推进“四个全面”战略布局，坚持新发展理念，推动城关区经济社会实现更高水平的发展；必须坚持全面深化改革，推进治理体系和治理能力现代化，使西藏的社会主义现代化建设实现质的飞跃；必须坚持人民当家作主，让改革发展稳定的成果更好地惠及西藏各族人民；必须坚持全面依法治国、依法治藏，更好地维护宪法法律权威；必须坚持社会主义核心价值体系，不断夯实西藏各族人民同全国各族人民一起团结奋斗的共同思想基础；必须坚持人与自然和谐共生，努力建设美丽西藏，构建生态安全屏障；必须坚持总体国家安全观，坚定不移维护城关区社会稳定，实现城关区长治久安，构建国家安全屏障；必须坚持党对一切工作的领导，全面从严治党，夯实党在城关区的执政基础。

在对“新矛盾”的把握中开拓城关区工作新思路

对社会主要矛盾的认识和判断，是把握社会发展阶段性特征，进而开展各种社会实践活动的基础和前提。随着革命、建设和改革的深入推进，城关区委始终准确分析我国社会的主要矛盾，作出准确的时代论断，为社会主义现代化建设的顺利开展提供了现实依据。建国之初的1956年，党的八大报告中指出，“国内的主要矛盾，已经是人民对于建立先进的工业国的要求同落后的农业国的现实之间的矛盾，已经是人民对于经济文化迅速发展的需要同当前经济文化不能满足人民需要的状况之间的矛盾”。城关区的生产力发展水平很低，远远不能满足人民和国家的需要，这就是城关区当前时期的主要矛盾”。

党的十八大以来，以习近平同志为核心的党中央带领全国人民在建设中国特色社会主义事业的征程上，迎难而上，开拓进取，走过了极不平凡的五年，社会主义现代化建设取得历史性成就，中国特色社会主义进入新时代。而这个新时代最重要的阶段性特征，就是我国社会的主要矛盾已经转化为人民日益增长的美好生活需要和不平衡不充分发展之间的矛盾。一方面，随着中国特色社会主义事业的深入推进，人民群众日益增长的需要，已经不再简单地归结为物质文化的需要，而是更加广泛地体现在物质文化、民主、法治、公平、正义、安全、环境等方面。总结起来，就是对美好生活的需要。另一方面，随着改革开放的不断深入，生产力得到不断解放和发展，生产能力在很多方面已经位居世界前列，“落后的社会生产”已经不能准确表述当下社会生产的突出问题，而核心的问题在于发展的不平衡不充分。

对当前中国社会主要矛盾的准确分析，为做好城关区工作提供了更加明确的方向性依据。城关区社会存在着主要矛盾和特殊矛盾，和全国一样，城关区社会的主要矛盾是人民日益增长的美好生活需要和不平衡不充分发展之间的矛盾，而城关区的特殊矛盾是各族人民同以十四世达赖集团为代表的分裂势力之间的矛盾，主要矛盾的解决为特殊矛盾的解决提供物质支撑、智力支持和制度保障。发展是解决城关区所有问题的基础和关键，我国社会主要矛盾的转化，对于做好城关区工作提出了更高更新的要求。要在继续推动城关区经济社会长足发展的基础上，使城关区保持稳定的经济增速，充分利用后发优势，不断提升发展质量和效益；要在与国内经济深度融合的基础上，不断缩小与内地发达地区之间的差距；要在不断满足城关区各族人民在经济、政治、文化、社会、生态等方面日益增长需要的基础上，不断促进人的全面发展和社会的全面进步。

在"新目标"引领下谱写城关区工作新篇章

改革开放之初，党中央就提出了建设社会主义现代化国家的战略目标，并提出"三步走"的战略安排，预计到20世纪中叶基本实现现代化、达到中等发达国家水平，这是基于当时情况的判断。目前来看，"三步走"战略目标的前两个目标，即解决人民温饱问题和人民生活总体上达到小康水平，已经顺利且提前实现。现在，我国正在朝着实现现代化强国的战略目标胜利前进。当前，综合考察国际国内形势，建设社会主义现代化国家的发展态势良好，社会主义现代化建设稳步推进，中国特色社会主义事业呈现出光明前景。党的十八大以来，在以习近平同志为核心的党中央坚强领导下，城关区提出打赢脱贫攻坚战、到2020年全面建成小康社会的奋斗目标。而今，全面建成小康社会在按照预定目标顺利实现的同时，我国经济实力、科技实力、国防实力、综合国力进入世界前列，国家的面貌发生深刻的变化，中华民族正以崭新的姿态进入新时代。从世界发展变化和我国自身发展条件出发，党的十九大提出到21世纪中叶把我国建设成为富强民主文明和谐美丽的社会主义现代化强国的战略目标。这是对"三步走"发展战略的继承和坚持，更是与时俱进地对"三步走"发展战略的丰富和完善。

这一目标的确定，使城关区对实现社会主义现代化的认识更加深刻而全面。首先，从“建设社会主义现代化国家”到“建设社会主义现代化强国”，虽只有一字之差，但从“国家”到“强国”，无疑彰显了建设社会主义现代化国家的坚强决心和满满自信。因为，这个“强”字与中华民族伟大复兴中国梦紧密联系，城关区要实现的是区别于传统社会现代化意义的国家之兴旺发达，使中华民族真正地强起来。其次，在以往提出的“富强民主文明和谐”之外，又增加了“美丽”这一定语，体现了城关区将围绕经济、政治、文化、社会和生态文明建设“五位一体”总体布局开展社会主义现代化建设的中心主旨和目标要求，从而使得社会主义现代化强国的内涵更加丰富和完善。总之，富强民主文明和谐美丽的社会主义现代化强国，是一个物质文明、政治文明、精神文明、社会文明、生态文明得到全面提升，国家治理体系和治理能力现代化得以实现，综合国力和国际影响力领先的国家。

建设富强民主文明和谐美丽的社会主义现代化强国的“新目标”，是从现在开始到21世纪中叶开展城关区工作的前进方向和基本动力。城关区必须更加紧密地团结在以习近平同志为核心的党中央周围，在打赢脱贫攻坚战之后，实现与全国一道全面建成小康社会的奋斗目标，为开启全面建设社会主义现代化国家新征程奠定坚实的基础；必须在全面建成小康社会的基础上，按照党和国家的统一部署，顽强奋斗十五年，让城关区和全国一道基本实现社会主义现代化；必须在基本实现社会主义现代化的基础上，再顽强奋斗十五年，把我国建成富强民主文明和谐美丽的社会主义现代化强国，作出西藏各族儿女的应有贡献。城关区坚信，在建设富强民主文明和谐美丽的社会主义现代化强国的“新目标”引领下，城关区各族人民将会更加紧密地团结在以习近平同志为核心的党中央周围，奋力谱写城关区工作新篇章，为实现中华民族伟大复兴中国梦而奋斗。

明确新的部署开启新的征程

站在新的历史起点上，城关区要紧紧围绕党的十九大确立的一系列重大战略部署，按照区党委九届三次全会的要求，进一步明确城关区工作的目标任务和具体措施，以高度的政治自觉、思想自觉和行动自觉，奋力开启新的伟大征程。

一是坚持贯彻新发展理念，加快构建现代经济体系。发展是解决民族地区各种问题的总钥匙。要深入贯彻新发展理念，坚持以供给侧结构性改革为主线，坚持正确处理“十三对关系”，坚持以城镇化为引领、以产业建设为根本，实施创新驱动、改革促动、开放带动，紧扣社会主要矛盾的变化，着力解决发展不平衡不充分的问题，着力建设城市经济集群，着力做强做优特色产业，着力发展实体经济，着力推进创新驱动发展战略，着力深化改革开放，着力实施乡村振兴战略，推动经济质量变革、效率变革、动力变革，实现更高质量、更有效率、更快速度、更加公平、更可持续的发展。

二是坚决维护国家安全，着力推进长治久安。国家安全是安邦定国的重要基石，维护国家安全是全国各族人民根本利益所在。要坚持总体国家安全观，牢牢抓住特殊矛盾不放松，坚持以法治为引领、以政治安全为根本、以防患于未然为原则、以防止出大事为基础、以共建共治共享为目标，充分发挥法治的引领和规范作用、提升社会风险防控能力、持续深化反分裂斗争、建立健全维稳工作机制、构建共建共治共享体系、促进军民融合发展，确保拉萨持续稳定、长期稳定、全面稳定。

三是坚持以人民为中心的思想，提高保障和改善民生水平。中国共产党人的初心和使命，就是为中国人民谋幸福，为中华民族谋复兴。城关区要始终坚持以人民为中心的思想，牢牢抓住各族群众最关心最直接最现实的利益问题，坚决打赢脱贫攻坚战，实施教育优先和就业优先战略，加快建设健康城关区，在发展中补齐民生短板，不断满足人民日益增长的美好生活需要，让改革发展成果更多更公平惠及全体人民。

四是坚持人与自然和谐共生，推进美丽拉萨建设。人类只有遵循自然规律才能有效防止在开发利用自然上走弯路，人类对大自然的伤害最终会伤及人类自身，这是无法抗拒的规律。城关区要牢固树立人与自然是生命共同体的意识，尊重自然、顺应自然、保护自然，坚持节约优先、保护优先、自然恢复为主的方针，着力建设清洁能源示范城区，着力建设水生态文明城市，大力开展乡村人居环境整治行动，减少人类活动对自然的干扰，还自然以宁静、和谐、美丽。

五是坚持中国特色社会主义文化发展道路，推动文化繁荣兴盛。文化兴国运兴，文化强民族强。城关区要坚持以马克思主义为指导，坚守中华文化立场，牢牢掌握意识形态工作领导权，大力弘扬社会主义核心价值观，丰富群众精神文化生活，深刻认识藏民族文化是中华文化不可分割的一部分，切实增强对中华文化的认同，坚定文化自信，繁荣发展中国特色社会主义文化，努力建设文化强区。

六是坚持巩固发展民族团结，大力促进宗教和睦。民族工作、宗教工作都是全局性工作。抓维稳工作，重中之重是做好民族和宗教工作，民族宗教工作抓好了，稳定工作才有基础。要高举各民族大团结的旗帜，持之以恒争取人心，促进民族交往交流交融，坚持不懈开展民族团结进步创建活动，全面贯彻党的宗教工作基本方针，依法管理民族事务，用心呵护民族团结这个各族人民的生命线。

七是坚持全面从严治党，不断巩固党在城关区的执政地位。全面从严治党永远在路上。在全面从严治党这个问题上，城关区不能有“差不多了”“该松口气、歇歇脚”的想法，不能有打好一仗就一劳永逸的想法，不能有初见成效就见好就收的想法。要按照新时代党的建设总要求，坚持“三个牢固树立”，以加强党的长期执政能力建设、先进性和纯洁性建设为主线，以党的政治建设为统领，以坚定理想信念宗旨为根基，以调动全党积极性、主动性、创造性为着力点，把管党治党的螺丝拧得更紧，把全面从严治党的思路举措搞得更加科学、更加严密、更加有效，推动全面从严治党向纵深发展。

后　记

本书用一年多的时间完成编撰工作，意在编撰成有社会公认度、有文化价值、有感染力、有影响力的地方发展史书籍。凝聚着城关区区委、各编撰单位的心血与期望，将拉萨城关区风雨几十年的发展历程编写成文，既着力于将发展痕迹镌刻记录，也希望在未来能够让更多人了解、传承拉萨城关区的发展经验，积极总结，开拓更加辉煌的时代。

此书谓之发展史，旨在记录拉萨城关区轨迹。旦复旦兮，年复一年。多少年后，便会成为可借鉴的原始材料，这是我们编撰此书的宗旨，也是各位领导、顾问学者及朋友们的期冀。我们对此满怀信心，并将为之锲而不舍。为了编撰好此书，我们及时明确了各章节的主编、副主编和评审员，发动全区文化界的知名人士提出各种编撰意见建议，根据这些宝贵而又纷纭的意见建议，我们分门别类、条分缕析，按照城关区委的整体要求，拿出了《拉萨市城关区志》《西藏农牧史》《西藏民俗文化》《拉萨市社会发展研究》等书籍，召开了数次有编委会成员和拉萨文化知名人士参加的讨论会，广泛听取各方意见。同时，认真研阅我国各地地方志类历史文化丛书，研究他们的编撰特色和风格，明确自己的编撰特色和风格。对编撰提纲进行反复修改，修改达六次之多。本书在选编过程中，得到了拉萨市、城关区各个单位的关心和大力支持，在此，我们一并表示衷心感谢。因时间关系，加之我们经验不足，编排上会有顾此失彼、不尽合理之处，书中差错也在所难免，恳请读者批评指正。

看一座城市就像读一本书，每个时代都留下光辉的一页。拉萨城关区历史悠久、人文瑰丽。本书采用按类别分配章节的形式，着重体现改革开放以来的发展变化，文章长短自如，独立成篇，比较系统地梳理出了拉萨城关区历史上具有文化价值的重要文化遗址、历史沿革、民生发展、商贸经济、特色文化等，能让读者在短时间内了解城关区的历史人文。历史能启迪人的心智，增长人的阅历，陶冶人的情操，还能激励人的意志。一个地方的历史人文，是这个地方开拓发展的内在动力，我们相信拉萨城关区的明天将会更加美好。

编者

2019年8月

[illegible]

དང་པོ། གྲོང་མིང་ཐོགས་ཚུལ།

མི་ལོ་ཆིག་སྟོང་སུམ་བརྒྱ་ལྷག་ཙམ་གྱི་གོང་དུ་ཡུལ་འདིར་སྐྱིད་ཤོད་ཅེས་འབོད་པ་ནི། ཤར་འབྲི་གུང་ནས་ནུབ་ཆུ་ཤུར་བར་གྱི་ས་ཆ་རྣམས་ཏུས་རྒྱུད་སྐྱིད་ཀྱིས་བཟུང་བས་ཤར་ནས་ནུབ་ཏུ་སྐྱིད་སྟོད་དང་། སྐྱིད་ཤོད། སྐྱིད་སྨད་བཅས་སུ་དབྱེ་ཐོག་ད་ལྟའི་ལྷ་ས་ཆགས་ཡུལ་གྱི་སྐྱིད་ཤོད་དུ་ཤར་ནས་ནུབ་ཏུ་རྒྱུག་པའི་སྐྱིད་ཆུ་དེ་ཡང་གང་སར་འགྲམས་ནས་རྒྱུག་པ་དང་། ཡུལ་གྱི་དབུས་སུ་འོ་ཐང་མཚོ་ཞེས་པའི་མཚེའུ་ཞིག་ཀྱང་ཡོད་ཅིང་། གང་སར་ཤིང་སླ་བའི་ཚལ་གྱིས་ཁེངས་པའི་ས་ཆ་ཞིག་ཡིན་པ་དེར་སྤྱི་ལོའི་དུས་རབས་བདུན་པའི་ནང་བཙན་པོ་སྲོང་བཙན་སྒམ་པོའི་སྐུ་དུས་སུ་ཆུ་བོ་རྣམས་འགྲོ་ཡུལ་གཅིག་ཏུ་བསྒྱུར་ཞིང་། འོ་ཐང་གི་མཚོ་བསུབ་པའི་སྟེང་ལྷ་ཁང་བརྩིགས་ནས་ལྷ་ཇོ་ཤཱཀྱ་རྣམ་གཉིས་དང་། ཇོ་བོ་ཐུགས་རྗེ་ཆེན་པོ་བཞུགས་སའི་ཡུལ་གྲོང་ལ་ལྷ་ས་ཞེས་འབྲེལ་བ་རྒྱུ་མཚན་དུ་བྱས་ནས་ཐོགས་པ་ཡིན་སྐད། ལོ་རྒྱུས་འགའ་ཞིག་ཏུ་སྲོང་བཙན་སྒམ་པོའི་གོང་ནས་དམར་པོ་རིའི་རྩེ་ལ་ལྷ་ཐོ་ཐོ་རི་སྙན་ཤལ་བཞུགས་པའི་གནས་ཤིག་ཡོད་ཚུལ་ཡང《ཏུན་ཧོང་ནས་ཐོན་པའི་བོད་ཀྱི་ལོ་རྒྱུས་ཡིག་ཆ》སོགས་སུ་སྲོང་བཙན་སྒམ་པོའི་ཡབ་གནམ་རི་སྲོང་བཙན་ཡན་ཡར་ཆབ་གཙང་པོའི་བྱང་ངོས་རྣམས་འཕན་ཡུལ་གྱི་ཐིང་པོ་རྫེའི་མངའ་འོག་ཡིན་ཚུལ་ཡང་འཁོད་འདུག་པ་མ་ཟད། མི་ཡི་ལྷ་ཞེས་བོད་ཀྱི་བཙན་པོའི་བཞུགས་ས་ཡིན་པའི་བསྡུས་མིང་དུ་གོ་ནའང་ཆོག་པར་སེམས།

གཉིས་པ། ཡུལ་གྱི་བཀོད་པ།

དེ་ཡང་སྤྱི་ལོའི་དུས་རབས་བདུན་པའི་ནང་བཙན་པོ་སྲོང་བཙན་སྒམ་པོས་བལ་བཟའ་ཁྲི་བཙུན་དང་། རྒྱ་བཟའ་ཝུན་ཤིང་ཀོང་ཇོ་བཙུན་མོར་བསུས་ཤིང་། ཇོ་ཤཱཀྱ་རྣམ་གཉིས་སོགས་རྟེན་གསུམ་རྣམས་བཞུགས་ཡུལ་ལྷ་ཁང་བརྩིག་རྒྱུའི་སྟ་གོན་མཛད་སྐབས་རྒྱ་བཟའ་ཝུན་ཤིང་ཀོང་ཇོས་སྤོར་ཐང་བརྒྱད་ཅུ་སྐོར་གྱི་སྟེང་ནས་བརྩིས་པ་ལས་བོད་ཡུལ་སྤྱི་དང་། ལྷ་སའི་ས

དབྱིབས་གསལ་བར་བསྟན་པ་ནི"ཁ་བ་ཅན་གྱི་ཡུལ་འདི་སྲིན་མོ་གན་རྐྱལ་དུ་འགྱེལ་བ་ལྟ་བུར་འདུག་པ་ལས། འོ་ཐང་མཚོ་འདི་སྲིན་མོའི་སྙིང་ཁྲག་དང་། དམར་ལྷུགས་རི་འདི་གཉིས་སྲིན་མོའི་སྙིང་རུས་ཀྱི་རྣམ་པར་འདུག་ནའང་འོ་ཐང་མཚོའི་སྟེང་དུ་ཤཱཀྱ་མུ་ནེ་བཞུགས་པ་དང་། དམར་ལྷུགས་ཀྱི་རིའི་རྩེར་རྒྱལ་པོའི་ཕོ་བྲང་ཡོད་པས་ནོན་ཞིང་། དེ་དག་གི་མཐའ་སྐོར་ན་ས་དཔྱད་སྐྱོན་དང་ཡོན་ཏན་ལྡན་པ་ཁག་གཉིས་ཡོད་པ་ལས"ཞེས་པ་སོགས་ས་དཔྱད་བཟང་ངན་གསལ་བར་བསྟན་པ་ལྟར་གནམ་འཁོར་ལོ་རྩིབས་བརྒྱད་གདུགས་སུ་ཕུབ་པ། ས་པདྨ་འདབ་བརྒྱད་གདན་དུ་བཏིང་བ། ཤར་ན་མཆོད་སྡོང་བཙུགས་པ་འདྲ་བ(བན་ཕོས་གུང་བུ་རིའམ་བན་ཕོས་བང་བ་རི་ཞེས་ད་ལྟའི་སྟག་རྩེ་རྫོང་གནས་ཡུལ་བདེ་ཆེན་གྲོང་ཚོའི་ནུབ་ངོས་ཀྱི་རི་རྒྱུད་) ལྷོ་ན་རིན་པོ་ཆེ་སྤུངས་པ་འདྲ་བ(གྲིབ་ཀྱི་ཕུའི་སྨིན་དྲུག་ཛ་རིའི་ནུབ་རྒྱུད) ནུབ་ན་མཆིའི་སྟེང་དུང་ཕོར་བཞག་པ་འདྲ་བ(སྟོད་ལུང་བྲག་ཕུའི་བྲག་སྟེ་སྟག་ལུང་བྲག་གི་ཕུར་) བྱང་ན་པདྨ་ཁ་ཕྱེ་བ་འདྲ་བ(དོག་བདེ་ལྷ་རི་སྟེ་མཁར་རྫོང་བྲག་)བཅས་ཁྱད་དུ་འཕགས་པའི་རི་བཞི། དེའི་ནང་སྐོར་དུ་ཉང་བྲན་ཕན་དཀར་རི་ལ་གདུགས(སེ་ར་དགོན་པའི་ནུབ་ངོས་བཀྲ་ཤིས་ཆོས་གླིང་གི་རྒྱབ་རི་)མལ་གྲོང་རི་ལ་གསེར་ཉ(ནེ་ཕུང་རིའི་ལྷོ་ནུབ་ཀྱི་རི་བྱུར་) གདོང་དཀར་གྱི་བྲག་ལ་པདྨ(གདོང་དཀར་གྲོང་ཚོའི་ནུབ་ངོས་) གྲིབ་ཀྱི་འབྲུགས་རོམ་ལ་དུང་(གྲིབ་ཀྱི་ཕུར་) རྫོང་བཙན་རི་ལ་བུམ་པ(བུམ་པ་རི་ཞེས་སྐྱིད་ཆུའི་ཟམ་ཆེན་གྱི་ལྷོ་ངོས་) ཡུག་པ་རི་ལ་དཔལ་བེའུ(ར་མ་སྒང་གི་ལྷོ་ནུབ་རི་ངོས་) འཕན་དཀར་རི་ལ་རྒྱལ་མཚན(སེ་རའི་རྒྱབ་རིའི་ངོས་) བྲང་ཕུའི་བྲག་ལ་འཁོར་ལོ(སྟོད་ལུང་བདེ་ཆེན་རྫོང་ཁོངས་སྟག་བྲག་གི་ཕུ་)བཅས་བཀྲ་ཤིས་རྟགས་བརྒྱད། ཤར་གྱི་སྟག་དཀའ་གདོང་འོག་མ(ཛ་ཆེན་ཤར་ཁོངས་) ལྷོ་གཡུ་འབྲུག་གཙང་ཆབ། ནུབ་ཀྱི་བྱ་དམར་པོ་རྟེང་བུ་གདོང་(སྟོད་ལུང་བདེ་ཆེན་རྫོང་ཁོངས་ཤུན་ཁུལ་དུ་) བྱང་གི་རུས་སྦལ་ནག་པོ་ཕ་བོང་ཁ(ཉང་བྲན་ཁོངས་)སོགས་ས་དཔྱད་བཤད་པ་རྣམས་རི་ངོས་སོགས་སུ་གསལ་བར་ཡོད་པ་མ་ཟད། ད་དུང་ཤར་བྱེ་མའི་རི་ལ་སྲིན་མོ་འདོམས་བཟེད་པ་འདྲ་བ(དཔལ་སྡིངས་ཀྱི་ཤར་ངོས་)ལྷོ་ན་སྡིག་པ་གཟན་ལ་རུབ་པ་འདྲ་བ(ར་མ་སྒང་གི་ནུབ་ངོས་)ནུབ་ཤུན་གྱི་བྲག་ལ་བདུད་བྱ་ར་བྱེད་པ་འདྲ་བ(གདོང་དཀར་གྱི་ནུབ་ངོས་བྲག་རྩེ་) བྱང་ཉང་དོག་བར་ན་གླང་པོ་ཆེ་གཡུལ་དུ་ཞུགས་པ་འདྲ་བ (སེ་ར་དགོན་

པའི་ཤར་ངོས་སླང་ཆེན་རི་ཟུར་)སོགས་ས་དཔྱད་ངན་པ་དེ་ཚོ་ཡང་གསལ་བར་ཡོད་ལ་དེའི་བཙོས་ཐབས་བཤད་པ་རྣམས་ཀྱང་ལྷ་ས་གཙུག་ལག་ཁང་གི་བར་ཐོག་གི་ཕྱི་ངོས་ཕྱོགས་སོ་སོར་ཤར་དུ་དབང་ཕྱུག་གི་རྟེན་དང་། ལྕོར་བྱ་ཁྱུང་། ནུབ་ཏུ་མཆོད་རྟེན། བྱང་དུ་སེང་གེ་སོགས་རྗེ་ལ་བཟོས་པ་ད་ལྟའང་མཐོང་རྒྱུ་ཡོད།

གཞན་ཡང་བྱང་ཤར་མཚམས་སུ་ཛོ་མོ་ཟེ་ཟེ་ཞེས་ཛ་རི་སྨུག་པོ་ཟུར་གསུམ་པ་མཐོ་ཞིང་བརྗིད་ཆགས་པ། ལྷོ་ཕྱོགས་སུ་སྨིན་དྲུག་ཛ་རི་ཞེས་རྩེ་མོ་རྣོ་ཞིང་ངོས་ཡངས་པ། ནུབ་བྱང་དུ་དགེ་འཕེལ་དབུ་རྩེ་ཞེས་པ་བཙས་རི་ཆེན་གསུམ་གྱི་འདབས་ཆ་སྤྱང་དང་། སྙིང་པ་སེ་བ་སོགས་ཀྱི་ནགས་ཚལ་གྱི་གསེབ་ན་ཨུཏྤལ་སྔོན་པོ་དང་སེར་པོ་སོགས་སྨན་རྩྭ་སྣ་ཚོགས་སྐྱེ་བ། རི་རྩེར་ཛ་དང་གཡའ་རིན་པོ་ཆེ་སྤུངས་པ་འདྲ་བའི་རི་དེ་དག་ལ་སླ་བ་དང་། གནའ་བ། འཇོལ་མོ། གོང་མོ། སྲེག་པ། གཟིག ཕ་མོ། གྲུམ་པ་སོགས་རི་དྭགས་དང་། འདབ་ཆགས། གཅན་གཟན་དུ་མ་ཡོད་པའི་རི་བོ་བརྗིད་ཆགས་པ། གཞན་ཡང་གཡའ་སྤང་ཛ་བྲག་གི་རི་བོས་ཁོར་ཡུག་ཏུ་བསྐོར་བའི་དབུས་སུ་ས་གཞི་ཡངས་ཤིང་རྒྱ་ཆེ་བའི་དཀྱིལ་ན་དམར་པོ་རི་སླང་ཆེན་འཕྱེད་དུ་ཉལ་བ་འདྲ་བའི་སྟེང་ན་ཕོ་བྲང་ཆེན་པོ་པོ་ཏ་ལ་དང་། དེའི་ལྷོ་ནུབ་ཏུ་ལྕགས་པོ་རི་སེང་གེ་གནམ་ལ་མཆོང་བ་འདྲ་བའི་སྟེང་དུ་གསོ་རིག་འགྲོ་ཕན་གླིང་གི་སྨན་གྲྭ། བོང་བ་རི་སྟག་མོ་ཚང་ལ་འཛུལ་བ་འདྲ་བའི་སྟེང་དུ་འཇམ་དབྱངས་ལྷ་ཁང་དང་། ཀོན་ཧྲིས་ཀྱི་ལྷ་ཁང་བཅས་ཡོད་པའི་ཤར་ཕྱོགས་སུ་ལྷ་ལྡན་ར་ས་འཕྲུལ་སྣང་གཙུག་ལག་ཁང་དང་། དེའི་བྱང་དུ་རྒྱ་སྟག་ར་མོ་ཆེའི་གཙུག་ལག་ཁང་། ཕྱོགས་བཞིའི་རིགས་གསུམ་ལྷ་ཁང་སོགས་གནའ་ཤུལ་གྲགས་ཅན་དུ་མ་དང་། བ་གམ་ཅན་གྱི་གྲོང་མིའི་སྡོད་ཁང་། ཇོ་ཁང་གི་ཕྱི་རོལ་བར་སྐོར་དུ་ཕྱོགས་ཀུན་ནས་འདུས་པའི་སྣ་མང་ཚོང་ཟོག་གིས་ཁེངས་པའི་ཁྲོམ་ར་སོགས་མཛེས་ཤིང་འདུ་ལོང་ཆེ་བའི་གྲོང་ཁྱེར་གྱི་ཕྱི་རོལ་ཤར་དུ་ཀརྨ་དགོན་གསར་དང་། ལྷོ་རུ་ཕྱུག་མཛོད་གླིང་ག །ནུབ་ཏུ་ནོར་བུ་གླིང་ག །བྱང་དུ་གཤོང་ཁ་གླིང་ཁ་སོགས་ལྗོན་ཤིང་བཟང་པོས་ཀུན་ནས་བརྒྱན་པའི་གླིང་ག་དུ་མས་གཅིག་ལ་གཅིག་འབྲེལ་ཁོར་མོ་ཡུག་ཏུ་མཛེས་པ། ས་རྒྱུ་གཤིན་པོའི་ཞིང་སས་ཁྱབ་པའི་བར་ན་ཐ་ཐོར་དུ་གནས་པའི་ཞིང་པའི་གྲོང་ཚོ་དག་ནི་རྒྱ་སྐར་གྱིས་བསྐོར་བའི་ཟླ་བ་ལྟར་གྲོང་གི་མཐའ་ནས་བསྐོར་བ། བྱང་སླང་ཆེན་རི་ཟུར་ཐད་དྲངས་པའི་བྲེ་རགས་ཡུར་

བུ་དེ་སྤྲང་པོ་ཆེའི་སྣ་ལ་ཐག་པ་བཏགས་ཏེ་ནུབ་བྱང་མཚམས་ཀྱི་འདམ་ར་གཡུ་ཡི་གཞོང་པ་འདྲ་བའི་ཕྱོགས་སུ་ཁྲིད་པ་འདྲ་བ། སྔོ་བཞིའི་འདམ་ར་ཆེན་མོ་དེའི་ནང་ན་དབྱར་དུས་འདམ་རྩ་སྨྱུག་ཚལ་ལྟར་རྒྱས་པའི་གསེབ་ནས་བྱ་སྐྱོར་མོ་དང་། ཁྲིའུ་ཆུང་མཐེབ་ཇོག་སོགས་ཆུ་བྱ་སྣ་ཚོགས་དང་། དགུན་དུས་སུ་ངང་པ་དཀར་སེར་དང་། ཁྲུང་ཁྲུང་སྐེ་ནག་སོགས་ཀྱིས་འཕུར་ལྡིང་རྩེད་འཛོར་རོལ་བ། བྱང་ཕྱོགས་དོག་བདེ་དང་ཉང་བྲན་གྱི་ཕུ་ཆུ་དང་། ཤར་ཕྱོགས་དགའ་མོ་རི་ཟུར་ནས་དྲངས་པའི་གཙང་ཆུའི་ཡུར་བུ་སོགས་རང་བྱུང་དང་། མིས་བཟོས། ཕུ་ཆུ། གཙང་ཆུ་ནས་དྲངས་པའི་ཆུ་ཡུར་རྣམས་སུ་དལ་འགྲོའི་རྒྱུན་བཟང་དགུ་བའི་འཛུམ་དཀར་དགོད་ཅིང་། ལྕུང་ལྕུང་གི་སྒྲ་དང་བཅས་མི་ཕྱུགས་སྐྱེ་དངོས་རྣམས་ལ་ཉྭན་གཤེར་གྱི་སྦྲོ་བ་སྤྲིན་པ། དལ་འབབ་སྐྱིད་ཆུས་བཅད་པའི་ལྷོ་ཕྱོགས་སོགས་ཀྱི་རི་བོ་སྤང་གཤོངས་ནེ་ཙོའི་འདབ་གཤོག་བརྐྱངས་པ་འདྲ་བའི་ངོས་སུ་ལུས་སྟོབས་རྒྱས་པའི་གནག་ཕྱུགས་རྣམས་ངུར་སྒྲ་སྒྲོག་བཞིན་རྩྭ་ཆུར་རོལ་བ། དབྱར་དུས་སུ་ཚད་པ་མི་ཆེ་ལ། དགུན་དུས་གྲང་ངར་ཡང་དེ་ཙམ་མི་ཆེ་ཞིང་། རྒྱུན་དུ་ཉི་འོད་འཕྲོ་ཤུགས་ཆེ་བས"ཉི་འོད་གྲོང་ཁྱེར"ཞེས་འབོད། ཡུལ་འདིའི་གྲོང་དང་གྲོང་གསེབ་ཀྱི་སྐྱེ་བོ་ཕལ་ཆེར་གཤིས་རྒྱུད་བཟང་ཞིང་སྨྲ་ངག་འཇམ་པ། ཕོངས་པ་དང་ཉམ་ཐག་པ་ཀུན་ལ་ཕན་པའི་བྱ་བ་བྱེད་པ་སོགས་ཀྱི་ཁྱད་ཆོས་དང་ལྡན་ཡོད་པ་དེ་ཡང་མཁས་དབང་ཞེལ་སྒྲིང་པའི་ལྷ་ས་དྲན་གླུ་ལས།

གཞོང་གཞོང་ས་གཞི་ཡངས་ཤིང་ཁོད་སྙོམས་པར།།
ལྗོང་ལྗོང་རྩྭ་དང་ཤིང་ནགས་ཕྲེང་བས་མཛེས།།
འཚེར་འཚེར་ཉི་ཟླའི་ཐོན་ལམ་བདེ་བ་སོགས།།
སྐྱུམ་སྐྱུམ་བཀྲག་མདངས་ལྡན་པའི་ལྷ་ས་དྲན།།
ཨུན་ཨུན་སྨྱུག་པ་སངས་བའི་དུས་མེད་པ།།
ཛུབ་ཛུབ་འཐིབས་པ་འདི་འདྲ་མ་ཡིན་པར།།
བསིལ་བསིལ་དགུན་དུས་དྲོ་ལ་དབྱར་བསིལ་བའི།།
སྙོམས་སྙོམས་དྲོ་གྲང་ལྡན་པའི་ལྷ་ས་དྲན།།
ཐེར་ཐེར་ས་ལ་པདྨ་འདབ་རྒྱས་དང་།།

ཡོར་ཡོར་རི་ལ་བཀྲ་ཤིས་རྟགས་བརྒྱད་ཚང་།།

ཟླུམ་ཟླུམ་འཁོར་ལོའི་དབྱིབས་འདྲའི་ནམ་མཁའ་སོགས།།

མཚར་མཚར་ས་བཀྲ་ཤིས་པའི་ལྷ་ས་དྲན།།

ཞེས་སོགས་གསལ་བའི་སྙན་ཚིག་གྲགས་ཅན་ཡོད་པ་རེད།

གསུམ་པ། གཉེར་ཁ་དང་ཐོན་ཁུངས། སྐྱེ་དངོས་སོགས།

༡ གཉེར་ཁ་དང་འཛུགས་སྐྲུན་རྒྱུ་ཆ།

ལོ་རྒྱུས་དེབ་ཐེར་ཁག་ཏུ་གསལ་བ་བཞིན། རྒྱ་བཟའ་འུན་ཤིང་ཀོང་ཇོས་ལྷ་སའི་ས་དཔྱད་ནང་བསྟན་པར"གར་པའི་ཇོ་མོ་ཟེ་ཟེ་ལ་ལྕགས། ཤུག་པ་དོང་ལ་ཟངས། ར་ག་བྲག་ལ་དངུལ། ལྕགས་ག་རི་ལ་གསེར་ཏེ་རིན་ཆེན་བཞིའི་གཏེར་ཡོད"ཅེས་དང་། སྤྱི་ལོའི་དུས་རབས་ཉི་ཤུ་པའི་འགོར་ཧྲ་ལའི་བླ་མ་སྐུ་ཕྲེང་བཅུ་གསུམ་པའི་སྐུ་དུས་སུ་ཕྱི་རྒྱལ་ལ་སློབ་སྦྱོང་དུ་བཏང་བའི་རྩེ་དྲུང་བསམ་མཁར་མཁྱེན་རབ་ཀུན་བཟང་གིས་བྲག་རི་ཁུག་ནས་གསེར་བཏོན་སྐད།

དེང་སྐབས་བརྟག་དཔྱད་དང་ཞིབ་འདོན་བྱས་པར་གཞིགས་ན་དོག་བདེ་ཤང་ཁོངས་ནས་ལྕགས་རྡོ་དང་། རྡོ་སོལ། རྡོ་མཉེན། ཅོང་ཞི། རྡོ་གཡམ། ཉང་བྲན་ཤང་ཁོངས་ནས་ཨར་འདམ་གྱི་རྒྱུ་ཆར་མཁོ་བའི་རྡོ་དང་། ཨར་ག།ས་དམར། གྲིབ་ནས་བ་དཀར་དང་། ཨར་ག འདམ་རའི་ནང་ནས་ས་མཚུར། གཞན་ཡང་རྡོ་ཇང་དཀར་ནི་ཕྱོགས་གང་སར་ཡོད་པ་སོགས་ལྕགས་རིགས་དང་། སྨན་རྡོ། འཛུགས་སྐྲུན་རྒྱུ་ཆ་སོགས་ཐོན་གྱི་ཡོད།

༢ སྨན་རྫས་དང་ཐོན་སྐྱེད། འཚོ་བ་སོགས་ལ་མཁོ་བའི་རྩྭ་དང་མེ་ཏོག

ཨུཏྤལ་སྔོན་པོ་དང་། སྲོ་ལོ་དམར་པོ། གཡའ་སྐྱ་རིལ། དབྱར་རྩྭ་དགུན་འབུ། ཟླུ་བདུད་རྡོ་རྗེ། ཏིག་ཏའི་རིགས། བྲག་སྐྱ་ཏའོ། པི་པི་ལིང་། ཨུག་ཆོས་སོགས་སྨན་རྩྭ་དང་། མེ་ཏོག །དེ་བཞིན་རྩྭ་དྲེད་མ་དང་། ཚ་ལོ། སུག་པ། འབྲི་སྨུག རམ་བུ། རྟེ་ཚགས། རི་སྙག འཛིན་བུ་སོགས་ཐོན་སྐྱེད་རྒྱུ་ཆ་དང་། འཚོ་བྱེད་ལ་སྤྱོད་ཆོག་པའི་རྩྭ་དང་མེ་ཏོག་ཀྱང་མང་པོ་སྐྱེ་ཡི་ཡོད།

༣ ཤིང་སྡོའི་རིགས།

སྤྱར་པ་དཀར་ནག་དང་། རྒྱ་ལྕང་། སྐྱེ་ལེགས། ཚ་ལྕང་། ལྕང་ནག ཤུག་པ། ཐང་ཤིང་། སྨྱུག་མ། ཡོ་འབོག་སོགས་འབྲས་བུ་མེད་པའི་བཙུགས་ཤིང་དང་། ཁམ་བུ། མངར་ཁམ། སྟར་

ཁ། ཀ་ར། ཀུ་ཤུ། སེའུ། ལི། ཚ་རྒྱུན་འབྲུམ་སོགས་འབྲས་ལྡན་ཤིང་། སྒྲོ་བ། སླ་ཚེར། སླང་མ། ཚར་པ། སེ་བ། སྐྱེར་པ། མཛེ་མོ་ཤིང་། སྐྱ་ཚེར། ཚ་ཤིང་ཨུམ་བུ། སྤུ་མ། བ་ལུ། སུ་ལུ། སྤེན་མ། བྲ་མ། སྐལ་བཟང་ཤིང་སོགས་རང་བྱུང་སྐྱེ་ཤིང་དང་ལྕུམ་བུ་མང་པོ་སྐྱེ་འཛུགས་ཐུབ་ཀྱི་ཡོད།

༤ འདབ་ཆགས་དང་རི་དྭགས། གཅན་གཟན་སོགས།

བྱ་རྒོད་དང་། གོ་བོ། བྱ་རོག །སྐྱུང་ཀ །ཁྭ་ཐུག །གོང་མོ། བྱ་སྐྱག །ནེ་ལེ། བྱ་ངང་། སྲེག་པ། ཁྲུང་ཁྲུང་། ངང་པ་དཀར་པོ་དང་སེར་པོ། ཆུ་སྐྱར། རྡེ་རྡེ་གུ་གུ། སྤུ་ཤུད། ཁྲ། ཝུག་པ། སྲིན་བྱ། སྐྱ་ཀ །ཕུག་རོན། འཇོལ་མོ། རྗོ་ཏིའི། འདག་བྱིའུ། བྱ་ཕ་ཕང་། ཁང་བྱིའུ། རི་བྱིའུ། ཏིང་ཏིང་མ། བྱིའུ་ཆུང་མཐེབ་རྫོག །ཙོ་ག །ཤིང་རྟ་མོ་སོགས་འདབ་ཆགས་སྣ་ཚོགས། སླ་བ་དང་། གནའ་བ། དགོ་བ། འཕྲེ་བ། རི་བོང་སོགས་རི་དྭགས་མང་པོ། གཟིག་དང་གསའ། སྤྱང་ཀི །ཕ་མོ། གྲུམ་པ། གཡི། སྲམ། སེ་ལེ་ཞི་མི། ཨོག་དཀར་སོགས་གཅན་གཟན། གཞན་ཡང་ཨ་བྲ་དང་། རྫ་བྲ། སྦྲེ་མོང་། སྦལ། རྩངས་པ་ཁ་རལ། བྱི་མ་ཏུ་གུ། ཉའི་རིགས་སྣ་ཚོགས་སོགས་སྐམ་ཆུ་གཉིས་འཚོའི་བདག་ཏུ་མ་བཟུང་བའི་བྱ་དང་། རི་དྭགས། གཅན་གཟན་གྱིས་མཚོན་སྲོག་ཆགས་དུ་མ་ཡོད་ལ། ད་དུང་རྨ་བྱ་དང་། ནེ་ཙོ། མན་ན། སྟག །འབྲོང་། དྲེད་མོང་། དོམ། རྐྱང་། སླང་ཆེན། ཤ་བ། གཙོད། སྤྲ། སྤྲེའུ། ཟ་མོང་། གསེར་ཉ། རུས་སྦལ་སོགས་ས་མཐོ་དང་ཚ་བའི་ཁུལ་དུ་འཚོ་གནས་བྱེད་པའི་སྲོག་ཆགས་ཀྱང་བདག་སྐྱོང་གསོ་ཉར་བྱས་ན་འཚོ་གནས་ཐུབ་ཀྱི་ཡོད་པ་རེད།

༥ ཞིང་ལས་སྐྱེ་དངོས།

ཞིང་ལས་སྐྱེ་དངོས་གཙོ་བོ་ནས་དང་། གྲོ། སྲན་མ། རྒྱ་སྲན། པད་ཁ། སོ་མ་ར་ཙ། ད་དུང་ཞོག་ཁོག་དང་། བོད་ལབ། རྒྱ་ལབ། ཆིན་ལབ། ལ་ཕུག་དཀར་རིལ། ཉུང་མ། པོ་ཚལ། པད་ཚལ། ཨོ་སུན། ཧེན་ཚལ། ཆིན་ཚལ། ཀོའོ་ཕིག ཀྲོ་མ་ཀྲུ། ལན་ཕ་པད། སྔོག་པ། ཙོང་སོགས་སྔོན་དུས་ནས་འདེབས་སྲོལ་ཡོད་པ་ཞི་བའི་བཅིངས་འགྲོལ་ཐོབ་རྗེས་ནན་ཀྱུ་དང་། ཧོང་ཀྱུ། ཤི་ཧུའུ་ལུ། ཡུའུ་ཚལ། ཧྭ་པད་ཚལ། ལ་ཕུག་མངར་མོ། སུར་པན་གྱི་རིགས། ཡང་ཅང་། མ་རྔོས་ལོ་ཏོག་འདེབས་སྐྱོང་ཐོག་དགུན་དུས་ཀྱང་སྔོ་ཚལ་འདེབས་ཐབས་བརྟན་པའི་ཐོག་དགུན་གྲོ་དང་། དགུན་ནས་སོགས་ཀྱང་ཆེད་འདེབས་བྱས་པར་གྲུབ་འབྲས་བཟང་པོ་ཐོབ་ཡོད།

༨ སྔོ་ཟླུགས།

སྔོ་ཟླུགས་ཐད། འབྲི་གཡག་དང་། མཛོ་དང་མཛོ་མོ། བ་གླང་། རྟ། དྲེའུ། བོང་བུ། ར་ལུག་ཕག་པ། བྱ་དེ། བྱ་གག་སོགས་གསོ་སྐྱོང་བྱེད་ལ། ཕྱོགས་མཚམས་ཀྱི་ལུང་ལག་རྣམས་སུ་འགྲོག་པ་སྟོད་མཁན་ཡང་གང་འཚམ་ཡོད།

བཞི་པ། གྲོང་ཁྲུལ་ཐོག་མར་ཆགས་ཚུལ་དང་འཕེལ་རིམ།

སྤྱི་ལོའི་དུས་རབས་བདུན་པའི་ནང་བཙན་པོ་སྲོང་བཙན་སྒམ་པོས་དམར་པོ་རི་རྩེར་གཟིམ་ཁང་དཀར་པོ་བསྐྲུན་ཏེ་བཞུགས་པ་ནས་བལ་བཟའ་ཁྲི་བཙུན་གྱིས་ཕོ་བྲང་ཁྲི་རྩེ་དམར་པོ་ཞེས་ཕོ་བྲང་ཁོར་ཡུག་དང་བཅས་མཁར་ཆེག་སྟོང་ལྷུགས་རི་ཅན་བསྐྲུན་པ་ནི་ལྷ་སའི་མཁར་གྲོང་ཐོག་མ་དེ་ཡིན། དེ་རྗེས་ལྷ་ལྡན་ར་ས་འཕྲུལ་སྣང་གཙུག་ལག་ཁང་དང་། རྒྱ་སྟག་ར་མོ་ཆེ། བྲག་ལྷ་བཀྲ་ཤིས་གཞལ་ཡས་ཁང་སྟེ་བྲག་ལྷ་ཀླུ་སྒུག་སོགས་བསྐྲུན་ཞིང་སྐབས་དེར་དབུས་གཙང་རུ་བཞིའི་དཔུང་རྣམས་གནས་སྡོད་བྱ་ཡུལ་གཏན་འཁེལ་ས་ཆ་ཡོད་པ་སོགས་ལས་ལྷ་ས་རུ་བཞི་ཞེས་པའི་མིང་བྱུང་སྐད། དེ་དུས་ལྷ་ས་སྐྱིད་ཆུའང་གླིང་སྐོར་སྐོ་ལམ་ཀྱི་འགྲམ་ནས་རྒྱུག་སྟབས་དེ་རྒྱུད་དུ་ཆུ་རགས་ཤིག་ཡོད་ལ། རགས་རྒྱབ་དུར་ཁྲོད་ཟེར་བའི་དུར་ཁྲོད་དེ་ཆུ་རགས་ཀྱི་རྒྱབ་ཏུ་ཡོད་ཚུལ་བརྗོད་ཅིང་ལོ་རབས་ལྔ་བཅུ་པའི་མཇུག་ཏུའང་དེ་གར་མཆོད་རྟེན་ཞིག་དང་དེའི་འཁྲིས་སུ་དུར་ཁྲོད་ཀྱི་ཤུལ། གྲོ་བའི་སྟོང་པོ་ཡོད་པ་མཐོང་རྒྱུ་ཡོད། ལྷ་ས་གཙུག་ལག་ཁང་ནས་བརྩིས་པའི་ཤར་ཕྱོགས་ཀྱི་འོང་སྟོད་ཞིང་ཁ་ཞེས་པ་ཞིང་ཁ་ཡིན་ལ། སྦྲ་ནག་ཞོལ་ཞེས་པ་ནི་སྦྲ་ནག་ཅེས་སྦྲ་གུར་གྱི་དོན་དང་། ཞོལ་ནི་དགོན་སྡེའམ། མཁར་རྫོང་ཞིག་གི་འདབས་རོལ་ལ་གནས་པའི་དོན་ཏེ། དཔེར་ན་པོ་ཏ་ལའི་འདབས་ཞོལ་དུ་པོ་ཞོལ་ཞེས་དང་། རྫོང་གི་འདབས་སུ་ཆགས་པར་རྫོང་ཞོལ། དགོན་པའི་འདབས་ཞོལ་དུ་ཆགས་པར་དགོན་ཞོལ་ཟེར་བ་ལྟར་ལྷ་ས་ཐོག་མར་ཆགས་སྐབས་གནས་སྡོ་བྱས་པའི་གཞིས་ཆགས་པ་རྣམས་ཐོག་མར་སྦྲ་གུར་ཕུབ་སྟེ་གཙུག་ལག་ཁང་གི་ཉེ་འཁོར་དུ་བསྡད་པས་སྦྲ་ནག་ཞོལ་ཞེས་མིང་ཐོགས་པར་སེམས། རྒྱལ་པོའི་བཞུགས་གནས་ཀྱི་མཐའ་སྐོར་དུ་བློན་འབངས་ཀྱི་སྐར་སའམ་ཁང་ཁྱིམ་ཡང་ཆགས་པ་ནི་སྨོས་ཅི་དགོས། སྤྱི་ལོའི་དུས་རབས་དགུ་པའི་ནང་བཙན་པོ་ཁྲི་རལ་པ་ཅན་གྱིས་ལྷ་སའི་ཤར་དུ་ཀ་རུ་དང་རྨེ་རུ། ལྷོ་ཕྱོགས་སུ་དགའ་བ་དང་།

དགའ་བའི་འོད། བྱང་ཕྱོགས་སུ་བྲན་ཁང་། བྲན་ཁང་ཐོག་མའི་ལྷ་ཁང་སོགས་བཞེངས་སྐབས་གྲོང་ཁུལ་དུ་ཁང་ཁྱིམ་གང་འཚམ་ཡོད་པར་སྣང་། དེ་མཇུག་དུས་སྐབས་སོ་སོར་རིམ་བཞིན་གནས་ཁག་བཅོ་བརྒྱད་སོགས་ཀྱང་ཆགས་པ་མ་ཟད། རབ་བྱུང་བཅུ་གཉིས་པའི་མེ་བྱ(༡༧༡༧)ལོར་ཇུན་གར་བའི་དམག་དཔུང་གིས་གཙུག་ལག་ཁང་གི་ནུབ་ངོས་ན་ཁའི་སྙིང་ཕྱིང་གུར་ཕུབ་ནས་བསྡད་པས་ས་མིང་དུ་ད་ལྟའང་ཕྱིང་གུར་ནང་ཞེས་འབོད།

ཡུལ་དཔོན་འགའ་ཞིག་གིས་ཀྱང་ཁང་ཁྱིམ་བསྐྲུན་པ་སྟེ། དཔེར་ན། སྡེ་པ་སྟེའུ་པ་ལྷ་སར་སྡོད་གནས་ལ་སྟེའུ་ཤག་དང་། སྡེ་པ་རག་པའི་ཤག་ལ་རག་ཤག སྡེ་པ་སྣང་རྩེ་བའི་ཤག་ལ་སྣང་རྩེ་ཤག་ཅེས་པ་སོགས་ཡིན། དེ་བཞིན་ཕྱོགས་བཞི་མཚམས་བརྒྱད་དུ་རིགས་གསུམ་ལྷ་ཁང་དང་། རྨེ་རུ། བཞི་སྡེ། རྒྱུད་གྲྭ་རྣམ་གཉིས། བཙུན་དགོན་མཚམས་ཁུང་སོགས་དགོན་པ་དང་ལྷ་ཁང་། གཞུང་ཁང་ཁག །ཕ་གླིང་ཕྲུག་ཁང་ཆེ་བ། ཕྲུག་ཁང་ཆུང་བ་སོགས་ཁ་ཆེའི་ཕྲུག་ཁང་། གླ་བྲང་ཁག་དང་། སྡེ་དཔོན་མི་དྲག ཚོང་པ་ཆེ་འབྲིང་སོགས་ནས་སྡོད་ཁང་མང་པོ་བསྐྲུན་ཐོག་དགོན་པ་གྲྭ་ཚང་ཚོས་ཀྱང་སྤྱི་ཁང་བསྐྲུན་པ་སོགས་ལ་བརྟེན་ནས་རིམ་བཞིན་རྒྱ་ཆེར་སོང་ཞིང་། གཙུག་ལག་ཁང་གི་མཐའ་འཁོར་དུ་ཆགས་པའི་ཁང་ཁྱིམ་རྣམས་ཀྱི་དཀྱིལ་དུ་ཡོད་པའི་བར་སྐོར་ལམ་ནི་ལྷ་སའི་ཁྲོམ་རའི་ལྟེ་བ་ཡིན། ཤར་ཕྲུག་འཚལ་སྒང་ནས་ལྡོ་དམར་གཟིམ་རྗེ་ཕུང་། ནུབ་ཀུན་བདེ་གླིང་། བྱང་རྗོང་རྒྱབ་ཀླུ་ཁང་བཅས་ཚུད་པའི་སྐོར་ལམ་ལ་གླིང་སྐོར་བྱང་ཆུབ་ཕྱིན་ལམ་དང་། སྐོར་བ་འབྲིང་པོར་དམར་ལྕགས་བོང་གསུམ་མ་བསྐོར་བར་གཙུག་ལག་ཁང་ཆེ་ཆུང་གཉིས་ཚུད་པའི་གྲོང་སྐོར་ལ་སྟོད་སྐོར་ཟེར། སྔ་དུས་གྲོང་མིའི་སྡོད་ཁང་ཕལ་ཆེར་གླིང་སྐོར་ནང་ཁོ་ནར་གཙོ་བཟུང་བྱེད་ཀྱང་། དུས་རབས་ཉི་ཤུ་པའི་དུས་འགོ་ནས་ཡབ་གཞིས་སླང་མདུན་དང་། སྐྱིར་ཚ་རོང་། སྐྱིར་ཕྲེད་རིང་། སྐྱིར་ཟུམ་ཕུད་སོགས་ནས་གླིང་སྐོར་གྱི་ཕྱིར་སྡོད་ཁང་བསྐྲུན་རྗེས་གླིང་སྐོར་གྱི་ཕྱི་རོལ་དུ་ཁང་པ་སྐྲུན་མཁན་ཇེ་མང་དུ་སོང་བ་བཅས་གྲོང་ཁུལ་གྱི་འཕེལ་རིམ་མདོ་ཙམ་བརྗོད་པའོ། །

ལྔ་པ། གྲོང་མིའི་སྡོད་ཁུལ་དང་ས་མིང་ཁག་གཅིག

ལྷ་ས་གྲོང་ཁུལ་དུ་ཟུར་བཞི་དང་། སྣང་བཞི། ཕྲུག་བཞི། ཟམ་པ་བཞི། ཤིང་སྡོང་བཞི། ཁྲོན་པ་བཞི་སོགས་བརྗོད་སྲོལ་ཡོད་ཀྱང་དེ་དག་ཞིབ་ཆ་ཁུངས་དག་ཡིན་མིན་མ་ངེས་པས་

ཡིད་རྟོན་དཀའ་བར་བརྟེན་འདིར་མ་བྲིས་ཤིང་། གྲོང་ཁྲུལ་དང་ཉེ་འདབས་ཀྱི་ས་མིང་ཐོགས་སྤངས་དོན་སྙིང་ལྡན་པ་འགའ་ཞིག་གཙོ་བོ་བར་སྐོར་དུ་ཚོང་ཁང་མང་པོ་ཡོད་པ་ལས་ཤར་དང་། ལྷོ་ཡི་ཕྱོགས་སུ་ཁ་ཆེ་དང་། བྱང་དུ་བལ་པོ་སྡོད་མཁན་མང་ཞིང་། དེ་མིན་བོད་རིགས་དང་། རྒྱ་རིགས་ཀྱི་ཚོང་པ་མང་པོ་ཡོད་པ་ལས་གོས་ཆེན་གྲུའུ་ཅི་སོགས་ཚོང་མཁན་རྒྱ་རིགས་ཀྱི་ཚོང་ཁང་ཆེ་ཤོས་པེ་ཅིང་ཚོང་ཁང་ཟེར་བ་དེ་ཡིན། སྐབས་དེའི་ཁྲོམ་གཞུང་དུ་བོད་རིགས་ནང་སར་ཚོང་དུ་འགྲོ་མཁན་ཚོས་དར་གོས་དང་། དཀར་ཡོལ། ཀན་ཚལ། ཇ་སོགས་རྒྱ་ནག་གི་ཐོན་ཟོག་དང་། རྒྱ་གར་དུ་འགྲོ་མཁན་ཚོས་རས་ཆ་དང་། ཐེར་མ། འགོ་སྣམ་སོགས་རྒྱ་གར་གྱི་ཐོན་ཟོག་ཁ་ཆེ་ཕལ་ཆེ་བས་ཞྭ་མོ་སྣ་ཚོགས་དང་། ཕྱི་ནས་ཐོན་པའི་པགས་རིགས། བལ་པོ་ཚོས་སྐྱིན་ཁེབ་དང་། རྒྱ་སི། རྒྱ་འདྲ། ཚྭ་ཚོད། རས་ཚ། ཐེར་མ། མངར་ཆ་སོགས་ཚོང་བ་ཡིན། ད་དུང་གསེར་དངུལ་གཡུ་བྱུར་སོགས་རིན་པོ་ཆེ་དང་། མཛེས་ཆས། བཟའ་བཅའ། གྱོན་ཆས། སྤྱོད་ཆས་སྣ་ཚོགས་ཚོང་གཉེར་བྱེད་པ། དེ་བཞིན་ཞིང་འབྲོག་ཐོན་རྫས་དང་། ཐོན་སྐྱེད་ཡོ་བྱད། འཚོ་བའི་མཁོ་ཆས་སོགས་ཕྱི་ཟོག་ནང་འདྲེན་དང་། ཡུལ་ཟོག་དུ་མ་ཉོ་ཚོང་བྱེད་སའི་ཚོང་ཁང་ཡོད་པ་མ་ཟད། ཁྲོམ་ལམ་གཡས་གཡོན་དུ་དཀྱིལ་ཁྲོམ་ཡང་མང་པོ་ཡོད་ཐོག ཇ་ཁང་དང་ཟ་ཁང་སོགས་ཀྱང་ཡོད། བར་སྐོར་ཕྱི་རོལ་དུ་ཤར་གྱི་ཁྲོམ་ལམ་མཆོ་སྣ་བར་ཞེས་པར་ཚལ་རིགས་སྣ་ཚོགས་དང་། དེ་ནས་ཤར་དུ་འགྲོ་སའི་ཤ་ཁྲོམ་འོག་ཅེས་པའི་ཚགས་ཤ་ཚོང་ས་དེར་ཤ་ཁང་ཞིག་ཡོད་པ་དེ་ནི་སྤྱི་ལོའི་དུས་རབས་ཉི་ཤུ་པའི་དུས་འགོར་བསྐྲུན་ཞིང་། ཚགས་ཤ་ཚོང་གཉེར་བྱེད་མཁན་ལྷ་སའི་ཁ་ཆེ་ཚོས་བདག་སྐྱོང་བྱེད་ཀྱི་ཡོད། དེའི་ཤར་དུ་འོང་སྟོད་ཞིང་ཁ་ཞེས་ཉོགས་པ་ནང་ཁྲོམ་འདོན་ས་ཞིག་དང་། དེའི་ཉེ་འགྲམ་དུ་རྟ་ཁྲོམ་ཞེས་རྟ་དྲིལ་ཚོང་མཁན་དང་། ཐིག་ལྟུགས་རྒྱག་ས། དེའི་བྱང་དུ་སོང་ན་དེང་སང་སྐྱིད་རས་ཞེས་པར་ཀོ་བའི་སྐྱི་མོ་བསྐྲིགས་ཡུལ་དང་། ཇ་བཟོ་བ་མང་པོ་ཡོད་པ་ཚོས་ཀོ་བའི་ཡོ་བྱད་སྣ་ཚོགས་བཟོ་བ། སྦྲ་ནག་ཞོལ་དུ་ཁམས་པ་ཇ་ཚོང་བ་མང་པོ་སྡོད་པ། བར་སྐོར་གྱི་ལྷོའི་ཕྱིའི་སྲང་ལམ་དུ་གསང་ཕུ་རི་པ་བས་གྲྭ་ལྷམ་ཤ་ཟོན་དང་། ཀོ་འབོལ་སོགས་བཟོ་ཚོང་བྱེད་པ། དེའི་ནུབ་ཏུ་སྲུང་པོ་རྫ་ཚེ་རྒྱག་མཁན་སྡོད་པ། གཙུག་ལག་ཁང་ནས་བཅིས་པའི་ལྷོ་ནུབ་མཚམས་སུ་སླུ་སྲུག་གཞུང་དུ་ཕག་པ་གསོ་མཁན་དང་། སྟོ་ཚལ་འདེབས་མཁན། ར་མོ་ཆེ་རྗེ་ཁང་གི་བྱང་

ངོས་སུ་ལུག་གི་བཤས་ར། བར་སྐོར་གྱི་ནུབ་བྱང་མཚམས་ཤ་གསར་ཟུར་དུ་ལུག་ཤ་ཚོང་ས། ར་མོ་ཆེ་ཟ་ཁང་གཞུང་ཞེས་པའི་རྒྱུད་དུ་ཟ་ཁང་ཆུང་གྲུས་འགའ་ཞིག གླིང་སྐོར་ཤར་གྱི་ཐལ་སྤུངས་སྒང་དུ་ཀློ་བ་དང་། མེ་ཤིང་ཚོང་ས། ཁྲིམ་གཟིགས་ཁང་ཐང་སྟེར་དུ་གཟན་པ་དང་། རྩ་ཁོག་ཚོང་མཁན་སོགས་ཡོད། དེ་སྔ་ད་ལྟ་ལྟར་ལམ་གྱི་མིང་དང་སྒོ་རྟགས་སོགས་མེད་ཀྱང་། ས་རྒྱུད་དང་ཁང་པའི་མིང་ལ་བརྟེན་ནས་འཕྲིན་ཡིག་ཐོག་ཁ་བྱང་འགོད་ཀྱི་ཡོད། སྨྲ་ནག་ཞོལ་དང་། འོང་སྟོད་ཞིང་ཁ། ཕྱིང་གྲུར། བར་སྐོར་རྣམས་གོང་དུ་བརྗོད་ཟིན་པ་དང་། སྐྱིད་རས་ཞེས་པ་ནི་དེ་ཁུལ་དུ་ཀོ་བའི་སྐྱི་མོ་བསྐྱིགས་མཁན་སྡོད་ཡུལ་ཡིན་པས་སྐྱི་སྐྱིག་ཅེས་པའི་སྒྲ་འགྱུར་བ་དང་། རྒྱུད་ཁང་གཞུང་ཞེས་པ་རྒྱུད་སྨད་གྲྭ་ཚང་གི་ཚོགས་ཁང་དང་། གྲྭ་ཤག་ཡོད་པས་དེ་སྐད་དུ་འབོད། ཀླུ་སྦུག(ཀླུ་སྦུག་)ནི་ཀླུ་མང་པོ་རྗེ་བོ་ཤཀྱ་མུ་ནེ་ཕེབས་རྒྱུར་སྦུག་ཡོད་ཟེར། བཞི་སྡེ་དགོན་གཤམ་སོགས་ནི་དགོན་པ་དེ་དང་དེའི་གཤམ་དུ་གནས་པས་ཡིན། ཞྭ་པ་གླིང་ནི་སྔོན་དུས་གཙང་ཆུའི་ཆུ་རགས་ཀྱི་ཁར་ཆགས་སྐད། དེའི་ལྷོ་ངོས་སུ་གཡག་གི་བཤས་ར་ཡོད། ཐལ་སྤུངས་སྒང་ནི་སྔོན་དུས་གོ་ཐལ་ཕུང་གསོག་རྒྱག་ས་ཆེན་པོ་ཞིག་ཡིན་སྐད། ཕྱུག་འཚལ་སྒང་(དེང་གནའ་བོའི་འཛུགས་སྐྲུན་ཐ་ཁག་གི་བྱང་ངོས་)ཞེས་པ་ནི་དེ་ནས་པོ་ཏ་ལར་ཁ་གཏད་དེ་ཕྱག་འཚལ་གྱི་ཡོད་པས་དེ་ལྟར་བརྗོད། ཇོ་ཁང་གི་ཤར་དུ་ཝུལ་སྡོད་སྦུག་ཅེས་པ་ཇོ་ཁང་སྐྲུན་སྐབས་ཝུལ་མི་སྡོད་གནས་ཡིན་སྐད། བར་སྐོར་ནང་དུ་སྡོད་མཁན་གཙོ་བོ་བོད་རིགས་དང་རྒྱ་རིགས། བལ་པོ། ཀ་ཤི་སྨིར་ཁ་ཆེ། ལ་དྭགས་ཁ་ཆེ། སིང་པའི་ཁ་ཆེ་སོགས་དང་། སྨྲ་ནག་ཞོལ་དུ་སྡོད་མཁན་ཕལ་ཆེར་ཁམས་པ། ཞྭ་པ་གླིང་དུ་སྡོད་མཁན་རྒྱ་རིགས་ཁ་ཆེ། ཀླུ་སྦུག་དང་ར་མོ་ཆེའི་རྒྱུད་དུ་ཕྱི་མི་གཞིས་ཆགས་སྣ་ཚོགས་ཡོད། གྲོང་ཁྱེར་ནང་དུ་སྡོད་མཁན་ཕལ་ཆེ་བས་ཚོང་གཉེར་སྣ་ཚོགས་བྱེད་ཅིང་། ལ་ལས་ལག་ཤེས་བཟོ་ལས་དང་། རེ་འགའ་ཨར་པོ་རྒྱག་པ། འགའ་ཞིག་དེ་པོ་དཔོན་མཁན། གཙུག་ལག་ཁང་དུ་སྐོང་མཆོད་པའི་ལག་གཡོག་རྒྱག་མཁན། ད་དུང་གཞན་གྱི་སྒོ་ཕྱུགས་འཚོ་བ་དང་། གོས་འཁྲུ་བ་སོགས་ཀྱིས་འཚོ་ཐབས་བྱེད་ལ། ཉེ་འཁོར་དུ་ཡོད་པའི་ཞིང་གྲོང་ཕུད། ད་དུང་ཤར་དང་བྱང་ཕྱོགས་སུ་ལྷ་ས་འོང་ཁ་ཞེས་ས་ཞིང་ཡང་མང་ཙམ་ཡོད་སྐབས་ཞིང་གཡོག་རྒྱག་མཁན་ནམ་སྣ་པ་བྱེད་མཁན་ཡང་ཡོད།

གྲོང་གི་ཕྱི་རོལ་དུ་ཤར་ཕྱོགས་ཀྱི་ཀརྨ་དགོན་གསར་ཞེས་པ་དེར་སྔོན་དུས་ས་ནག་ཟེར

ཞིང་། རབ་བྱུང་བཅྲུད་པའི་ཆུ་ཕག་ (༡༥༠༣)ལོར་རིན་སྤུངས་དོན་ཡོད་རྡོ་རྗེས་སེ་འབྲས་དགའ་གསུམ་གྱི་ཁ་གནོན་དུ་དགོན་གསར་ཐུབ་བསྟན་ཆོས་འཁོར་ཞེས་པའི་དགོན་པ་བཏབ་སྟེ་ཀརྨ་པ་སྐུ་ཕྲེང་དྲུག་པ་སོགས་བཞུགས་པར་བཏེན་ཀརྨ་དགོན་གསར་ཞེས་འབོད། འོ་བརྒྱལ་ཐང་ཞེས་པ་ནི་བཙན་པོ་སྲོང་བཙན་སྒམ་པོ་འདས་རྗེས་ཐང་རྒྱལ་རབས་ཀྱི་དམག་དཔུང་ལྷ་སར་འཁྱོར་ནས་ཇོ་བོ་མི་བསྐྱོད་རྡོ་རྗེ་ཁྱེར་ཏེ་དེ་གར་བསྐྱུར་ནས་ཉིན་བདུན་ཚར་ལྷུང་ཁྲིད་ལུས་པས་ཇོ་བོ་འོ་བརྒྱལ་བས་འོ་བརྒྱལ་ཐང་དུ་གྲགས་སྐད། སྐུ་འབུམ་ཐང་ནི་སྤྱི་ལོའི་དུས་རབས་བཅུ་གཅིག་པའི་ནང་རྔ་ལོ་ཙཱ་བས་སྐུ་གཟུགས་འབུམ་དུ་སྤྲུལ་པས་སྐུ་འབུམ་ཐང་དུ་གྲགས། འབྲུངས་ལྷ་ཞེས་པ་ནི་ཏཱ་ལའི་བླ་མ་སྐུ་ཕྲེང་བདུན་པའི་སྐུ་དུས་སུ་འབྲུངས་ལྷ་གསོལ་སའི་ལྷ་ཁང་བསྐྲུན་པས་ཉེ་འགྲམ་གྱི་གྲོང་ཚོར་ཡང་མིང་དེ་ལྟར་ཆགས།

ལྷོ་ཕྱོགས་ཀྱི་གྲིབ་ཅེས་པའི་གོ་དོན་ནི་ཉི་འོད་མི་ཕོག་པའི་སྲིབ་ཏུ་ཆགས་པའི་དོན་ཡིན།

ནུབ་ཕྱོགས་ཀྱི་རྒྱང་ཐང་ན་ཁ་ཞེས་པ་དེ་ལྷ་སར་གྲོང་མ་ཆགས་གོང་རི་དྭགས་རྒྱང་ཁྲུ་ཡོད་སྐད། དེ་གར་སྤང་ཐང་རྩྭ་ཆུ་འཛོམས་ཤིང་། ལྷ་ས་དང་ཉེ་འཁྲུལ་གྱི་བ་ཕྱུགས་འཚོ་ཡུལ་ཡིན། འདམ་རའི་བྱང་ངོས་ཀྱི་བྲག་རི་ཁྲུག་ཅེས་པ་ནི་རྒྱབ་དང་གཡས་གཡོན་རྣམས་བྲག་རིས་སྐོར་བའི་ཁྲིད་གྲོང་ཚོ་ཆགས་པས་ཡིན། བྱང་ཕྱོགས་ཀྱི་ཉང་བྲན་ནི་སྔ་དུས་ཉུས་རྒྱུད་ཉང་གི་བྲན་རྣམས་གཞིས་ཆགས་པས་ཡིན་ཞིང་། དོག་བདེ་ཞེས་པ་ལུང་པ་ཕུ་དོག་ལ་མདའ་བདེ་བའི་དོན་ཡིན། ཤར་ཕྱོགས་ཀྱི་ཛ་ཆེན་ལ་རྨ་ཆེན་ཡང་ཟེར་ཞིང་། རི་བོ་སྤྲང་པོ་ཆེའི་རྨ་བཀྲུངས་པ་འདྲ་བའི་ཟུར་དུ་འཕྲང་ལམ་ཞིག་ཡོད་པའི་མིང་དེ་དྲངས་སྐད། བྱང་ཕྱོགས་གྲྭ་བཞི་ནི་དུས་རབས་བཅོ་བརྒྱད་པའི་ནང་གོང་མ་ཆན་ལུང་གི་སྐུ་ཚེ་བརྟན་པའི་ཞབས་རིམ་སྒྲུབ་མཁན་གྲྭ་པ་བཞི་ཡོད་པའི་དགོན་པ་ཞིག་བཏབ་པའི་འགྲམ་དུ་གྲོང་ཚོ་ཡོད་པས་གྲྭ་བཞི་ཞེས་མིང་ཐོགས་པ་ཡིན་ནོ། །

ཁྲིན་ཀོན་ཆུས། དཀའ་ཞབ།

ལྷ་ས་གྲོང་ཁྱེར་ཁྲིན་ཀོན་ཆུས་ནི་བོད་རང་སྐྱོང་ལྗོངས་ཀྱི་ཤར་ལྷོའི་ངོས་སུ་ལྷ་ས་སྐྱིད་ཆུའི་གཤམ་རྒྱུད་ཀྱི་ལམ་དབུའི་ལྷོ་བྱང་ངོགས་གཉིས་ལ་གནས་ཡོད། དེའང་ཤར་གྱི་གཞུང་ཐིག་༩༡°༠༧'དང་། འཕྲེད་ཐིག་བྱང་མ་༢༩°༣༩' ཤར་ནུབ་གཉིས་ཀྱི་ཞེང་ཚད་ལ་སྟོང་ཚད་༢༨ ལྷོ་བྱང་གཉིས་ཀྱི་ཞེང་ཚད་ལ་སྟོང་ཚད་༣༡བཅས་ཤར་ཕྱོགས་སྟག་རྩེ་ཆུས་དང་འབྲེལ་ཞིང་། བྱང་ངོས་ལྷུན་གྲུབ་རྫོང་དང་འབྲེལ། སའི་རྒྱ་ཁྱོན་ལ་སྟོང་ཚད་ངོས་སྐོར་གྲུ་བཞི་མ་༥༥༩ཡོད་པ་ལས། ཁྲིན་ཀོན་ཆུས་ཀྱི་རྒྱ་ཁྱོན་ལ་སྟོང་ཚད་ངོས་སྐོར་གྲུ་བཞི་མ་༥༧.༩ཡོད། ཁྲིན་ཀོན་ཆུས་ནི་བོད་རང་སྐྱོང་ལྗོངས་དང་ལྷ་ས་གྲོང་ཁྱེར་མི་དམངས་སྲིད་གཞུང་གནས་ཡུལ་ཡིན་ཞིང་། འདིར་ཀྲུང་དབྱང་ཐད་གཏོགས་ལས་ཁུངས་དང་། བོད་སྟོད་དམག་དཔུང་། དེ་མིན་རང་སྐྱོང་ལྗོངས། ལྷ་ས་གྲོང་ཁྱེར། ཁྲིན་ཀོན་ཆུས་ཀྱི་ཏང་སྲིད་དམག་གི་ལས་ཁུངས་དང་། ཁེ་ལས་བྱ་གཞག་ཚན་པ། སྤྱི་ཚོགས་ཚོགས་པ་བཅས་ཧ་ཅང་མང་པོ་ཡོད་པས། འདི་ནི་བོད་རང་སྐྱོང་ལྗོངས་ཀྱི་ཆབ་སྲིད་དང་། དཔལ་འབྱོར། རིག་གནས་བཅས་ཀྱི་ལྟེ་བ་དང་འཕྲིམ་འགྲུལ་གྱི་ལྟེ་གནས་ཀྱང་ཡིན། ཁྲིན་ཀོན་ཆུས་མི་དམངས་སྲིད་གཞུང་འདི་ཉིད་གླིང་སྐོར་ཤར་ལམ་སྒོ་རྟགས་༣༨༦གནས་ཡོད་ཅིང་། རྒྱ་མཚོའི་ངོས་ལས་མཐོ་ཚད་སྨིད་༣༨༥༠དང་། ལྷ་སའི་གོང་དཀར་གནམ་གྲུ་ཐང་དང་བར་ཐག་སྟོང་སྨིད་༨༧ཡོད།

ཁྲིན་ཀོན་ཆུས་ཀྱི་མངའ་ཁོངས་སུ་གངས་ཏི་སེ་དང་གཉན་ཆེན་ཐང་ལྷའི་རི་རྒྱུད་ནུབ་ནས་ཤར་ལ་ཁ་ཕྱོགས་ཤིང་ལྷོ་བྱང་གཉིས་ལ་འཕྱིང་ངེར་གནས་ཡོད་པ་དེ་དག་བྱང་ནུབ་དང་བྱང་ཤར་ལ་ཁ་ཕྱོགས་པའི་གྲོག་རོང་སྟེབ་སྒྲིག་དང་མཉམ་འདུས་རྣམ་པའི་ས་དབྱིབས་ཆགས་སྟངས་སུ་གྲུབ་ཡོད། སྤྱིའི་ས་བབ་ནི་ལྷོ་བྱང་མཐོ་ལ་དབུས་དམའ་ཞིང་། བྱང་ངོས་ཀྱི་རི་བོ་གཟར་ལ་རྩེ་མོ་རྫ་བ་དང་། སྲིད་པའི་འགྱུགས་རྩོམ་གྱིས་ཁྱབ་ནས་ཡོད། དེ་བཞིན་ཆ་སྙོམས་རྒྱ་མཚོའི་ངོས་ལས་སྨིད་༥༠༠༠ཡན་ཡོད་པ་དང་། རི་བོ་མཐོ་ཤོས་ནི་རྫ་མོ་ཟེ་ཟེ་ཡིན་ཅིང་། མཐོ་ཚད་རྒྱ

མཚོའི་ངོས་ལས་མཐོ་ཚད་༥༥༥༥ཡོད། བྱང་ངོས་ཀྱི་རབ་བརྗིད་ལྷུན་པོ་རྣམས་ཀྱི་རྩེ་མོ་མཐོན་པོ་བང་རིམ་དུ་ཆགས་ཡོད་ལ། རི་བོ་མཐོ་ཤོས་ནི་སྨིན་དྲུག་རྩེ་རི་ཡིན་ཞིང་མཐོ་ཚད་རྒྱ་མཚོའི་ངོས་ལས་མཐོ་ཚད་༥༥༥༨ཟིན། དབུས་ནི་རྒྱ་ཆེ་བའི་ལྷ་ས་སྐྱིད་ཆུའི་རོང་ཁུལ་ཡིན་ཞིང་། ས་རྒྱུ་གཤིན་ལ་ལོ་ལེགས་སྨིན་ཚད་ལེགས་ཙམ་ཡོད་ལ་རྩི་ཤིང་སྔོ་ཐིང་ཐིང་དང་། འབྲོག་ཁུལ་ཕུན་སུམ་ཚོགས་པོ་ཡོད་པ་མ་ཟད་རོང་ཁུལ་གྱི་ཆེས་དམའ་སའི་ས་བབ་ལ་མཐོ་ཚད་རྒྱ་མཚོའི་ངོས་ལས་མཐོ་ཚད་༣༥༢༠ཟིན། ས་བབ་མཐོ་ལ་ལུང་གཞུང་ཐང་སྟེར་རྒྱ་ཆེན་པོ་ཡོད་རྐྱེན་དྲོད་འཛམ་ལ་ཕྱེད་སྐམ་ཤས་ཅན་གྱི་གནམ་གཤིས་ཁྱད་ཆོས་མངོན་གསལ་དོད་པོ་ཡོད། གཙོ་བོའི་རྟགས་མཚན་ནི་དུས་བཞིའི་དབྱེ་བ་གསལ་པོ་མེད་ཅིང་། དགུན་ཁ་ཡུང་དར་མི་ཆེ་ཁར། དབྱར་ཁ་ཚ་བ་མི་ཆེ་བ། ཉི་འོད་ཐོག་ཚད་མཐོ་ལ་ཉི་མའི་འོད་འཕྲོད་འཕྲོ་ཤུགས་ཆེ་བ། ཉིན་རེའི་དྲོད་ཚད་ཧེ་བག་ཆེ་བ་དང་ལོའི་དྲོད་ཚད་ཧེ་བག་ཆུང་བ། སྐམ་རློན་ནམ་དུས་ཁ་གསལ་བ། དགུན་དཔྱིད་སྐམ་ཤས་ཆེ་ལ། རླུང་ཆེན་ལྡང་བ། ཆར་ཆུ་དང་ཚ་དྲོད་ནམ་དུས་གཅིག་ལ་ཤར་བ། མཚན་ཆར་མང་བ། མཁའ་རླུང་སྐམ་ཤས་ཆེ་བ། རླངས་པར་འགྱུར་ཤུགས་ཆེ་བ། རླུང་གནོན་དམའ་བ། མཁའ་རླུང་ཁྲིད་གསོ་རླུང་ཉུང་བ་བཅས་ཀྱིས་ཁྱད་པར་ཅན་བཅས་སོ།།

གཞན་ཡང་ཁུལ་དེ་ས་རྒྱུ་གཤིན་ལ་ཐོན་ཁུངས་ཕུན་སུམ་ཚོགས་པས་ཞིང་ལས་ཐོན་ཁུངས་གཙོ་བོ་ནས་དང་གྲོ། རྒྱ་སྲན། སྲན་མ། པད་ཁ། ཧོང་ཀྭ། སི་ཀྭ། ནན་ཀྭ། ཞི་ཧུའུ་ལུའུ། སྔོག་པ། རྒྱ་ཙོང་། སྒུར་པན་སོགས་ཡོད་ལ། ཤིང་འབྲས་ལ་གཙོ་བོ་ཀུ་ཤུ་དང་སྟར་ཁ། ཁམ་བུ་སོགས་ཡོད་ཅིང་། རྩ་ཆེའི་སྨན་རྒྱུར་གཙོ་བོ་ཁ་ཆེ་ཤ་སྐམ་དང་། སྙི་བ། དབྱར་རྩྭ་དགུན་འབུ། ཀླུ་བདུད་རྡོ་རྗེ་སོགས་ཡོད་ལ། རི་སྐྱེས་སྲོག་ཆགས་ལ་གཙོ་བོ་ཁྲུང་ཁྲུང་སྐེ་ནག་དང་། ཐང་དཀར། ཐང་སྨུག ཁྲུང་ཁྲུང་མགོ་ཁྲ། འུག་པ། གོ་བོ། ཤུག་རོན། ཁུ་བྱུག ཙི་ཀ ཁྲུར་པ། འཕྲི་བ། དགོ་བ། གླ་བ། ཤྭ་མོ། གཡི། སྲམ། ཉ་ཁ་ལེབ་སོགས་ཡོད། དེ་བཞིན་སྐྱེ་དངོས་གཙོ་བོར་སྐྱེ་མ་ཅན་གྱི་སྐྱེ་དངོས་དང་རྩྭ་ལྤུམ། ད་དུང་ལུག་མིག་རིགས། སེ་རྒོད་རིགས་བཅས་ཡོད། དེ་ཙམ་མ་ཟད་རི་མཐོའི་རྩྭ་མཁན་པ་དང་། མེ་ཏོག་ཆེན་པོའི་རྩྭ་མཁན་པ། རྩྭ་མཁན་པ་སྨྲོམ་པོ། སི་ཁྲིན་གྱི་རྩྭ་མཁན་པ། བོད་ལྗོངས་ཀྱི་རྩྭ་མཁན་པ། ཧི་མ་ལ་ཡའི་རྩྭ་མཁན་པ། རྩྭ་མཁན་པ་སྔོན་པོ། བྱེ་འཛགས་རྩྭ། འཇོལ་མོ་རྩྭ། རི་སྐྱེས་ཡུ་

གྲུ། རི་སྐྱེས་སྤྲན་མ། མཁན་པ་དཀར་པོ། ཁུར་མོང་སོགས་ཡོད་ལ་སྔོ་ལོ་དམར་པོ་དང་། དབྱར་རྩྭ་དགུན་འབུ། སྙི་བ། ཟླུ་བདུད་རྡོ་རྗེ། གངས་ལྷ་མེ་ཏོག །ཤ་མོའི་རིགས། གྲོ་མ། རི་ཙོང་སོགས་ཀྱང་ཡོད། ཆུ་བོར་ལྷ་སའི་སྐྱིད་ཆུ་དང་རྒྱུག་བྱེའི་ཆུ་ཡོད་ཅིང་། རིམ་པ་མང་བའི་ས་ངོས་ཀྱི་རྩེ་ཤིང་དང་ཆུ་བོ། གློག་ཆུ་བཅས་ཀྱིས་རི་སྐྱེས་སྲོག་ཆགས་ལ་ལྟོ་དང་། འཚོ་སྲོད། སྐྱེ་འཚར་བཅས་ཀྱི་ཁོར་ཡུག་དང་ཆ་རྐྱེན་བསྐྲུན་ཡོད། རྩྭ་ཆུ་ལེགས་པའི་འབྲོག་རས་འབྲི་གཡག་དང་། བ་གླང་། མཛོ་མོ། རྟ་བོང་། དྲེལ། ར་ལུག་སོགས་གསོ་སྐྱོང་བྱས་ཡོད། རི་མཐོ་གྲོག་རོང་ཁྲོད་དུ་ལྕགས་དང་རྡོ་སོལ། འཇོང་རྡོ། རྡོ་ཐལ་རྡོ། ཙོང་ཞི་སོགས་གཏེར་རིགས་༡༠ཙམ་ཡོད་པ་མ་ཟད་ལྷ་ཟླུ་འདམ་ར་དང་ལྷ་སའི་གྲོག་རོང་། གངས་རི་གནས་རི་ལ་སོགས་རང་བྱུང་མཛེས་ལྗོངས་དུ་མ་ཡོད།

ཁྲིན་ཀོན་ཆུས་ནི་ལོ་རྒྱུས་ཡུན་རིང་ལྡན་ལ། རིག་གནས་འོད་སྣང་འབར་བ་དང་། ཐོན་ཁུངས་ཕུན་སུམ་ཚོགས་པའི་གནས་ཁྱད་པར་ཅན་ཞིག་ཡིན་ཞིང་། ལོ་རྡོ་སྟོང་ཕྲག་ཁྲོད་གནས་འདིར་འཚོ་སྡོད་བྱེད་པའི་མི་རིགས་ཁག་གི་མི་དམངས་རྣམས་ནི་ལས་ལ་བརྩོན་ཞིང་དཔའ་ངར་ལྡན་པ་དང་། ཡར་ཐོན་ལྷུར་ལེན། གཞི་མཐུན་མཉམ་གནས། བློ་གྲོས་དང་མི་རིགས་སྙིང་སྟོབས་བཅས་ལ་བརྟེན་ནས་ཁྲིན་ཀོན་ལོ་རྒྱུས་ཀྱི་འཕེལ་རྒྱས་ལ་སྐུལ་འདེད་བཏང་ཡོད་ཅིང་། མཉམ་དུ་ཁྲིན་ཀོན་གྱི་སྟོབས་སེམས་འོས་པའི་རྣམ་པ་གསར་རྐྱང་གི་གཟི་འོད་འབར་བའི་ལོ་རྒྱུས་ཀྱི་ལེའུ་གསར་པ་ཡང་བརྩམས་ཡོད། ལོ་རྒྱུས་ཐོག་བོད་ཀྱི་གལ་ཆེའི་ལོ་རྒྱུས་དོན་ཆེན་ཚང་མ་གནས་འདི་རུ་བྱུང་ཡོད་ལ། ལོ་རྒྱུས་ཀྱི་ཕུལ་བྱུང་མི་སྣ་མང་དག་ཅིག་ཀྱང་གནས་འདི་དང་ལས་དབང་གཅིག་ཏུ་སྦྲེལ་ཡོད། དཔེར་ན། སྲོང་བཙན་སྒམ་པོ་དང་འུན་ཤིང་ཀོང་ཇོ། གུ་གེ་རྒྱལ་པོ། ཏཱ་ལའི་བླ་མ་སྐུ་ཕྲེང་ལྔ་པ། ར་སྒྲེང་སྐུ་ཕྲེང་ལྔ་པ། བོད་སྡོད་བློན་ཆེན་ཐུའུ་ཆིང་། ལ་པོ་ཅའོ། ཏ་ལིང་། ཀྲང་དབྱིང་ཐང་སོགས་མཁས་མཛངས་ལྡན་པའི་མི་སྣ་མང་པོས་རང་རང་གི་བློ་གྲོས་ལ་བརྟེན་ཏེ་མེས་རྒྱལ་གོང་བུ་གཅིག་གྱུར་དང་། མི་རིགས་མཐུན་སྒྲིལ་ལ་སྲུང་སྐྱོབ་གནང་ཡོད་ཅིང་། མེས་རྒྱལ་ནང་ས་དང་བོད་ཀྱི་འབྲེལ་བ་ཇེ་ཟབ་ཏུ་བཏང་ཡོད།

ཁྲིན་ཀོན་ཆུས་ཀྱི་མི་དམངས་ལ་གཉའ་གནོན་བཟུ་གཞོག་ལ་འཐབ་རྩོད་དང་།

བཙན་རྒྱལ་རིང་ལུགས་ལ་ངོ་རྒོལ། མིས་རྒྱལ་གོང་བུ་གཅིག་གྱུར་ལ་སྲུང་སྐྱོབ་བྱེད་པའི་སྲོལ་རྒྱུན་བཟང་པོ་ལྡན་ཡོད། དེ་ཡང་བོད་བཙན་པོའི་དུས་མཇུག་ཏུ། འབངས་གྱེན་ལོག་གིས་ཐུ་སྟོད་ཀྱི་ལྟེ་བ་ལྷ་སར་དཔུང་འཇུག་བྱས་ཡོད་ཅིང་། ལྷ་ས་གྲོང་ཁྱེར་དང་གྲོང་ཁྱེར་མཐའ་འཁོར་གྱི་བྲན་གཡོག མི་སེར་དཀྱུས་མ་རྣམས་ཀྱང་དྲག་པོའི་གྱེན་ལོག་ནང་ཞུགས་ནས། འོས་ལངས་དཔུང་དམག་ཁག་ལ་གཞོགས་འདེགས་ཞུས་ནས་བཙན་པོའི་སྲིད་དབང་གི་དབང་སྒྱུར་རྩ་གཏོར་བཏང་ཡོད། དེ་རྗེས་ཀྱི་ལོ་རྒྱུས་ཆུ་རྒྱུན་རིང་མོའི་ཁྲོད་སོག་པོ་ཧྲུན་གར་གྱིས་བོད་ལ་དཔུང་འཇུག་བྱས་ནས་ལྷ་སར་དམག་མིས་ཁེངས་པ་དང་། གོར་ཁའི་དམག་དཔུང་གིས་བོད་ལ་བཙན་འཛུལ་བྱས་པ། དབྱིན་ཇིའི་དྲག་ཆས་དམག་དཔུང་གིས་ལྷ་སར་བཙན་འཛུལ་བྱས་པ། དེ་མིན་དབྱིན་ཇི་དང་ཨུ་རུ་སུ། རྒྱ་རན་སི་སོགས་ཀྱི་མི་བོད་དུ་བཙན་ཤེད་དང་འཛུལ་ནས་ཁྲིམས་འགལ་གྱི་བྱ་སྤྱོད་སྣ་ཚོགས་སྤེལ་སྐབས། ཁྲིན་གོན་ཆུས་ཀྱི་སེར་སྐྱ་མང་ཚོགས་ཚོས་གཅིག་ནས་ཀྲུང་དབྱང་སྲིད་གཞུང་དང་བོད་སྡོད་ཨམ་བན་ལ་གཞུང་ཡིག་ཕུལ་ཏེ། ཀྲུང་དབྱང་སྲིད་གཞུང་ནས་དམག་དཔུང་མངགས་ཏེ་ཟིང་འཁྲུག་ཞོད་འཇགས་དང་བཙན་འཛུལ་དམག་དཔུང་ཕྱིར་སྐྲོད་བྱ་རྒྱུའི་རེ་ཞུ་འབུལ་བ་དང་། ཕྱོགས་གཞན་ཞིག་ནས་རང་འགུལ་དང་བསྒྲགས་ཡིག་བཀྲམ་ནས་ཕྱི་རྒྱལ་བཙན་འཛུལ་བ་བོད་ལ་ཡོང་རྒྱུར་བཀག་འགོག་བྱེད་པ་སོགས་ཀྱི་རྣམ་པ་འདྲ་མིན་ཐོག་ནས་བཙན་འཛུལ་པར་ཞུམ་པ་མེད་པའི་འཐབ་རྩོད་བྱས་པ་དེས། མི་སེར་སྤྱིལ་མཁན་བཙན་འཛུལ་པར་ངོ་རྒོལ་བྱེད་པའི་ཞུམ་པ་མེད་པའི་སྙིང་སྟོབས་དང་མིས་རྒྱལ་གྱི་མངའ་ཁོངས་བདག་དབང་ལ་སྲུང་སྐྱོབ་བྱེད་པའི་ བླ་ན་མེད་པའི་རྒྱལ་གཅེས་རིང་ལུགས་ཀྱི་བརྩེ་སེམས་གང་ལེགས་མཚོན་པར་བྱས་ཡོད། དེ་དང་དུས་མཚུངས། ཁྲིན་གོན་ཆུས་མི་དམངས་ཀྱིས་བོད་ས་གནས་སྲིད་གཞུང་ཁྲོད་ཀྱི་བཙན་རྒྱལ་རིང་ལུགས་ལ་ཕྱོགས་ཞེན་བྱས་ནས་མིས་རྒྱལ་ཁ་བྲལ་གཏོང་མཁན་གྱི་ནག་ཉེས་བྱ་སྤྱོད་ལ་འཐབ་རྩོད་གཅིག་མཇུག་གཉིས་མཐུད་བྱས་ཡོད། དེས་མ་ཚད་ཀྲུང་དབྱང་སྲིད་གཞུང་གི་འགྱུར་མེད་དགུ་ཁྲིད་དང་། རྒྱལ་ཡོངས་མི་རིགས་ཁག་གི་ཤུགས་ཆེའི་རྒྱབ་སྐྱོར་འོག་བཙན་རྒྱལ་རིང་ལུགས་དང་བོད་ལྗོངས་ཁ་བྲལ་རིང་ལུགས་པའི་བོད་རང་བཙན་གྱི་རྔོག་གཡོ་རྩུས་ངན་ལམ་ལྟོངས་གཏན་ནས་བྱུང་མེད། བོད་ལ་ཞི་བའི་བཅིངས་འགྲོལ་

བཏང་རྗེས། ཁྲིན་གོན་ཆུས་མི་རིགས་ཁག་གི་མི་དམངས་རྣམས་ཀྱིས《གྲོས་མཐུན་དོན་ཚན་བཅུ་བདུན་》གྱི་ཆིངས་ཡིག་ལ་སྲུང་བརྩི་དང་ལག་བསྟར་མཐའ་གཅིག་ཏུ་ཞུས་ནས་བཅིངས་འགྲོལ་དམག་གིས་ཟིང་འཁྲུག་ཞོད་འཇགས་གཏོང་བར་ཏུར་བརྩོན་ཆེན་པོས་རོགས་སྐྱོར་བྱས་ཡོད་པ་མ་ཟད། དམངས་གཙོའི་བཙོས་བསྒྱུར་གྱི་ལས་འགུལ་ནང་ཞུགས་ནས་ཀྲུང་གོ་གུང་ཁྲན་ཏང་གི་དབུ་ཁྲིད་འོག་ངན་རྒྱ་ཚང་བའི་བཀས་བཀོད་རྒྱུད་འཛིན་ཞིང་བྲན་ལམ་ལུགས་ཡོངས་སུ་མགོ་རྗེང་སློག་ཡོད། དེ་བཞིན་སྤྱི་ལོ་༡༩༦༢ལོར་རྒྱ་གར་དམག་དཔུང་གིས་རང་རྒྱལ་མངའ་ཁོངས་ལ་བཙན་འཛུལ་བྱེད་སྐབས་ཁྲིན་གོན་ཆུས་མི་དམངས་རྣམས་ཀྱིས་འཚང་ཁ་ཤིག་ཤིག་དང་དམག་སྐྱོར་དཔུང་ཁག་ནང་ཞུགས་ནས་ནུས་ལྡན་དང་རྒྱ་གར་ལ་རང་སྲུང་རྒོལ་ལན་སློད་པའི་དམག་འཐབ་ནང་རྒྱབ་སྐྱོར་ཟླ་མེད་ཞུས་ཡོད་པ་མ་ཟད། མེས་རྒྱལ་གྱི་ཟླ་ན་མེད་པའི་མངའ་ཁོངས་སྲུང་སྐྱོབ་བྱས་ཡོད།

ལྷ་སའི་གྲོང་ཁྱུལ་དུ་འཚོ་སྡོད་བྱེད་པའི་རྒྱ་རིགས་དང་ཏུད་རིགས་སོགས་མི་རིགས་རྣམས་ཀྱིས་བོད་རིགས་སྤུན་ཟླ་དང་མཉམ་དུ་ཁྲིན་གོན་ཆུས་ཀྱི་སྣ་མང་རིག་གནས་ཐད་ཡང་རྩེའི་སྣང་ལ་ཡས་སྦྲོན་བསྒྲོན་ཡོད། ཁྲིན་གོན་ཆུས་མངའ་ཁོངས་སུ་བཟེད་ཆགས་ཀྱི་ཕོ་བྲང་པོ་ཏ་ལ་དང་། བྱིན་ཆགས་ཀྱི་གཙུག་ལག་ཁང་། ཉམས་དགའ་བའི་ནོར་བུ་གླིང་ཁ། གནའ་ཉམས་ལྡན་པའི་བར་སྐོར་ཁྲོམ་ལམ། ལོ་རྒྱུས་རིང་བའི་བྲག་ཕུག་བྲག་བརྐོས་དང་རྡོ་རིང་ཡོད་པ་མ་ཟད། བོད་བརྒྱུད་ནང་བསྟན་གྱི་དགོན་སྡེ་སོགས་མིས་བཟོས་ཡུལ་ལྟོངས་ཡོད་ལ། གནའ་ཉམས་ལྡན་པའི་ཨ་ཅེ་ལྷ་མོ་དང་། སྙན་འཇེབས་ལྡན་པའི་དམངས་ཁྲོད་གླུ་གཞས། རྣམ་པར་བཀྲ་བའི་མི་རིགས་གྱོན་ཆས། མཚར་སྡུག་ཅན་གྱི་མི་རིགས་ཡུལ་སྲོལ། སྣ་མང་ཕུན་སུམ་ཚོགས་པའི་མི་རིགས་དུས་ཆེན་སོགས་རིག་གནས་ཤུལ་བཞག་གིས་སྐད་གྲགས་གང་སར་ཁྱབ་ཡོད།

བོད་ལ་ཞི་བའི་བཅིངས་འགྲོལ་བཏང་ཚུན། ཏང་གི་མི་རིགས་སྲིད་ཇུས་ཀྱི་ཉི་འོད་འོག་སྐབས་རིམ་པའི་གུང་གུང་ཁྲིན་གོན་ཆུས་ཨུད་དང་། ཁྲིན་གོན་ཆུས་མི་དམངས་སྲིད་གཞུང་གིས་ཁྲིན་གོན་ཆུས་མི་དམངས་རྣམས་སྣེ་ཁྲིད་ནས་དཀའ་སྡུག་ཆེན་པོས་ལས་གཏོད་དང་། འབད་ཐབས་ཆེན་པོས་མདུན་སྐྱོད་བྱས་པ་བརྒྱུད། རྒྱལ་དམངས་དཔལ་འབྱོར་དང་སྤྱི་ཚོགས་

བྱ་གཞག་ཁག་ལ་འཕེལ་རྒྱས་མྱུར་པོ་བྱུང་ཡོད་པ་མ་ཟད། སྤྱི་ཚོགས་རིང་ལུགས་ཀྱི་བསམ་པའི་དཔལ་ཡོན་དང་དངོས་པོའི་དཔལ་ཡོན་གྱི་འཛུགས་སྐྲུན་ལ་ཕན་བྱུང་མ་ཟད་པའི་སྐབས་ཆེན་གྱི་གྲུབ་འབྲས་ཀྱང་ཐོབ་ཡོད། དུས་རབས་ཕྱེད་ཀ་ཙམ་གྱི་འཕེལ་རྒྱས་ལམ་ཚད་བརྒྱུད། འཕེལ་རྒྱས་ནི་དོན་དམ་གྱི་གནས་ལུགས་ཡིན་པའི་སྐབས་ཆེན་བདེན་དོན་ར་སྤྲོད་བྱས་ཡོད། ཁྲིན་གོན་ཆུས་མི་རིགས་ཁག་གི་མི་དམངས་རྣམས་ཀྱིས་ཏང་ཀྲུང་དབྱང་གི་མཛའ་བརྩེའི་ཐུགས་ཁུར་དང་རྒྱལ་ཡོངས་མི་རིགས་ཁག་གི་ཤུགས་ཆེའི་རྒྱབ་སྐྱོར། ནུབ་རྒྱུད་གསར་སྤེལ་ཆེན་པོ་དང་ཀྲུང་དབྱང་ནས་བོད་ལ་གནང་བའི་དམིགས་བསལ་སྲིད་ཇུས་དང་བྱ་ཐབས་སྣ་ཚོགས་ཀྱི་རྒྱབ་སྐྱོར་འོག ཀྲུང་གོ་གུང་ཁྲན་ཏང་གིས་དབུ་ཁྲིད་བྱ་རྒྱུ་རྒྱུན་འཁྱོངས་དང་། བློ་བརྟན་འགྱུར་མེད་དང་ཀྲུང་གོའི་ཁྱད་ཆོས་ལྡན་པའི་སྤྱི་ཚོགས་རིང་ལུགས་ཀྱི་ལམ་བུའི་ཐོག་བསྐྱོད་པ། ཀྲུང་གུང་ཀྲུང་དབྱང་གིས་བོད་ཀྱི་ལས་དོན་སྐོར་གྱི་མཇུབ་སྟོན་བྱེད་ཕྱོགས་རྒྱུན་འཁྱོངས་བྱེད་པ། ཡང་དག་པའི་སྒོ་ནས་བསྒྱུར་བཅོས་དང་འཕེལ་རྒྱས། བརྟན་བཞིང་བཅས་ཀྱི་འབྲེལ་བ་ཐག་གཅོད་བྱེད་པ། ཁ་ཕྲལ་ལ་ངོ་རྒོལ་དང་མེས་རྒྱལ་གཅིག་གྱུར་ལ་སྲུང་སྐྱོང་བྱེད་པ། དཔལ་འབྱོར་འཛུགས་སྐྲུན་དང་སྤྱི་ཚོགས་ཡར་རྒྱས་ལ་སྐུལ་འདེད་གཏོང་བ། ཁོར་ཡུག་དང་དཔལ་འབྱོར་གཉིས་མཐུན་སྒྲིག་དང་གོང་འཕེལ་གཏོང་བ། རྒྱུན་མཐུད་འཕེལ་རྒྱས་ཚོགས་པའི་འཐབ་ཇུས་རྒྱུན་འཁྱོངས་བྱས་ནས་རང་ངོས་ཀྱི་ལེགས་ཆ་འདོན་སྤེལ་གང་ལེགས་བྱས་ཏེ་དཔལ་འབྱོར་གྲུབ་ཆ་སྣ་ཚོགས་བདེ་ཐང་དང་འཕེལ་རྒྱས་གཏོང་བ། མི་རིགས་ས་ཁོངས་རང་སྐྱོང་གི་བཅའ་ཁྲིམས་ལག་བསྟར་བྱ་རྒྱུ་རྒྱུན་འཁྱོངས་བྱས་ནས་མཐུན་སྒྲིལ་བྱེད་ཚོགས་པའི་སྟོབས་ཤུགས་ཡོད་ཚད་རྡོག་རྩ་གཅིག་ཏུ་སྒྲིལ་བ་དང་། ཏུར་བརྩོན་དང་མཐུན་རྐྱེན་ཡོད་ཚད་སྐུལ་སློང་བྱས་པ་བརྒྱུད། ཁྲིན་གོན་ཆུས་ཀྱི་སྤྱི་ཚོགས་དཔལ་འབྱོར་ལ་འཕྱུར་མཆོངས་རང་བཞིན་གྱི་འཕེལ་རྒྱས་དང་སྤྱི་ཚོགས་བྱ་གཞག་ལ་ཕྱོགས་ཡོངས་ནས་ཡར་རྒྱས་བྱུང་ཡོད། སྤྱི་ལོ་༢༠༡༨ལོར་ས་གནས་ཐོན་སྐྱེད་སྤྱི་འབོར་(GDP)དངུལ་སྒོར་དུང་ཕྱུར་༢༧༣.༡༥ཟིན་ཡོད་པ་མ་ཟད། ས་གནས་ནོར་སྲིད་འཆར་ཅན་སྤྱི་སྤྱོད་སྡོན་རྩིས་ཡོང་འབབ་སྒོར་དུང་ཕྱུར་༡.༢ཞིབ་ཞིགས་འགྲུབ་བྱུང་ཡོད་པ་དང་། ནོར་སྲིད་གཏོང་སྤྱོད་སྒོར་དུང་ཕྱུར་༢༧.༧༢ཟིན་ཡོད། གཏན་འཛུགས་རྒྱུ་ནོར་མ་འཛུག་ལོ་གོང་མ་དང་བསྡུར་ན་བརྒྱ་ཆ

༡༠.༥འཕར་སྐྱོན་བྱུང་བ་དང་། སྤྱི་ཚོགས་འཛད་སྤྱོད་དངོས་ཟོག་སིལ་འཚོང་གི་འབོར་སྐོར་དུང་ཕྱུར་༢༥༥.༤༡བྱུང་བ། གཞི་ཁྲོན་ཡན་གྱི་བཟོ་ལས་འཕར་སྐྱོན་འབོར་ཚད་ལོ་གོང་མ་ལས་བརྒྱ་ཆ་༩.༧བྱུང་བ། ཞིང་འབྲོག་པའི་ཆ་སྙོམས་མི་རེའི་བཀོལ་སྤྱོད་ཚོག་པའི་ཡོང་འབབ་སྐོར་༡༨༢༠༠མཐོན་གྱུར་བྱུང་བ། གྲོང་ཁྱེར་དང་གྲོང་རྡལ་སྡོད་དམངས་ཀྱི་མི་རེའི་བཀོལ་སྤྱོད་ཚོག་པའི་ཡོང་འབབ་སྐོར་༣༨༡༨༧.༥༣མཐོན་གྱུར་བྱུང་བ་བཅས་ཡིན།

ལེའུ་བཅུ་གསུམ་པ། ལོ་རྒྱུས་དང་རིག་གནས་ཀྱི་ཁྱད་ཆོས།

དང་པོ། ལོ་རྒྱུས་འཕེལ་རིམ།

ཉང་བྲན་ཤང་ཆོས་གོང་གྲོང་ཚོའི་རྗེ་ཆས་གསར་མའི་དུས་སྐབས་ཀྱི་གནའ་ཤུལ་སྟོག་འདོན་ལ་གཞིགས་ན། གནའ་སྔ་མོའི་དུས་སུ་ར་ས(ལྷ་ས)ཁུལ་ལ་གདོད་མའི་མིའི་རིགས་འཚོ་སྡོད་བྱེད་ཀྱིན་ཡོད་པ་མ་ཟད་རང་ཉིད་ཀྱིས་བཟོས་པའི་རྡོའི་ཡོ་ཆས་ཀྱིས་ཐོན་སྐྱེད་ངལ་རྩོལ་དང་འཚོ་གནས་སྐྱེ་འཕེལ་བྱེད་བཞིན་ཡོད་པ་ར་སྤྲོད་བྱེད་ཐུབ།

སྤྱི་ལོའི་དུས་རབས་དྲུག་པར། བོད་ཀྱི་ཁོངས་སུ་རྒྱལ་ཕྲན་༡༢དང་རྒྱལ་ཕྲན་སིལ་མ་༤༠དབྱེ་ཡོད། སྐྱིད་ཆུའི་ཤོད་ཀྱི་ས་ཆ་རྣམས་ངས་པོ་ཁྲི་པང་གསུམ་དང་སྐྱི་རོ་ལྡང་སྟོན་གཉིས་ཀྱིས་དབང་བསྒྱུར་བྱས་ཡོད་ཅིང་། ངས་པོ་ཁྲི་པང་གསུམ་གྱི་མངའ་ཁོངས་སུ་ད་ལྟའི་ལྷུན་གྲུབ་རྫོང་དང་། སྟག་རྩེ་ཆུས། ཁྲིན་ཀོན་ཆུས་ཀྱི་ཚལ་གུང་ཐང་ཤང་། ཟ་ཆེན་ཤང་བཅས་ཚུད་ཡོད། དུས་རབས་དྲུག་པ་དང་བདུན་པའི་བར་ཤལ་དུ། སྤུང་དང་དབས། མྱོན་གསུམ་གྱིས་སྤུར་རྒྱལ་ལ་མགོ་བཏགས། རིང་པོར་མ་སོང་བར་སྟག་རི་གཉན་གཟིགས་འདས་ནས་ཁོང་གི་སྲས་གནམ་རི་སྲོང་བཙན་གྱིས་ཡར་ཆབ་གཙང་པོ་བརྒལ་ཏེ་ཟིང་པོ་རྗེ་ཕམ་པར་བྱས་ནས་སྐྱིད་ཆུ་རྒྱུག་ཁུལ་རྣམས་རང་གི་མངའ་འོག་ཏུ་བསྡུས། དེ་ནས་བཟུང་ད་ལྟའི་ཁྲིན་ཀོན་ཆུས་འདི་སྤུར་རྒྱལ་གྱི་གནས་གཙོ་བོ་ཞིག་ཏུ་གྱུར།

སྤྱི་ལོ་༦༢༩ལོར་གནམ་རི་སྲོང་བཙན་ལ་མོན་དུག་ཕོག་ནས་གྲོངས་རྗེས། སྲོང་བཙན་སྒམ་པོ་བཙན་པོའི་ཁྲི་ལ་མངའ་གསོལ། ཁོང་གིས་དམག་དཔུང་གོ་རྟག་ཅིག་སྒྲིག་འཛུགས་དང་སྦྱོང་བརྡར་བྱས་ནས་སྔ་རྗེས་སུ་སུམ་པ་དང་ཞང་ཞུང་སོགས་ཚོ་པ་ཁག་གཅིག་མངའ་འོག་ཏུ་བསྡུས་ཏེ། བོད་ཡོངས་གཅིག་གྱུར་བཟོས་པ་དང་སྤུར་རྒྱལ་བཙན་པོའི་སྲིད་དབང་བཙུགས། སྤྱི་ལོ་༦༣༣ལོར་རྒྱལ་ས་ཡར་ཀླུང་ནས་ལྷ་སར་གནས་སྤོ་བྱས། སྲོང་བཙན་སྒམ་པོ་ནི་ཆབ་སྲིད་དང་དམག་དོན། རིག་གནས། ཆོས་ལུགས་སོགས་ལ་མཁས་མཛངས་ཆེ་

བས་ཁོང་གིས་ཁྲིམས་སྲོལ་གཏན་ལ་ཕབ་པ་དང་། སྲིད་འཛིན་ས་ཁོངས་གཏན་ལ་ཕབ་ཡོད། དེང་གི་ཁྲིན་ཀོན་ཆུས་ར་མོ་ཆེ་ཁུལ་འདི་ཉིད་དབུ་རུའི་ལྟེ་བར་གྱུར་པ་མ་ཟད། ཁྲིན་ཀོན་ཆུས་མངའ་ཁོངས་ཀྱི་དམག་དོན་དང་དམངས་དོན་གཉིས་ལ་དོ་དམ་བྱེད་ཀྱི་ཡོད།

དུས་རབས་དགུ་པའི་དུས་དཀྱིལ་དུ། བཙན་པོ་མཐའ་མ་གླང་དར་མའི་བུ་འོད་སྲུངས་དང་ཡུམ་བརྟན་གཉིས་ཕྱོགས་ཁག་གཉིས་སུ་གྱེས་ཏེ་ཡུམ་བརྟན་གྱི་རྗེས་འབྲང་པས་དབུ་རུ་དབང་འཛིན་བྱས་ཤིང་འོད་སྲུངས་ཀྱིས་གཡོ་རུ་བཟུང་སྟེ་དབུ་གཡོར་འཁྲུག སྤུར་རྒྱལ་སྲིད་དབང་སྤྱང་ལ་མེ་མཆེད་པ་བཞིན་ཐོར་ཞིག་སོང་བ་དང་བོད་ལྗོངས་ས་གནས་འདི་ཉིད་བཅད་བཟུང་གི་རྣམ་པར་གྱུར།

ཡོན་རྒྱལ་རབས་སྐབས་སུ་ཀྲུང་དབྱང་སྲིད་གཞུང་གིས་བོད་ས་གནས་སུ་དབུས་གཙང་མངའ་རིས་སྐོར་གསུམ་གྱི་ཞོན་ཤུའི་ཧྲི་སི་ཏུའུ་ཡོན་ཧྲུའོ་ཧྥུ་ཟེར་བའི་སྲིད་འཛིན་དོ་དམ་ས་ཁུལ་བཙུགས་ནས་བོད་ཀྱི་ས་གནས་དམག་སྲིད་ལས་དོན་ལ་དོ་དམ་བྱས་ཡོད་ཅིང་། ལྷ་སའི་གྲོང་ཁྱེར་དེ་ཞོན་ཤུའི་ཧྲི་སི་ཏུའུ་ཡོན་ཧྲུའོ་ཧྥུ་མངའ་ཁོངས་སུ་གཏོགས། དེ་དང་དུས་མཚུངས་ཡོན་སྲིད་གཞུང་ནས་ས་སྐྱ་པར་བོད་ཀྱི་ས་གནས་སྲིད་དབང་འཛིན་རྒྱུར་རོགས་སྐྱོར་བྱས་ཤིང་། ཁྲི་སྐོར་བཅུ་གསུམ་གྱི་དམག་སྲིད་ལས་དོན་དོ་དམ་པར་བསྐོ་བཞག་བྱས། ལྷ་སའི་གྲོང་ཁྱེར་དེ་ཚལ་པ་ཁྲི་དཔོན་ལ་དོ་དམ་བྱེད་དུ་བཅུག

མིང་རྒྱལ་རབས་སྐབས་སུ། ཀྲུང་དབྱང་སྲིད་གཞུང་ནས་བོད་ཀྱི་སྲིད་དབང་དེ་ཕག་གྲུ་པར་རྩིས་སྤྲད། ཕག་གྲུས་ས་གནས་སྲིད་དབང་གི་ས་གནས་ཁག་ཏུ་རྫོང་དཔོན་ལམ་ལུགས་དར་སྤེལ་བཏང་། ལྷ་ས་གྲོང་ཁྱེར་དང་སྟོད་ལུང་བདེ་ཆེན་གཉིས་སྣེའུ་རྫོང་ཁོངས་སུ་གཏོགས།

མིང་མཇུག་ཆིང་འགོར། གོ་ཤྲི་ཧན་གྱིས་དགེ་ལུགས་པའི་འགོ་གཙོར་རོགས་དན་བྱས་པ་དང་ཏཱ་ལའི་བླ་མ་སྐུ་ཕྲེང་ལྔ་པས་དགའ་ལྡན་ཕོ་བྲང་གི་སྲིད་དབང་བཙུགས། ལྷ་སའི་གྲོང་ཁྱེར་དང་ཉེ་འཁོར་རྣམས་མངའ་ཁོངས་སུ་བསྡུས། དུས་རབས་བཅུ་བདུན་པའི་དུས་དཀྱིལ་དུ། བོད་ཀྱི་ས་གནས་སྲིད་སྐྱོང་སྡེ་སྲིད་བློ་བཟང་སྦྱིན་པས་ཞོལ་ལས་ཁུངས་བཙུགས་ནས་ཞོལ་ལྷུགས་རི་ཕྱི་ནང་དང་གྲོང་ཁྱེར་ཞོལ་དང་ཉེ་འཁོར་གཞིས་ཁག་བཅོ་བརྒྱད་ཀྱི་སྲིད་འཛིན་དང་བདེ་སྲུང་། དཔྱ་ཁྲལ་ལས་དོན་དོ་དམ་བྱས། དུས་རབས་བཅོ་བརྒྱད་པའི་དུས་

དཀྱིལ་དུ་ཆིང་སྲིད་གཞུང་ནས་ཧྲུན་ཕང་ཀྲེ་སྟེ་རྒྱལ་པོའི་ལམ་ལུགས་མེད་པ་བཟོས་ཤིང་། ལྷ་སར་བཀའ་ཤག་དང་བོད་སྟོད་ཨམ་བན་གྱི་ཡ་མེན་བཙུགས་ནས་བོད་སྟོད་ཨམ་བན་དང་ཏཱ་ལའི་བླ་མ་མཉམ་དུ་བོད་ཀྱི་ས་གནས་སྲིད་དབང་ལ་དོ་དམ་བྱེད་དུ་བཙུག བཀའ་ཤག་ནས་ལྷ་ས་གྲོང་ཁྱེར་ལ་སྣང་རྩེ་ཤག་ལས་ཁུངས་བཙུགས་པ་དང་གཙུག་ལག་ཁང་དང་གཡུ་ཐོག་ཟམ་པའི་ཤར་ཚུན་ཆད་ཀྱི་ས་ཆར་དོ་དམ་བྱེད་པ་དང་། ཞོལ་ལས་ཁུངས་ནས་པོ་ཏ་ལ་དང་གཡུ་ཐོག་ཟམ་པའི་ནུབ་ངོས་དང་དེའི་ཉེ་འཁོར་གྱི་གྲོང་ཁྱེར་ཤོག་༡༨ལ་དོ་དམ་བྱེད་དུ་བཙུག ཀྲུང་ཧྭ་མི་སེར་རྒྱལ་ཁབ་དུས་སུའང་ལྷ་སའི་གྲོང་ཁྱེར་དང་ཉེ་འཁོར་རྣམས་སྣང་རྩེ་ཤག་ལས་ཁུངས་དང་ཞོལ་ལས་ཁུངས་ཀྱི་མངའ་ཁོངས་སུ་གཏོགས།

སྤྱི་ལོ་༡༩༥༨ལོར་བོད་ས་གནས་སྲིད་གཞུང་གིས་དབུས་ཁུལ་སྤྱི་ཁྱབ་དོ་དམ་ཐད་གཏོགས་ལྷ་ས་ཁུལ་བཙུགས་ཤིང་། ལྷ་ས་འདི་ཉིད་སྔར་བཞིན་སྣང་རྩེ་ཤག་ལས་ཁུངས་དང་ཞོལ་ལས་ཁུངས་ཀྱི་ཡན་ལག་དོ་དམ་ཁུལ་དུ་དབྱེ་ཡོད། སྤྱི་ལོ་༡༩༥༦ལོར་བོད་རང་སྐྱོང་ལྗོངས་གྲ་སྒྲིག་ཨུ་ཡོན་ལྷན་ཁང་དབུ་བརྙེས་ནས་ལྷ་ས་སྤྱི་ཁྱབ་དོན་གཅོད་ཁང་ (ས་ཁུལ་རིམ་པའི་ཚན་པ་) བཙུགས་ཏེ། གཤམ་དུ་རྫོང་རིམ་པའི་དོན་གཅོད་ཁང་༣དང་། རྫོང་༧ གཞིས་ཀ་༢༡བཅས་ཡོད་ཅིང་། ལྷ་སའི་གྲོང་ཁྱེར་ལ་མཚོན་ན་ལྷ་ས་གྲོང་ཁྱེར་དེ་དབུས་ཁུལ་སྤྱི་ཁྱབ་དོ་དམ་ཁོངས་སུ་གཏོགས་པ་ལས་དེ་མིན་གྱི་གཞིས་ཀ་༨ནི་གདོང་དཀར་རྫོང་རིམ་པའི་དོན་གཅོད་ཁང་གི་མངའ་ཁོངས་སུ་གཏོགས། སྤྱི་ལོ་༡༩༥༩ལོའི་ཟླ་༣པར་བོད་ཀྱི་མཐོ་རིམ་ངོ་རྒོལ་ཚོགས་པས་ལྷ་སར་དྲག་པོའི་ཟིང་འཁྲུག་བསླངས་ཤིང་། ལྷ་སར་བཅའ་སྡོད་མི་དམངས་བཅིངས་འགྲོལ་དམག་གིས་གོང་རིམ་གྱི་བཀའ་བཞིན་ཟིང་འཁྲུག་ཞིད་འཛུགས་སུ་བཏང་བ་མ་ཟད། དམག་དོན་དོ་དམ་ཨུ་ཡོན་ལྷན་ཁང་བཙུགས་ནས་སྣང་རྩེ་ཤག་དང་ཞོལ་ལས་ཁུངས་སོགས་བོད་ས་གནས་སྲིད་གཞུང་གིས་བཙུགས་པའི་སྲིད་དབང་རྙིང་པ་མེད་པ་བཟོས། ལོ་དེའི་ཟླ་༥པ་ནས་༦པའི་བར་སྔ་རྗེས་སུ་ལྷ་སར་ཤར་ལྷོ་ནུབ་བྱང་ཁུལ་དུ་ཆུས་༨དང་གྲོང་ཤར་དང་གྲོང་ནུབ་མི་དམངས་སྲིད་གཞུང་བཙུགས་ནས་ལྷ་ས་དམག་དོན་དོ་དམ་ཨུ་ཡོན་ལྷན་ཁང་གི་མངའ་ཁོངས་སུ་བསྒྱུར། ཟླ་༡༠པར་ལྷ་ས་དམག་དོན་དོ་དམ་ཨུ་ཡོན་ལྷན་ཁང་དང་སྤྱི་ཁྱབ་དོན་གཅོད་ཁང་མེད་པ་བཟོས་ནས་ལྷ་ས་གྲོང་ཁྱེར་བཙུགས་ཤིང་། རང་སྐྱོང་ལྗོངས་གྲ་

སྒྲིག་ཨུ་ཡོན་ལྷན་ཁང་གི་མངའ་ཁོངས་སུ་བསྒྱུར་བ་མ་ཟད། ལྷ་ས་གྲོང་ཁུལ་གྱི་ཆུས་༦ལྷ་ས་གྲོང་ཁྱེར་གྱི་མངའ་ཁོངས་སུ་བཙུད། ༡༩༦༠ལོའི་ཟླ་དང་པོར་ལྷ་ས་གྲོང་ཁྱེར་མི་དམངས་སྲིད་གཞུང་དབུ་བརྙེས་པ་དང་སྦྲགས། གྲོང་ཁུལ་གྱི་ཆུས་༦ཚང་མ་ལྷ་ས་གྲོང་ཁྱེར་མི་དམངས་སྲིད་གཞུང་གིས་དོ་དམ་བྱས། ༡༩༦༡ལོའི་ཟླ་༤པར་ལྷ་ས་གྲོང་ཁུལ་གྱི་ཆུས་༤མེད་པ་བཟོས་ནས་དེ་རྣམས་གཅིག་ཏུ་ཁྲིན་ཀོན་ཆུས་མི་དམངས་སྲིད་གཞུང་བཙུགས་ཏེ་གཤམ་འོག་ཏུ་དོན་གཅོད་ཁང་༦དང་གྲོང་མི་ཨུ་ཡོན་ལྷན་ཁང་༡༢ ཤང་༡༡བཅས་བཙུགས། ༡༩༦༥ལོའི་ཟླ་༨པར་ཁྲིན་ཀོན་ཆུས་མི་དམངས་སྲིད་གཞུང་དེ་ཁྲིན་ཀོན་ཆུས་མི་དམངས་ཨུ་ཡོན་ལྷན་ཁང་དུ་མིང་སྒོ་བསྒྱུར་བྱས། ༡༩༦༩ལོའི་ཟླ་༩པར་ཁྲིན་ཀོན་ཆུས་སུ་གསར་བརྗེ་ཨུ་ཡོན་ལྷན་ཁང་（བསྡུས་མིང་དུ་ཁྲིན་ཀོན་ཆུས་གསར་ཨུད་）བཙུགས་ནས་ཁྲིན་ཀོན་ཆུས་མི་དམངས་ཨུ་ཡོན་ལྷན་ཁང་གི་ཚབ་བྱས། ཁྲིན་ཀོན་ཆུས་གསར་བརྗེ་ཨུ་ཡོན་ལྷན་ཁང་གི་མངའ་ཁོངས་སུ་དོན་གཅོད་ཁང་༦གི་གསར་བརྗེ་ཨུ་ཡོན་ལྷན་ཁང་དང་། གྲོང་མི་ཨུ་ཡོན་ལྷན་ཁང་༡༢ཀྱི་གསར་བརྗེ་ཨུ་ཡོན་ལྷན་ཁང་། མི་དམངས་ཀུང་ཧྲེ་༡༡གི་གསར་བརྗེ་ཨུ་ཡོན་ལྷན་ཁང་བཅས་བཙུགས་ཡོད། ༡༩༨༡ལོའི་ཟླ་༡༡པར་ཁྲིན་ཀོན་ཆུས་གསར་བརྗེ་ཨུ་ཡོན་ལྷན་ཁང་མེད་པ་བཟོས་ཏེ་ཁྲིན་ཀོན་ཆུས་མི་དམངས་སྲིད་གཞུང་བསྐྱར་འཛུགས་བྱས་ནས་གཤམ་འོག་ཏུ་དོན་གཅོད་ཁང་༦དང་གྲོང་མི་ཨུ་ཡོན་ལྷན་ཁང་༡༢ མི་དམངས་ཀུང་ཧྲེ་གསར་བརྗེ་ཨུ་ཡོན་ལྷན་ཁང་༡༡བཅས་བཙུགས། ༡༩༨༤ལོའི་ཟླ་༡༡པར་ཁྲིན་ཀོན་ཆུས་ཀྱིས་མི་དམངས་ཀུང་ཧྲེའི་ཨུ་ཡོན་ལྷན་ཁང་མེད་པ་བཟོས་ནས་ཤང་གི་ལམ་ལུགས་བསྐྱར་བཟོ་བྱས་ཏེ་ཤང་མི་དམངས་སྲིད་གཞུང་དབུ་བརྙེས། ༡༩༨༨ལོ་ནས་༡༩༩༠ལོ་བར་ཁྲིན་ཀོན་ཆུས་ཀྱིས་ཆུས་གཏོར་ཤང་འཛུགས་ལས་དོན་ཁྲིད། དོན་གཅོད་ཁང་༦དང་ཤང་མི་དམངས་སྲིད་གཞུང་༤བཙུགས་པ་བཅས་སོ། །

༢༠༡༧ལོར་ཁྲིན་ཀོན་ཆུས་ཀྱི་མངའ་ཁོངས་སུ་བར་སྐོར་དང་། སྐྱིད་རས། ཀུན་བདེ་གླིང་། རྗེ་འབྲུམ་སྒང་། བཅིངས་འགྲོལ་ནུབ་ལམ། ཁྲོམ་གཟིགས་ཁང་། གྲྭ་བཞི། གཙུག་དགོན་གསར། གླིང་སྨད་གཉིས་བཅས་དོན་གཅོད་ཁང་༨དང་། ཚལ་གུང་ཐང་། ཟ་ཆེན། ཉང་བྲན། དོག་བདེ་བཅས་ཤང་སྲིད་གཞུང་༤ སྡེ་ཁུལ་ཨུ་ཡོན་ལྷན་ཁང་༤༠ སྲིད་འཛིན་གྲོང་ཚོ་ཨུ་ཡོན་ལྷན་ཁང་༡༡བཅས་ཡོད། ཁྱོན་བསྡོམས་ཞེང་ཚད་༨༠༦༥དང་མི་གྲངས་༡༧༢༡༧༥ཡོད་

ཅིང་། དེའི་ཁྲོད་བོད་རིགས་༡༢༣༨༡༡དང་རྒྱ་རིགས་༤༤༩༧༥ ཧུད་རིགས་༡༩༥༥ གྲངས་ཉུང་མི་རིགས་གཞན་དག་༡༨༣༤བཅས་ཡོད།

གཉིས་པ། ཏང་གི་འཛུགས་སྐྱོང་།

༡༩༥༡ལོའི་ཟླ་༥པའི་ཚེས་༢༣ཉིན། 《ཀྲུང་དབྱང་མི་དམངས་སྲིད་གཞུང་དང་བོད་ཀྱི་ས་གནས་སྲིད་གཞུང་གཉིས་ཀྱི་བོད་ལ་ཞི་བའི་བཅིངས་འགྲོལ་གཏོང་རྒྱུའི་བྱ་ཐབས་སྐོར་གྱི་གྲོས་དོན་》(མདོར་བསྡུས་ན《དོན་ཚན་བཅུ་བདུན་》)པེ་ཅིང་དུ་ཆིངས་ཡིག་བཞག་ནས་བོད་ལ་ཞི་བའི་བཅིངས་འགྲོལ་ཐོབ་ཡོད།

༡༩༥༡ལོའི་ཟླ་༡༠པ་ནས་༡༩༥༨ལོ་བར། ཀྲུང་གུང་ལྷ་ས་སྲིད་གྲོས་ཨུ་ལྷན་དང་ཀྲུང་གུང་ལྷ་ས་ཡན་ལག་ཨུ་ལྷན་གཉིས་ཀྱིས་ཏང་གི་རྩ་འཛུགས་འཛུགས་སྐྱོང་ལ་ཤུགས་སྣོན་བརྒྱབ་ནས། བོད་རིགས་ལས་བྱེད་པ་གསོ་སྐྱོང་དང་བོད་རིགས་ཏང་ཡོན་ཇེ་མང་དུ་གཏོང་རྒྱུར་ཧུར་བརྩོན་བྱས་ཡོད། ༡༩༥༩ལོའི་ཟླ་༣པར། ལྷ་ས་གྲོང་ཁུལ་གྱི་ཟིང་འཁྲུག་ཞོད་འཇགས་བཏང་རྗེས། ཀྲུང་གུང་ལྷ་ས་གྲོང་ཨུད་ཀྱིས་ས་གནས་ཁག་ནས་སྐོང་འཐེན་བྱས་པ་དང་དམག་དཔུང་ལས་བྱེད་པ་ལས་གྲུབ་པའི་ལས་དོན་རུ་ཁག་༨ལྷ་ས་གྲོང་ཁུལ་དང་གྲོང་ཁྱེར་ཉེ་འཁོར་དུ་ལས་དོན་ཚོགས་ཆུང་ཏང་ཨུད(གནས་སྐབས་ཏང་ཨུད་དང་ཏང་གྲེ་སྤྱུའུ་)བཙུགས་ནས། གྲོང་ཨུད་ཀྱི་དབུ་ཁྲིད་འོག ཞོད་འཇགས་དང་བསྒྱུར་བཅོས། ཏང་རྩ་འཛུགས་འཛུགས་སྐྱོང་དང་འཕེལ་རྒྱས་ཀྱི་ལས་དོན་སྤེལ་ཡོད། ལོ་དེའི་ཟླ་༥པ་ནས་༨པ་བར། ལས་དོན་ཚོགས་ཆུང་ཏང་ཨུད(གནས་སྐབས་ཏང་ཨུད་དང་ཏང་གྲེ་སྤྱུའུ་)མངའ་ཁོངས་ཀྱིས་རྨང་གཞི་བྱས་པའི་སྟེ་རྗེས་སུ་ཀྲུང་གུང་ལྷ་ས་གྲོང་ཁྱེར་གྲོང་ཤར། གྲོང་ལྷོ། གྲོང་ནུབ། གྲོང་བྱང་། ཤར་ཕྱོགས་དང་ནུབ་ཕྱོགས་ཆུས་ཨུད་བཙུགས་ཡོད་ཅིང་། རིམ་བཞིན་ལས་དོན་ཚོགས་ཆུང་ཏང་ཨུད(གནས་སྐབས་ཏང་ཨུད་དང་ཏང་གྲེ་སྤྱུའུ་)དྲུག་མེད་པ་བཟོས་ཡོད། དེ་རྗེས་ཡར་ལངས་ཞིང་བྲན་སྡེ་ཁྲིད་བྱས་ནས་ངོ་རྒོལ་གསུམ་དང་ཆག་ཡང་གཉིས(ཟིང་འཁྲུག་ལ་ངོ་རྒོལ་དང་བྲན་གཡོག་ལ་ངོ་རྒོལ། ཁྲལ་ཨུ་ལག་ལ་ངོ་རྒོལ། བོགས་དངུལ་དང་སྐྱེད་ཀ་ཆག་ཡང་)ཀྱི་ལས་དོན་དང་། ངོ་རྒོལ་གསུམ་དང་གཉིས་ཕན་གཉིས།(ཟིང་འཁྲུག་ལ་ངོ་རྒོལ་དང་བྲན་གཡོག་ལ་ངོ་རྒོལ། ཁྲལ་ཨུ་ལག་ལ་ངོ་རྒོལ། འབྲོག་བདག་དང་གླ་མི་གཉིས་ཕན་)དེ་མིན་ངོ་རྒོལ་

གསུམ་དང་རྩིས་རྒྱག་གསུམ་(ཟླིང་འབྲུག་ལ་ངོ་རྒོལ་དང་བཤུ་གཞོག་ལ་ངོ་རྒོལ། དམིགས་བསལ་དབང་ཆར་ངོ་རྒོལ། ཆབ་སྲིད་གནོད་འཚེའི་རྩིས་རྒྱག་དང་དཔལ་འབྱོར་བཤུ་གཞོག་རྩིས་རྒྱག གྲལ་རིམ་གནོད་འཚེའི་རྩིས་རྒྱག)བཅས་ཀྱིས་གཙོ་བོར་བྱས་པའི་དམངས་གཙོ་བཅོས་བསྒྱུར་ལས་འགུལ་སྤེལ་བ་དང་དུས་མཚུངས་གྲུང་གུང་ལྷ་ས་གྲོང་ཞུད་ཀྱིས་ཧྲང་འཛུགས་ལས་དོན་སྐོར་གྱི་མཇུབ་སྟོན་གཞིར་བཟུང་ཧྲང་གི་རྩ་འཛུགས་འཛུགས་སྐྱོང་ལ་ཤུགས་སྣོན་དང་། ཧྲང་འཛུགས་འཆར་གཞི་བཟོ་བ། བོད་རིགས་ལས་བྱེད་པ་གསོ་སྐྱོང་བྱེད་པ། གྲངས་ཉུང་མི་རིགས་ཀྱི་ཧྲང་ཡོན་མང་དུ་གཏོང་བ་བཅས་བྱས་ཡོད།

༡༩༨༠ལོའི་ཟླ་དང་པོར་ཤར་ཁུལ་དང་ནུབ་ཁུལ་གཉིས་མེད་པར་བཟོས་ནས་དེ་གྲུང་གུང་ཤར་ལྷོ་ནུབ་བྱང་གྲོང་ཁུལ་ཨུ་ཡོན་ལྷན་ཁང་དང་སྟོད་ལུང་བདེ་ཆེན་དང་སྙག་རྩེ་རྫོང་ཞུད་གཉིས་ཀྱི་ཁོངས་སུ་བཅུག་ཡོད། སྐབས་དེར་ཧྲང་ཡོན་༡༢༧ཡོད་ཅིང་དེའི་ནང་གྲྭ་སྒྲིག་ཧྲང་ཡོན་༦༨ཡོད། གྲུང་གུང་ཁྲིན་ཀོན་ཆུས་ཞུད་བཙུགས་ཟིན་རྗེས། སྔ་རྗེས་སུ་བར་སྐོར་ཁྲོམ་ལམ་དང་། བདེ་སྐྱིད་ལམ། སྐྱིད་རས། བྲག་རི་ཁུག ཛ་ཆེན། ཚལ་གུང་ཐང་བཅས་དོན་གཅོད་ཁང་དྲུག་གིས་ཧྲང་ཞུད་དང་གཞི་རིམ་ཧྲང་གྲི་ཕུའུ་བཙུགས་ཡོད། ༡༩༨༡ལོའི་ཟླ་༡༡པར་ཁྲིན་ཀོན་ཆུས་མི་དམངས་སྲིད་གཞུང་ཧྲང་ཞུད་བཙུགས་པ་དང་། ༡༩༨༦ལོར་ནོར་དཔལ་ཧྲང་རྩ་འཛུགས་དང་སྲིད་ཁྲིམས་ཧྲང་རྩ་འཛུགས་བཙུགས་ཡོད། དེ་དང་དུས་མཚུངས་གྲུང་གུང་གྲུང་དབྱང་གིས་བཏན་པོའི་སྒོ་ནས་འཕེལ་རྒྱས་གཏོང་བའི་ཐབས་ཇུས་ལག་བསྟར་གནང་ནས། ཞིང་འབྲོག་ཐོན་ལས་ཀྱིས་གཙོ་བོར་བྱས་པའི་གྲོང་ཁྱེར་དང་ཤར་གྲོང་རྫོགས་རེས་ཚོགས་ཆུང་ལ་ལེགས་བཅོས་གོང་འཕེལ་བཏང་ནས་གྲོང་ཁྱེར་སྨིར་གཉེར་ལག་ཤེས་བཟོ་ལས་ཀྱི་དཔལ་འབྱོར་དང་ཞིང་འབྲོག་པའི་སྨིར་ལ་དབང་བའི་དཔལ་འབྱོར་ལ་བརྟན་ལྷིང་ཡོང་བ་བྱས་ཏེ། མི་རིགས་ལས་བྱེད་པ་གསོ་སྐྱོང་དང་ཧྲང་ཡོན་འཕེལ་རྒྱས་ལ་ཧུར་བརྩོན་བྱས་ཡོད་པ་མ་ཟད། ལྷག་པར་དུ་ས་གནས་དེ་གའི་བོད་རིགས་དང་གྲངས་ཉུང་མི་རིགས་གཞན་དག་གི་ཧྲང་ཡོན་འཕེལ་རྒྱས་གཏོང་རྒྱུ་གལ་ཆེར་འཛིན་ནས་ཧྲང་ཡོན་དཔྱད་ཁག་རིམ་བཞིན་སྟོབས་ཆེར་བཏང་ཡོད། ༡༩༨༥ལོའི་ལོ་མཇུག་ཏུ་སླེབས་སྐབས་གྲུང་གུང་ཁྲིན་ཀོན་ཆུས་ཞུད་ཁོངས་སུ་སྲིད་དབང་མ་ལག་གི་ཧྲང་ཙུའུ་༣དང་། དོན་གཅོད་ཁྲུའུ་

༦གི་ཧྲང་ཤུད། གཞི་རིམ་ཧྲང་གྲེ་སྤུའུ་༢༦(དེའི་ནང་གྲོང་གསེབ་ཧྲང་གྲེ་སྤུའུ་༡༡ཚུད་ཡོད་)བཅས་ཡོད་ལ། ཧྲང་ཡོན་༡༦༨ཡོད་པ་ལས་དེའི་ནང་བོད་རིགས་དང་གྲངས་ཉུང་མི་རིགས་གཞན་དག་གི་ཧྲང་ཡོན་༡༢༢ཡོད་པ་དེས་ཧྲང་ཡོན་སྤྱི་ཡོངས་ཀྱི་བརྒྱ་ཆ་༧༢.༦ཟིན་ཡོད།

“རིག་གསར་”སྐབས། ཀྲུང་གུང་ཧྲང་རྩ་འཛུགས་ཀྱི་འཛུགས་སྐྲུན་ལ་གཏོར་སྐྱོན་ཕོག་ཡོད་ཅིང་། ཁྲིན་ཀོན་ཆུས་ཤུད་དང་རིམ་ཁག་ཧྲང་རྩ་འཛུགས་རྩ་བའི་ཆ་ནས་ནུས་པ་ཤོར་ཡོད། ༡༩༦༧ལོའི་ཟླ་༤པའི་ཚེས་༡༠ཉིན། ཀྲུང་གོ་མི་དམངས་བཅིངས་འགྲོལ་དམག་ལྷ་ས་ཡན་ལག་དམག་ཁུལ་གྱིས་ཚོག་མཆན་གནང་བ་བརྒྱུད། ཁྲིན་ཀོན་ཆུས་མི་དམངས་དྲག་ཆས་སྤུའུ་ཧྲང་ཤུད་དབུ་བརྙེས། ༡༩༧༠ལོའི་ཟླ་དང་པོའི་ཚེས་༢༨ཉིན། ཀྲུང་གུང་ཁྲིན་ཀོན་ཆུས་གསར་བརྗེ་ཨུ་ཡོན་ལྷན་ཁང་ལྟེ་བའི་ཚོགས་ཆུང་བཙུགས་ནས་ཧྲང་གི་རྩ་འཛུགས་འཛུགས་སྐྱེལ་ལས་དོན་སླར་གསོ་རིམ་བཅམ་བྱུང་ཞིང་། ༡༩༧༢ལོའི་ཟླ་༥པའི་ཟླ་སྟོད་དུ་ཁྲིན་ཀོན་ཆུས་དོན་གཅོད་ཁང་༦གི་ཧྲང་ཤུད་སླར་གསོ་བྱས་ཡོད།

༡༩༧༢ལོའི་ཟླ་༥པའི་ཚེས་༣༡ནས་ཟླ་༦པའི་ཚེས་༢བར། ཀྲུང་གུང་ཁྲིན་ཀོན་ཆུས་སྐབས་དང་པོའི་འཐུས་མི་ཚོགས་ཆེན་ཐོག་ཀྲུང་གུང་ཁྲིན་ཀོན་ཆུས་ཤུད་ལྟེ་བའི་ཚོགས་ཆུང་མེད་པ་བཟོས་ནས། ཀྲུང་གུང་ཁྲིན་ཀོན་ཆུས་ཤུད་ཨུ་ཡོན་ལྷན་ཁང་བདམས་ཐོན་བྱུང་སྟེ། ཧྲང་གི་རྩ་འཛུགས་འཛུགས་སྐྱེལ་ལས་དོན་ཕྱོགས་ཡོངས་ནས་སླར་གསོ་ཐུབ་པ་བྱུང་ཡོད། ལོ་དེའི་ཟླ་༧པར། ཀྲུང་གུང་ཁྲིན་ཀོན་ཆུས་ཤུད་ཀྱིས་ལས་ཁུངས་སྤྱི་ཁྱབ་ཡན་ལག་ཨུ་ལྷན་བཙུགས་པ་དང་། ༡༩༧༣ལོར་ཁྲིན་ཀོན་ཆུས་མི་དམངས་དྲག་ཆས་སྤུའུ་ཧྲང་ཤུད་མེད་པ་བཟོས་ཡོད། ༡༩༧༩ལོའི་ཟླ་དང་པོར་ཁྲིན་ཀོན་ཆུས་མི་དམངས་དྲག་ཆས་སྤུའུ་གནས་སྐབས་ཧྲང་ཤུད་བཙུགས་པ་དང་ཟླ་༢པར་ཁྲིན་ཀོན་ཆུས་འཛུགས་སྐྲུན་ཀུང་སིའི་ཧྲང་ཤུད་བཙུགས་ཡོད། ༡༩༨༢ལོར་ཁྲིན་ཀོན་ཆུས་མི་དམངས་འཐུས་མི་ཚོགས་ཆེན་ཧྲང་ཙུའུ་བཙུགས་པ་དང་། ༡༩༨༣ལོར་ཁྲིན་ཀོན་ཆུས་མི་དམངས་དྲག་ཆས་སྤུའུ་ཧྲང་ཤུད་སླར་གསོ་བྱས་ཤིང་། ༡༩༨༧ལོའི་ཟླ་༥པར་ཁྲིན་ཀོན་ཆུས་འཛུགས་སྐྲུན་ཀུང་སིའི་ཧྲང་ཤུད་མེད་པ་བཟོས་ཡོད། ༡༩༨༧ལོའི་ལོ་མཇུག་ཏུ་སླེབས་སྐབས། ཁྲིན་ཀོན་ཆུས་ཤུད་ཁོངས་སུ་ཧྲང་ཙུའུ་༤དང་། ཧྲང་ཤུད་༦ ཧྲང་སྤྱི་ཁྱབ་ཡན་ལག་ཨུ་ལྷན་༡ ཧྲང་གྲེ་སྤུའུ་༥༧(དེའི་ནང་གྲོང་གསེབ་ཧྲང་གྲེ་སྤུའུ་༡༡ཚུད་ཡོད་)

བཅས་ཡོད་ལ་ཏང་ཡོན་༤༣༧ཡོད་པ་ལས་བོད་རིགས་དང་གྲངས་ཉུང་མི་རིགས་གཞན་དག་གི་ཏང་ཡོན་༧༧༨ཡོད་པ་དེས་ཏང་ཡོན་སྤྱིའི་གྲངས་འབོར་གྱི་བརྒྱ་ཆ་༡༢.༧ཟིན་གྱི་ཡོད། ལོ་དེ་དག་རིང་། ཀྲུང་གུང་ཁྲིན་ཀོན་ཚུས་ཞུད་ཀྱིས་སྐབས་བཅུ་གཅིག་པའི་ཀྲུང་ཡུ་ཚང་འཛོམས་གྲོས་ཚོགས་གསུམ་པའི་རྗེས་ཀྱི་མཇད་ཕྱོགས་སྲིད་ཇུས་ཁག་ལག་བསྟར་ནན་ཏན་བྱས་ཏེ་ཕྱོགས་ཡོངས་ནས་ཟིང་འཁྲུག་ཞིད་འཇགས་དང་སྲིད་ཇུས་དོན་འཁྱོལ་ལས་དོན་སྤེལ་ཡོད་པ་མ་ཟད། ལས་དོན་གྱི་གཙོ་གནད་དེ་སྤྱི་ཚོགས་རིང་ལུགས་དེང་རབས་ཅན་འཛུགས་སྐྲུན་བྱ་རྒྱུར་བསྒྱུར་ནས་མི་རིགས་ཁག་གི་མི་དམངས་སྣེ་ཁྲིད་བྱས་ཏེ་དཔལ་འབྱོར་འཛུགས་སྐྲུན་དང་། སྤྱི་ཚོགས་ལས་དོན་ཁག་ཧུར་བརྩོན་ཆེན་པོས་སྤེལ་ཡོད།

༡༩༤༤ལོར་ཁྲིན་ཀོན་ཚུས་ཀྱི་ཚུས་གཏོར་ཤང་འཛུགས་ལས་དོན་ཁྲིད། དོན་གཅོད་ཁྲུའུ་༨དེ་དོན་གཅོད་ཁྲུའུ་༥དང་ཤང་༦ལ་བསྒྱུར་བ་དང་། དེ་སྔོན་གྱི་སྡེ་ཁྲུལ་ཡུ་ལྷན་དང་སྲིད་འཛིན་གྲོང་ཚོ། རང་བྱུང་གྲོང་ཚོ་རྣམས་སྡེ་ཁྲུལ་ཡུ་ལྷན་༢༢དང་གྲོང་ཚོ་ཡུ་ལྷན་༦༢ལ་བསྒྱུར་བཅོས་བྱས་ཡོད། ཀྲུང་གུང་ཁྲིན་ཀོན་ཚུས་ཀྱིས་དོན་གཅོད་ཁྲུའུ་དང་ཤང་ཏང་ཞུད་༩བཙུགས་པ་དང་། སྡེ་ཁྲུལ་ཡུ་ལྷན་དང་གྲོང་ཚོ་ཡུ་ལྷན་ཏང་ཀྲེ་སྤུའུ་༨༦བཙུགས་ཡོད། ༡༩༩༠ལོར་ཀྲུང་གུང་ཁྲིན་ཀོན་ཚུས་ཞུད་ཀྱིས་དོན་གཅོད་ཁྲུའུ་(གྲྭ་བཞི་)ཏང་ཞུད་༡དང་། སྡེ་ཁྲུལ་ཡུ་ལྷན་ཏང་ཀྲེ་སྤུའུ་༣གསར་སྣོན་བྱས་ཡོད།

ལོ་རབས་༩༠པར། ཀྲུང་གུང་ཁྲིན་ཀོན་ཚུས་ཀྱིས་གཅིག་ནས་ཁ་ཕྲལ་ལ་ངོ་རྒོལ་བྱས་ཏེ། སྤྱི་ཚོགས་བརྟན་བརྟིང་ལ་འགན་ལེན་ཏན་ཏིག་བྱེད་པ་དང་། ཕྱོགས་གཞན་ཞིག་ནས་བསྒྱུར་བཅོས་སྒོ་དབྱེ་བྱས་ཏེ་དཔལ་འབྱོར་འཕེལ་རྒྱས་ཇེ་མགྱོགས་སུ་བཏང་ཡོད། དེ་དང་དུས་མཚུངས་ཏང་གི་རྩ་འཛུགས་འཛུགས་སྐྲུན་བྱ་རྒྱུར་ཤུགས་སྣོན་བརྒྱབ་ནས། ཚད་ལྡན་རྒྱུན་འཁྱོངས་དང་། གྲུབ་ཆ་ལེགས་སྒྲིག ཕྱུས་ཚད་འགན་ལེན། འཕེལ་རྒྱས་གཟབ་ནན་བཅས་ཀྱི་མཇད་ཕྱོགས་རྩ་བར་བཟུང་ནས། ཧུར་བརྩོན་ཆེན་པོས་ཏང་ཡོན་འཕེལ་རྒྱས་བཏང་བ་མ་ཟད་ཏང་ཞུགས་ཧུར་བརྩོན་ཅན་ཏང་ལ་ཞུགས་རྒྱུར་གསོ་སྐྱོང་དང་སློབ་གསོ་བཏང་ཡོད། ཀྲུང་གུང་ཁྲིན་ཀོན་ཚུས་ཞུད་ཀྱིས་གསོ་སྦྱོང་གི་འཛིན་གྲྭ་དང་ཚོགས་འདུས་གསོ་སྦྱོང་ཚབ་བྱེད་པའི་བྱ་ཐབས་བརྒྱུད། ཏང་ཞུགས་ཧུར་བརྩོན་ཅན་ལ་ཏང་གི་སྒྲིག་ཡིག་དང་ཏང་གི་རྩ

འཛིན། ཏང་སྲོལ། ཏང་གི་སྒྲིག་ཁྲིམས། མི་དམངས་ལ་ཞབས་འདེགས་ཞུ་བའི་དགོངས་དོན་སོགས་ཏང་གི་རྨང་གཞིའི་ཤེས་བྱའི་སློབ་གསོ་དང་ཏང་གི་རྩ་བའི་ལམ་ཕྱོགས་ཀྱི་སློབ་གསོ་སྤེལ་ཡོད། དེ་དང་དུས་མཚུངས་ཏང་ཞུགས་ཧུར་བརྩོན་ཅན་ལ་རྟོག་ཞིབ་བྱེད་པའི་ལམ་ལུགས་གསར་འཛུགས་བྱས་ནས་ལོ་གཅིག་ལྷག་གི་རྟོག་ཞིབ་ཚར་རྗེས་ཆ་རྐྱེན་ཚང་བ་དག་ཏང་ནང་ཞུགས་སུ་བཅུག་ཡོད། ལས་ཁུངས་དང་ཁེ་ལས་བྱ་གཞག་ཚན་པས་དར་མ་དང་གཞོན་ནུ་ཤེས་ཡོན་ཅན་ཏང་ལ་ཞུགས་རྒྱུ་གཙོ་བོར་བཟུང་ཡོད་པ་མ་ཟད། ཞིང་འབྲོག་ཁུལ་ནས་ཀྱང་རིག་གནས་གང་འཚམ་ཡོད་པའི་གཞོན་ནུ་དང་དར་མ་ཏང་ལ་ཞུགས་རྒྱུ་གཙོ་བོར་བཟུང་ནས་གཞི་རིམ་ཏང་ཡོན་གྱི་ལོ་ནའི་གྲུབ་ཚུལ་དང་རིག་གནས་གྲུབ་ཚུལ་རིམ་བཞིན་ལེགས་བཅོས་བྱུང་ནས་ཏང་གི་རྩ་འཛུགས་འཛུགས་སྐྱོང་ལ་ཤུགས་རྐྱེན་ཟམ་མི་ཆད་པ་བྱུང་ཡོད་ལ། ཏང་ཡོན་དཔུང་ཁག་ཀྱང་རིམ་བཞིན་སྟོབས་ཆེར་སོང་ཡོད། ཕྱོགས་གཞན་ཞིག་ནས་ཀྱང་གུང་ཁྲིན་གོན་ཆུས་ནས་ཏང་གི་བསམ་བློའི་འཛུགས་སྐྲུན་གཙིགས་ཆེན་དུ་བཟུང་ནས། དཔལ་འབྱོར་འཛུགས་སྐྲུན་ལྟེ་བར་འཛིན་རྒྱུ་རྒྱུན་འཁྱོངས་བྱས་ཏེ་བསྐྱར་བཅོས་སྒོ་དབྱེ་དང་དཔལ་འབྱོར་འཕེལ་རྒྱས། སྤྱི་ཚོགས་བརྟན་བརླིང་། མི་རིགས་མཐུན་སྒྲིལ་བཅས་ཀྱི་མཐའ་སྐོར་ནས་རིམ་ཁག་ཏང་རྩ་འཛུགས་དང་ཏང་ཡོན་ཡོངས། ཏང་ཞུགས་ཧུར་བརྩོན་ཅན་བཅས་ཀྱི་བསམ་བློར་བཅིངས་འགྲོལ་དང་དངོས་ཐོག་བདེན་འཚོལ། སྲིད་གཙང་གཞུང་དྲང་། ཉལ་སྲུངས་ལ་ངོ་རྒོལ། ལས་རིགས་ཁག་གི་ཚུལ་མིན་སྤྱོད་ཚུལ་ལ་ཡོ་བསྲང་བཅས་བྱས་ནས་མཚོན་བྱེད་གསུམ་དང་སློབ་སྦྱོང་། ཆབ་སྲིད། སྤྱོད་བཟང་བཅས་ལ་སྣང་ཆེན་གྱིས་མེས་རྒྱལ་གོང་བུ་གཅིག་སྒྱུར་ལ་སྲུང་སྐྱོབ་དང་། ཁ་སྦྲལ་ལ་ངོ་རྒོལ་བྱེད་པ་སོགས་སློབ་གསོ་སྣ་ཚོགས་སྤེལ་ནས་རིམ་ཁག་ཏང་རྩ་འཛུགས་ཀྱི་དམག་འཐབ་བཙན་ཇོང་ནུས་པ་དང་། ཏང་ཡོན་གྱི་སྔོན་ཐོན་མིག་དཔེའི་ནུས་པ་གང་ལེགས་བཏོན་ཡོད།

༢༠༠༠ལོ་བར་གུང་གྲུང་ཁྲིན་གོན་ཆུས་ཀྱིས་ཏང་ཙུའུ་༦དང་ཏང་ཨུད་༡༡ ཏང་སྤྱི་ཁྲབ་ཡན་ལག་ཨུ་ལྷན་༡ ཏང་གྲེ་ཙུའུ་༢༣བཅས་བཙུགས་ཡོད་ཅིང་། ཏང་ཡོན་༡༤༤༧ཡོད་པ་ལས་བོད་རིགས་དང་གྲངས་ཉུང་མི་རིགས་གཞན་དག་གི་ཏང་ཡོན་༡༥༡༥ཡོད་པ་དེས་ཏང་ཡོན་ཡོངས་ཀྱི་གྲངས་འབོར་གྱི་བརྒྱ་ཆ་༨༣.༢ཟིན་གྱི་ཡོད།

ད་ལྟ་བར་ཁྲིན་ཀོན་ཆུས་ཀྱིས་གཞི་རིམ་ཏང་རྩ་འཛུགས་༣༩༥བཙུགས་ཡོད་ཅིང་། དེའི་ནང་ཏང་ཨུད་༢༢དང་། ཏང་ཙུའུ་༡༡ ཏང་སྤྱི་ཁྱབ་ཀྲི་ཕུའུ་༤༠ ཏང་ཀྲི་ཕུའུ་༣༢༢བཅས་ཀྱིས་ཏང་གི་རྩ་འཛུགས་དང་ལས་དོན་ཁྱབ་ཁོངས་ཡོངས་སུ་ཁྱབ་ཡོད། ཆུས་ཡོངས་ལ་ཁྲོན་བསྡོམས་ཏང་ཡོན་༧༢༥༥ཡོད་པ་ལས་ལས་ཁུངས་ལས་བྱེད་ཏང་ཡོན་༡༩༦༢དང་། ལས་དོན་དང་བཟོ་པའི་ཏང་ཡོན་༢༢༤༠ ཞིང་འབྲོག་ཏང་ཡོན་༢༥༧༦ ལས་འགྱུར་ལས་བྲལ་ཏང་ཡོན་༤༧༠བཅས་ཡོད། བུད་མེད་ཏང་ཡོན་༣༤༥༢དང་ལོ་ན་༤༠མན་གྱི་ཏང་ཡོན་༤༡༦༣མཐོ་རིམ་ཆེད་ཚན་དང་དེ་ཡན་གྱི་སློབ་གནས་ཏང་ཡོན་༤༠༢༤བཅས་ཡོད།

གསུམ་པ། ཏང་ཡོན་འཐུས་མི་ཚོགས་ཆེན།

ཀྲུང་གུང་ཁྲིན་ཀོན་ཆུས་སྐབས་དང་པོའི་ཏང་ཡོན་འཐུས་མི་ཚོགས་ཆེན་དེ། ༡༩༧༢ལོའི་ཟླ་༥པའི་ཚེས་༣༡ནས་༦པའི་ཚེས་༢བར་ལྷ་སར་སྐོང་འཚོགས་བྱས་ཡོད་ཅིང་ཚོགས་འདུར་ཞུགས་མཁན་འཐུས་མི་༡༢༥ཡོད། དེའི་ཁྲོད་ཞིང་པ་དབུལ་པོ་དང་ཞིང་འབྲིང་འོག་མ་༤༡དང་། བཅིངས་འགྲོལ་དམག་འཐུས་མི་༡༦ འགོ་ཁྲིད་ལས་བྱེད་འཐུས་མི་༣༤ ལས་བྱེད་དཀྱུས་མའི་འཐུས་མི་༢༠ དེ་མིན་གྱི་ངལ་རྩོལ་པའི་འཐུས་མི་༡༤བཅས་ཡོད་ལ། བོད་རིགས་དང་གྲངས་ཉུང་མི་རིགས་གཞན་དག་གི་འཐུས་མི་༨༨ཡོད་པ་དེས་འཐུས་མི་ཡོངས་ཀྱི་གྲངས་འབོར་གྱི་བརྒྱ་ཆ་༧༠ཡན་ཟིན་གྱི་ཡོད།

ཚོགས་འདུའི་ཐོག་འཐུས་མི་ཡང་ཧྲུའུ་མིན་གྱིས་ཀྲུང་གུང་ཁྲིན་ཀོན་ཆུས་ཨུད་ལྟེ་བའི་ཚོགས་ཆུང་གི་ཚབ་ཞུས་ནས《མཐུན་སྒྲིལ་བྱས་ནས་རྒྱལ་ཁ་དེ་བས་ཆེ་བ་ལེན་དགོས》ཞེས་པའི་ལས་དོན་སྙན་ཞུར་གསན་འཛོག་གནང་ཐོག་གྲོས་འཆམ་བྱུང་ནས་ཀྲུང་གུང་ཁྲིན་ཀོན་ཆུས་བསྐྱར་བཅོས་ཨུ་ལྷན་ལྟེ་བའི་ཚོགས་ཆུང་མེད་པ་བཟོས་པ་དང་། ཀྲུང་གུང་ཁྲིན་ཀོན་ཆུས་ཨུད་སྐབས་དང་པོའི་ཨུ་ཡོན་ལྷན་ཚོགས་ཀྱི་ཨུ་ཡོན་༢༣དང་རྗེས་སྐོར་ཨུ་ཡོན་༢འདེམས་བསྐོའི་ཁྲོད་བདམས་ཐོན་བྱུང་ཡོད། སྐབས་དང་པོའི་ཨུ་ཡོན་ཚང་འཛོམས་གྲོས་ཚོགས་ཐེངས་དང་པོའི་ཐོག་འདེམས་བསྐོ་བྱས་པ་བརྒྱུད་རྒྱུན་ཨུད་མི་༡༡བདམས་ཐོན་བྱུང་ཡོད་ཅིང་། དེའི་ཁྲོད་ཧྲུའུ་ཅི་དང་པོ་༡དང་ཧྲུའུ་ཅི་༢ ཧྲུའུ་ཅི་གཞོན་པ་༢བཅས་ཡོད།

ཀྲུང་གུང་ཁྲིན་ཀོན་ཆུས་སྐབས་གཉིས་པའི་ཏང་ཡོན་འཐུས་མི་ཚོགས་ཆེན་དེ།

༡༩༧༧ལོའི་ཟླ་༨པའི་ཚེས་༡༡ནས་༡༣བར་ལྷ་སར་སྐོང་འཚོགས་བྱས་ཡོད། ཚོགས་འདུར་ཞུགས་མཁན་འཐུས་མི་༡༣༡ཡོད་ཅིང་དེའི་ཁྲོད་ཞིང་པ་དབུལ་པོ་དང་ཞིང་འབྲིང་འོག་མ་༧༥དང་། ལས་བྱེད་འཐུས་མི་༤༡ དེ་མིན་གྱི་དཔལ་རྩོལ་པའི་འཐུས་མི་༡༥བཅས་ཡོད་ལ། བོད་རིགས་དང་གྲངས་ཉུང་མི་རིགས་གཞན་དག་གི་འཐུས་མི་༡༠༩ཡོད་པ་དེས་འཐུས་མི་ཡོངས་ཀྱི་གྲངས་འབོར་གྱི་བརྒྱ་ཆ་༨༣.༢ཟིན་གྱི་ཡོད།

ཚོགས་འདུའི་ཐོག་འཐུས་མི་ཀྲང་དུང་ཧྭ་ཡིས་ཀྲུང་གུང་ཁྲིན་ཀོན་ཆུས་སྐབས་དང་པོའི་ཨུ་ཡོན་ལྷན་ཚོགས་ཀྱི་ཚབ་ཞུས་ནས《མའོ་ཀྲུའུ་ཞིའི་རླབས་ཆེན་གྱི་དར་ཆ་མཐོན་པོར་བསྒྲེངས་ནས་ཧྭ་ཀྲུའུ་ཞིའི་ཁང་བཟུང་རྒྱལ་སྐྱོང་གི་འཐབ་རྩུས་མངོན་གྱུར་ཡོང་ཆེད་འབད་བརྩོན་ལྷུར་ལེན་བྱེད་དགོས་》ཞེས་པའི་ལས་དོན་སྙན་ཞུར་གསན་འཛོག་དང་གྲོས་བསྡུར་གྲོས་འཆམ་བྱུང་ཡོད་ཅིང་། ཀྲུང་གུང་ཁྲིན་ཀོན་ཆུས་ཨུད་སྐབས་གཉིས་པའི་ཨུ་ཡོན་ལྷན་ཚོགས་ཀྱི་ཨུ་ཡོན་༣༠དང་རྗེས་སྐྱོན་ཨུ་ཡོན་༡འདེམས་བསྐོའི་ཁྲོད་བདམས་ཐོན་བྱུང་ཡོད། སྐབས་གཉིས་ཨུ་ཡོན་ཚང་འཛོམས་གྲོས་ཚོགས་ཐེངས་དང་པོའི་ཐོག་འདེམས་བསྐོ་བྱས་པ་བརྒྱུད་རྒྱུན་ཨུད་མི་༡༡བདམས་ཐོན་བྱུང་ཡོད་ཅིང་། དེའི་ཁྲོད་ཧྲུའུ་ཅི་དང་པོ་༡དང་ཧྲུའུ་ཅི་༢ ཧྲུའུ་ཅི་གཞོན་པ་༢བཅས་ཡོད།

ཀྲུང་གུང་ཁྲིན་ཀོན་ཆུས་སྐབས་གསུམ་པའི་ཏང་ཡོན་འཐུས་མི་ཚོགས་ཆེན་དེ། ༡༩༨༧ལོའི་ཟླ་༥པའི་ཚེས་༢༡ནས་༢༣བར་ལྷ་སར་སྐོང་འཚོགས་བྱས་ཡོད་ཅིང་། ཚོགས་འདུར་ཞུགས་མཁན་འཐུས་མི་༡༤༥ཡོད་པ་དེའི་ཁྲོད་ལས་བྱེད་འཐུས་མི་༡༠༠ ཤེས་ཡོན་ཅན་དང་ཆེད་ལས་ལག་རྩལ་མི་སྣའི་འཐུས་མི་༢༩ ཞིང་འབྲོག་པ་དང་དཔལ་རྩོལ་དཔེ་བཟང་། དཔའ་བོའི་དཔེ་བཟང་འཐུས་མི་༡༦བཅས་ཡོད། བོད་རིགས་དང་གྲངས་ཉུང་མི་རིགས་གཞན་དག་གི་འཐུས་མི་༡༢༨ཡོད་པ་དེས་འཐུས་མི་ཡོངས་ཀྱི་གྲངས་འབོར་གྱི་བརྒྱ་ཆ་༨༨.༣ཟིན་ཞིང་། བུད་མེད་འཐུས་མི་༣༤ཡོད་པ་དེས་འཐུས་མི་ཡོངས་ཀྱི་གྲངས་འབོར་གྱི་བརྒྱ་ཆ་༢༣.༤ཟིན་གྱི་ཡོད།

ཚོགས་འདུའི་ཐོག་འཐུས་མི་བཀྲ་ཤིས་རྡོ་རྗེས་ཀྲུང་གུང་ཁྲིན་ཀོན་ཆུས་སྐབས་གཉིས་པའི་ཨུ་ཡོན་ལྷན་ཚོགས་ཀྱི་ཚབ་ཞུས་ནས《རྩ་བའི་རྩ་དོན་བཞི་རྒྱུན་འཁྱོངས་བྱས་ནས་རང་ཆུས་ཀྱི་དཔལ་ཡོན་གཉིས་ཀྱི་འཛུགས་སྐྲུན་ཆེད་དུ་འབད་བརྩོན་བྱེད》ཅེས་པའི་ལས་དོན་སྙན་ཞུ

དང་ཀྲུང་གུང་ཁྲིན་ཀོན་ཚུས་སྲིག་ཁྲིམས་ཞིབ་བཤེར་ཞུ་ཡོན་ལྷན་ཁང་(བསྡུས་མིང་ཀྲུང་གུང་ཁྲིན་ཀོན་ཚུས་སྲིག་ཞུད་ཞེས་འབོད་)གི་ལས་དོན་སྙན་ཞུར་གསན་འཇོག་དང་གྲོས་འཆམ་བྱུང་ཡོད་ཅིང་། ཀྲུང་གུང་ཁྲིན་ཀོན་ཚུས་ཞུད་སྐབས་གསུམ་པའི་ཞུ་ཡོན་ལྷན་ཚོགས་ཀྱི་ཞུ་ཡོན་༡༧དང་རྗེས་སྡོན་ཞུ་ཡོན་༣ དེ་མིན་ཁྲིན་ཀོན་ཚུས་སྲིག་ཞུད་ཞུ་ཡོན་༧འདེམས་བསྐོའི་ཁྲོད་བདམས་ཐོན་བྱུང་ཡོད། སྐབས་གསུམ་པའི་ཐེངས་དང་པོའི་ཞུ་ཡོན་ཡོངས་ཀྱིས་འདེམས་བསྐོ་བྱས་པ་བརྒྱུད་རྒྱུན་ཞུད་མི་༧བདམས་ཐོན་བྱུང་ཡོད་ཅིང་། དེའི་ཁྲོད་རྒྱུའུ་ཅི་༡དང་། རྒྱུའུ་ཅི་གཞོན་པ་༤བཅས་ཡོད་ལ་ཀྲུང་གུང་ཁྲིན་ཀོན་ཚུས་སྲིག་ཞུད་སྐབས་དང་པོའི་འཐུས་མི་ཡོངས་ཀྱིས་རྒྱུའུ་ཅི་༡དང་རྒྱུའུ་ཅི་གཞོན་པ་༡འདེམས་བསྐོ་བྱས་ཡོད།

ཀྲུང་གུང་ཁྲིན་ཀོན་ཚུས་སྐབས་བཞི་པའི་ནང་ཡོན་འཐུས་མི་ཚོགས་ཆེན་དེ། ༡༩༩༠ལོའི་ཟླ་༦པའི་ཚེས་༤ནས་༧བར་ལྷ་སར་སྐོང་འཚོགས་བྱས་ཡོད་ཅིང་། ཚོགས་འདུར་ཞུགས་མཁན་འཐུས་མི་༩༥ཡོད་པ་དེའི་ཁྲོད་ལས་བྱེད་འཐུས་མི་༤༢དང་། གྲོང་ཁྱེར་སྡོད་དམངས་འཐུས་མི་༢༨ ཞིང་འབྲོག་པའི་འཐུས་མི་༡༣ ཚན་རྩལ་སློབ་གསོའི་འཐབ་ཕྱོགས་ཀྱི་འཐུས་མི་༩ བཅིངས་འགྲོལ་དམག་འཐུས་མི་༢བཅས་ཡོད། བོད་རིགས་དང་གྲངས་ཉུང་མི་རིགས་གཞན་དག་གི་འཐུས་མིས་འཐུས་མི་ཡོངས་ཀྱི་གྲངས་འབོར་གྱི་བརྒྱ་ཆ་༨༠ཡན་ཟིན་ཞིང་། བུད་མེད་འཐུས་མིས་འཐུས་མི་ཡོངས་ཀྱི་གྲངས་འབོར་གྱི་བརྒྱ་ཆ་༢༠ཡན་ཟིན་གྱི་ཡོད།

ཚོགས་འདུའི་ཐོག་འཐུས་མི་བཀྲ་ཤིས་རྡོ་རྗེས་ཀྲུང་གུང་ཁྲིན་ཀོན་ཚུས་སྐབས་གསུམ་པའི་ཞུ་ཡོན་ལྷན་ཚོགས་ཀྱི་ཚབ་ཞུས་པའི་ལས་དོན་སྙན་ཞུ་དང་ཀྲུང་གུང་ཁྲིན་ཀོན་ཚུས་སྲིག་ཁྲིམས་ཞིབ་བཤེར་ཞུ་ཡོན་ལྷན་ཁང་གི་ལས་དོན་སྙན་ཞུར་གསན་འཇོག་གནང་རྗེས་གྲོས་འཆམ་བྱུང་བ་ལྟར། ཀྲུང་གུང་ཁྲིན་ཀོན་ཚུས་ཞུད་སྐབས་བཞི་པའི་ཞུ་ཡོན་ལྷན་ཚོགས་ཀྱི་ཞུ་ཡོན་༡༨འདེམས་བསྐོའི་ཁྲོད་བདམས་ཐོན་བྱུང་ཡོད། སྐབས་བཞི་པའི་ཞུ་ཡོན་ཚང་འཛོམས་གྲོས་ཚོགས་ཐེངས་དང་པོའི་ཐོག་འདེམས་བསྐོ་བྱས་པ་བརྒྱུད་རྒྱུན་ཞུད་མི་༥བདམས་ཐོན་བྱུང་ཡོད་ཅིང་། དེའི་ཁྲོད་རྒྱུའུ་ཅི་༡དང་། རྒྱུའུ་ཅི་གཞོན་པ་༢ཡོད་ལ་ཀྲུང་གུང་ཁྲིན་ཀོན་ཚུས་སྲིག་ཞུད་འཐུས་མི་ཡོངས་ཀྱིས་རྒྱུའུ་ཅི་༡དང་རྒྱུའུ་ཅི་གཞོན་པ་༡འདེམས་བསྐོ་བྱས་ཡོད།

ཀྲུང་གུང་ཁྲིན་ཀོན་ཚུས་སྐབས་ལྔ་པའི་ནང་ཡོན་འཐུས་མི་ཚོགས་ཆེན་དེ། ༡༩༩༥ལོའི་ཟླ་

༥པའི་ཚེས་༢༢ནས་༢༥བར་ལྷ་སར་སྐོང་འཚོགས་བྱས་ཡོད་ཅིང་། ཚོགས་འདུར་ཞུགས་མཁན་འཐུས་མི་ཁྱོན་༡༢༡ཡོད་པ་དེའི་ཁྲོད་ལས་བྱེད་འགོ་ཁྲིད་འཐུས་མི་༧༢དང་། བཟོ་པའི་འཐུས་མི་༥ ཞིང་འབྲོག་པའི་འཐུས་མི་༡༢ སློབ་དམངས་འཐུས་མི་༡༨ ཆེད་ལས་ལག་རྩལ་མི་སྣའི་འཐུས་མི་༡༡ བཅིངས་འགྲོལ་དམག་གི་འཐུས་མི་༣བཅས་ཡོད། བོད་རིགས་དང་གྲངས་ཉུང་མི་རིགས་གཞན་དག་གི་འཐུས་མི་༡༠༣ཡོད་པ་དེས་འཐུས་མི་ཡོངས་ཀྱི་གྲངས་འབོར་གྱི་བརྒྱ་ཆ་༨༥.༡ཟིན་ཞིང་། བུད་མེད་འཐུས་མི་༢༩ཡིས་འཐུས་མི་ཡོངས་ཀྱི་གྲངས་འབོར་གྱི་བརྒྱ་ཆ་༡༩.༨ཟིན་གྱི་ཡོད།

ཚོགས་འདུའི་ཐོག་འཐུས་མི་བཀྲ་ཤིས་རྡོ་རྗེས་ཀྲུང་གུང་ཁྲིན་གོན་ཆུས་སྐབས་བཞི་པའི་ཨུ་ཡོན་ལྷན་ཚོགས་ཀྱི་ཚབ་ཞུས་པའི་ལས་དོན་སྙན་ཞུ་དང་། ཀྲུང་གུང་ཁྲིན་གོན་ཆུས་སྒྲིག་ཁྲིམས་ཞིབ་བཤེར་ཨུ་ཡོན་ལྷན་ཁང་གི་ལས་དོན་སྙན་ཞུར་གསན་འཇོག་དང་གྲོས་འཆམ་བྱུང་ཡོད་ཅིང་། ཀྲུང་གུང་ཁྲིན་གོན་ཆུས་ཨུད་སྐབས་ལྔ་པའི་ཨུ་ཡོན་ལྷན་ཚོགས་ཀྱི་ཨུ་ཡོན་༡༩དང་རྗེས་སྙོན་ཨུ་ཡོན་༤ དེ་མིན་ཀྲུང་གུང་ཁྲིན་གོན་ཆུས་ཨུད་ཀྱི་སྒྲིག་ཨུད་ཨུ་ཡོན་༧བཅས་འདེམས་བསྐོའི་ཁྲོད་བདམས་ཐོན་བྱུང་ཡོད། སྐབས་ལྔ་པའི་ཨུ་ཡོན་ཚང་འཛོམས་གྲོས་ཚོགས་ཐེངས་དང་པོའི་ཐོག་འདེམས་བསྐོ་བྱས་པ་བརྒྱུད་རྒྱུན་ཨུད་མི་༩བདམས་ཐོན་བྱུང་ཡོད་ཅིང་། དེའི་ཁྲོད་ཧྲུའུ་ཅི་༡དང་ཧྲུའུ་ཅི་གཞོན་པ་༤ཡོད་ལ་ཀྲུང་གུང་ཁྲིན་གོན་ཆུས་སྒྲིག་ཨུད་འཐུས་མི་ཡོངས་ཀྱིས་ཧྲུའུ་ཅི་༡དང་ཧྲུའུ་ཅི་གཞོན་པ་༡འདེམས་བསྐོ་བྱས་ཡོད།

ཀྲུང་གུང་ཁྲིན་གོན་ཆུས་སྐབས་དྲུག་པའི་ཏང་ཡོན་འཐུས་མི་ཚོགས་ཆེན་དེ། ༢༠༠༠ལོའི་ཟླ་༡༠པའི་ཚེས་༢༥ནས་༢༨བར་ལྷ་སར་སྐོང་འཚོགས་བྱས་ཡོད་ཅིང་། ཚོགས་འདུར་ཞུགས་མཁན་འཐུས་མི་༡༢༣ཡོད་པ་དེའི་ཁྲོད་ལས་བྱེད་འགོ་ཁྲིད་འཐུས་མི་༧༩དང་། ཞིང་འབྲོག་པའི་འཐུས་མི་༢༨ ཚན་རྩལ་སློབ་གསོའི་འཐབ་ཕྱོགས་ཀྱི་འཐུས་མི་༡༡ བཟོ་པའི་འཐུས་མི་༣ བཅིངས་འགྲོལ་དམག་གི་འཐུས་མི་༢བཅས་ཡོད། བོད་རིགས་དང་གྲངས་ཉུང་མི་རིགས་གཞན་དག་གི་འཐུས་མིས་འཐུས་མི་ཡོངས་ཀྱི་གྲངས་འབོར་གྱི་བརྒྱ་ཆ་༨༠ཡན་ཟིན་ཞིང་། བུད་མེད་འཐུས་མིས་འཐུས་མི་ཡོངས་ཀྱི་གྲངས་འབོར་གྱི་བརྒྱ་ཆ་༢༠ཡན་ཟིན་གྱི་ཡོད།

ཚོགས་འདུའི་ཐོག་འཐུས་མི་བློ་བཟང་གིས་ཀྲུང་གུང་ཁྲིན་གོན་ཆུས་སྐབས་ལྔ་པའི་ཨུ་

ཡོན་ལྷན་ཚོགས་ཀྱི་ཚབ་ཞུས་པའི་ལས་དོན་སྙན་ཞུ་དང་ཀྲུང་གུང་ཁྲིན་ཀོན་ཆུས་སྲིག་ཁྲིམས་ཞིབ་བཤེར་ཨུ་ཡོན་ལྷན་ཁང་གི་ལས་དོན་སྙན་ཞུར་གསན་འཛོག་དང་གྲོས་འཆམ་བྱུང་ཡོད་ཅིང་། ཀྲུང་གུང་ཁྲིན་ཀོན་ཆུས་ཨུད་སྐབས་དྲུག་པའི་ཨུ་ཡོན་ལྷན་ཚོགས་ཀྱི་ཨུ་ཡོན་༢༥དང་རྗེས་སྙོན་ཨུ་ཡོན་༢ དེ་མིན་ཀྲུང་གུང་ཁྲིན་ཀོན་ཆུས་སྲིག་ཨུད་ཨུ་ཡོན་༩བཅས་འདེམས་བསྐོའི་ཁྲིད་བདམས་ཐོན་བྱུང་ཡོད། སྐབས་དྲུག་པའི་ཨུ་ཡོན་ཚང་འཛོམས་གྲོས་ཚོགས་ཐེངས་དང་པོའི་ཐོག་འདེམས་བསྐོ་བྱས་པ་བརྒྱུད་རྒྱུན་ཨུད་མི་༡༠བདམས་ཐོན་བྱུང་ཡོད་ཅིང་། དེའི་ཁྲོད་ཧྲུའུ་ཅི་༡དང་ཧྲུའུ་ཅི་གཞོན་པ་༤ཡོད་ལ། ཀྲུང་གུང་ཁྲིན་ཀོན་ཆུས་སྲིག་ཨུད་འཐུས་མི་ཡོངས་ཀྱིས་ཧྲུའུ་ཅི་༡དང་ཧྲུའུ་ཅི་གཞོན་པ་༡འདེམས་བསྐོ་བྱས་ཡོད།

ཀྲུང་གུང་ཁྲིན་ཀོན་ཆུས་སྐབས་བདུན་པའི་ཏང་ཡོན་འཐུས་མི་ཚོགས་ཆེན་དེ། ༢༠༠༦ལོའི་ཟླ་༧པར《ཆུས་ཨུད་ཀྱི་ཀྲུང་གོ་གུང་ཁྲན་ཏང་ལྷ་ས་གྲོང་ཁྱེར་ཁྲིན་ཀོན་ཆུས་སྐབས་བདུན་པའི་འཐུས་མི་ཚོགས་ཆེན་སྐོར་གྱི་བརྗོད་ཐོའི་》ལྟར་བྱ་གཞིར་བཟུང་། ཆུས་ཡོངས་ལ་འདེམས་བསྐོའི་ཚན་པ་༤ལ་དབྱེ་ནས་འཐུས་མི་མི་གྲངས་༡༣༠ལ་གཏན་འབེབས་བྱུང་བ་དང་།(དེའི་ནང་བཔ་བསྟུན་མི་གྲངས་༢)འཐུས་མི་༡༢༨འདེམས་བསྐོ་བྱས་ཡོད། འཐུས་མིའི་ཁྲོད་ལས་བྱེད་པ་༧༡གིས་འཐུས་མི་ཡོངས་ཀྱི་གྲངས་འབོར་གྱི་བརྒྱ་ཆ་༥༥.༥ཟིན་པ་དང་། སྔོན་ཐོན་མི་སྣ་༡༩ཡིས་འཐུས་མི་ཡོངས་ཀྱི་གྲངས་འབོར་གྱི་བརྒྱ་ཆ་༡༤.༨ཟིན་ལ། ལས་རིགས་ཁག་གི་ཆེད་ལས་ལག་རྩལ་མི་སྣ་༡༤ཡིས་འཐུས་མི་ཡོངས་ཀྱི་གྲངས་འབོར་གྱི་བརྒྱ་ཆ་༡༠.༩ཟིན་ཞིང་། ཞིང་འབྲོག་པ་དང་སྡོད་དམངས་༢༢ཀྱིས་འཐུས་མི་ཡོངས་ཀྱི་གྲངས་འབོར་གྱི་བརྒྱ་ཆ་༡༧.༢ཟིན་པ། བཅིངས་འགྲོལ་དམག་དང་དྲག་ཆས་ཉེན་རྟོག་དམག་དཔུང་༢ཀྱིས་འཐུས་མི་ཡོངས་ཀྱི་གྲངས་འབོར་གྱི་བརྒྱ་ཆ་༡.༦ཟིན་པ། ལོ་ན་༤༥མན་གྱི་མི་༧༨ཀྱིས་འཐུས་མི་ཡོངས་ཀྱི་གྲངས་འབོར་གྱི་བརྒྱ་ཆ་༦༠.༩ཟིན་པ། བུད་མེད་འཐུས་མི་༣༧གྱིས་འཐུས་མི་ཡོངས་ཀྱི་གྲངས་འབོར་གྱི་བརྒྱ་ཆ་༢༨.༩ཟིན་པ། ཆེད་ཚན་སློབ་ཆེན་ཡན་གྱི་ཡོན་ཚད་ཡོད་པའི་མི་སྣ་༦༩ཡིས་འཐུས་མི་ཡོངས་ཀྱི་གྲངས་འབོར་གྱི་བརྒྱ་ཆ་༥༣.༩ཟིན་པ། རྒྱ་རིགས་༣༣གྱིས་འཐུས་མི་ཡོངས་ཀྱི་གྲངས་འབོར་གྱི་བརྒྱ་ཆ་༢༥.༨ཟིན་པ། གྲངས་ཉུང་མི་རིགས་གཞན་དག་༩༥ཀྱིས་འཐུས་མི་ཡོངས་ཀྱི་གྲངས་འབོར་གྱི་བརྒྱ་ཆ་༧༤.༢བཅས་ཟིན་ཡོད།

ཀྲུང་གྲུང་ལྷ་ས་གྲོང་ཁྱེར་ཁྲིན་ཀོན་ཚུས་སྐབས་བདུན་པའི་འཐུས་མི་ཚོགས་ཆེན་དེ་༢༠༠༨ལོའི་ཟླ་༧པའི་ཚེས་༡༤ནས་༢༠བར་འཚོགས་ཤིང་། འཐུས་མི་༡༢༤ཚོགས་འདུར་ཞུགས་ཡོད། རབ་བརྟན་གྱིས《ལེགས་ཚ་འདོན་སྤེལ། ཁྱད་ཆོས་འབྱུར་ཐོན། བསམ་བློ་གསར་གཏོད། གཙོ་གནད་ཐོད་རྐལ་བཅས་བྱས་ནས་འཕྱུར་མཆོངས་རང་བཞིན་གྱི་འཕེལ་རྒྱས་དང་གཞི་མཐུན་གྱི་ཁྲིན་ཀོན་བསྐྲུན་ཆེད་འབད་བརྩོན་ལྷུར་ལེན་བྱེད་དགོས》ཞེས་པའི་ལས་དོན་སྙན་ཞུ་བསྒྲོན་པ་དང་། ཟླ་བས་སྒྲིག་ཞུད་ཀྱི་ལས་དོན་སྙན་ཞུ་བསྒྲོན་ཡོད། ཚོགས་ཆེན་ཐོག་ཚུས་ཞུད་ཞུ་ཡོན་༢༣དང་རྗེས་སྣོན་ཞུ་ཡོན་༥འདེམས་བསྐོ་བྱས་ཡོད་ལ། དེ་མིན་སྒྲིག་ཞུད་ཞུ་ཡོན་༡༣འདེམས་བསྐོ་བྱས་ཡོད།

ཀྲུང་གྲུང་ཁྲིན་ཀོན་ཚུས་སྐབས་བརྒྱད་པའི་ཧང་ཡོན་འཐུས་མི་ཚོགས་ཆེན་དེ། ༢༠༡༡ལོའི་ཟླ་༨པར《ཚུས་ཞུད་ཀྱི་ཀྲུང་གོ་གྲུང་ཁྲན་ཧང་ལྷ་ས་གྲོང་ཁྱེར་ཁྲིན་ཀོན་ཚུས་སྐབས་བརྒྱད་པའི་འཐུས་མི་ཚོགས་ཆེན་སྐོར་གྱི་བརྗོད་ཐོའི》སླད་བྱ་གཞིར་བཟུང་། ཚུས་ཡོངས་ལ་འདེམས་བསྐོའི་ཚན་པ་༥༤ལ་དབྱེ་ནས་འཐུས་མི་མི་གྲངས་༡༣༠ལ་གཏན་འབེབས་བྱུང་བ་དང་།(དེའི་ནང་བབ་བསྟུན་མི་གྲངས་༣)འཐུས་མི་༡༢༧འདེམས་བསྐོ་བྱས་ཡོད། འཐུས་མིའི་ཁྲོད་ལས་བྱེད་པ་༧༡གིས་འཐུས་མི་ཡོངས་ཀྱི་གྲངས་འབོར་གྱི་བརྒྱ་ཆ་༥༥.༩ཟིན་པ་དང་། སྟོན་ཐོན་མི་སྣ་༡༩ཡིས་འཐུས་མི་ཡོངས་ཀྱི་གྲངས་འབོར་གྱི་བརྒྱ་ཆ་༡༤.༩ཟིན་ཞིང་། ལས་རིགས་ཁག་གི་ཆེད་ལས་ལག་རྩལ་མི་སྣ་༡༡གིས་འཐུས་མི་ཡོངས་ཀྱི་གྲངས་འབོར་གྱི་བརྒྱ་ཆ་༤.༧ཟིན་ལ། ཞིང་འབྲོག་པ་དང་སྔོད་དམངས་འཐུས་མི་༢༤ཡིས་འཐུས་མི་ཡོངས་ཀྱི་གྲངས་འབོར་གྱི་བརྒྱ་ཆ་༡༤.༩ཟིན་པ། བཅིངས་འགྲོལ་དམག་དང་དྲག་ཆས་ཞེན་རྟོག་དམག་དཔུང་༢གྱིས་འཐུས་མི་ཡོངས་ཀྱི་གྲངས་འབོར་གྱི་བརྒྱ་ཆ་༡.༦ཟིན་པ། ལོ་ན་༥༥མན་གྱི་མི་༤༡གིས་འཐུས་མི་ཡོངས་ཀྱི་གྲངས་འབོར་གྱི་བརྒྱ་ཆ་༨༥ཟིན་པ། བུད་མེད་འཐུས་མི་༣༥ཡིས་འཐུས་མི་ཡོངས་ཀྱི་གྲངས་འབོར་གྱི་བརྒྱ་ཆ་༢༤ཟིན་པ། ཆེད་ཚན་སློབ་ཆེན་ཡན་གྱི་མི་སྣ་༤༨གིས་འཐུས་མི་ཡོངས་ཀྱི་གྲངས་འབོར་གྱི་བརྒྱ་ཆ་༨༤ཟིན་པ། རྒྱ་རིགས་༥༥ཡིས་འཐུས་མི་ཡོངས་ཀྱི་གྲངས་འབོར་གྱི་བརྒྱ་ཆ་༣༩.༨ཟིན་པ། གྲངས་ཉུང་མི་རིགས་གཞན་དག་༤༣གྱིས་འཐུས་མི་ཡོངས་ཀྱི་གྲངས་འབོར་གྱི་བརྒྱ་ཆ་༨༥.༥བཅས་ཟིན་ཡོད།

ཀྲུང་གུང་ལྷ་ས་གྲོང་ཁྱེར་ཁྲིན་གོན་ཚུས་སྐབས་བརྒྱད་པའི་འཐུས་མི་ཚོགས་ཆེན་དེ། ༢༠༡༡ལོའི་ཟླ་༨པའི་ཚེས་༡༣ནས་༡༤བར་འཚོགས་ཡོད་ཅིང་། འཐུས་མི་༡༢༧ཚོགས་འདུར་ཞུགས་ཡོད། འཕྲིན་ལས་རྗེ་རྗེས《གཙོ་དོན་གྱི་མཐའ་སྐོར་བ་དང་འཕེལ་རྒྱས་མགྱོགས་སུ་གཏོང་བ། བརྟན་བརྟིང་ལ་འགན་ལེན་ཏན་ཏིག་བྱས་ཏེ། ཕྱོགས་ཡོངས་ནས་འགྱུར་འཕྲིང་ཁྲིན་གོན་དང་དུས་བདེའི་ཁྲིན་གོན། གཞི་མཐུན་ཁྲིན་གོན། འབྱུང་ཁམས་ཁྲིན་གོན་བཅས་འཛུགས་སྐྲུན་བྱེད་དགོས་》ཞེས་པའི་ཚུས་ཞུད་ཀྱི་ལས་དོན་སྙན་ཞུ་བསྒྲོན་པ་དང་། བློ་བཟང་ཉི་མས་སྲིག་ཞུད་ཀྱི་ལས་དོན་སྙན་ཞུ་བསྒྲོན་ཡོད། ཚོགས་ཆེན་ཐོག་ཚུས་ཞུད་ཞུ་ཡོན་༢༥དང་རྗེས་སྣོན་ཞུ་ཡོན་༥འདེམས་བསྐོ་བྱས་ཡོད་ལ། སྲིག་ཞུད་ཞུ་ཡོན་༡༢འདེམས་བསྐོ་བྱས་ཡོད།

ཀྲུང་གུང་ཁྲིན་གོན་ཚུས་སྐབས་དགུ་པའི་ཏང་ཡོན་འཐུས་མི་ཚོགས་ཆེན། ༢༠༡༦ལོའི་ཟླ་༦པར《ཚུས་ཞུད་ཀྱི་ཀྲུང་གོ་གུང་ཁྲན་ཏང་ལྷ་ས་གྲོང་ཁྱེར་ཁྲིན་གོན་ཚུས་སྐབས་བརྒྱད་པའི་འཐུས་མི་ཚོགས་ཆེན་སྐོར་གྱི་བཅའ་ཐོའི་》རེ་བ་གཞིར་བཟུང་། ཚུས་ཡོངས་ལ་འདེམས་བསྐོའི་ཚན་པ་༢༧ལ་དབྱེ་ནས་འཐུས་མི་མི་གྲངས་༢༤༠ལ་གཏན་འབེབས་བྱུང་བ་དང་།(དེའི་ནང་བབ་བསྟུན་མི་གྲངས་༡༠)འཐུས་མི་༢༣༠འདེམས་བསྐོ་བྱས་ཡོད།

འཐུས་མིའི་ཁྲོད་ལས་བྱེད་པ་༡༡༦གིས་འཐུས་མི་ཡོངས་ཀྱི་གྲངས་འབོར་གྱི་བརྒྱ་ཆ་༥༠.༤ཟིན་པ་དང་། སློབ་ཐོན་མི་སྣ་༣༥ཡིས་འཐུས་མི་ཡོངས་ཀྱི་གྲངས་འབོར་གྱི་བརྒྱ་ཆ་༡༥.༣ཟིན་ཞིང་། ཆེད་ཚན་ལག་རྩལ་མི་སྣ་༢༥ཡིས་འཐུས་མི་ཡོངས་ཀྱི་གྲངས་འབོར་གྱི་བརྒྱ་ཆ་༡༠.༤ཟིན་ལ། ཞིང་འབྲོག་པ་དང་སྤོད་དམངས་འཐུས་མི་༥༣གྱིས་འཐུས་མི་ཡོངས་ཀྱི་གྲངས་འབོར་གྱི་བརྒྱ་ཆ་༢༣ཟིན་པ། བཅིངས་འགྲོལ་དམག་དང་དྲག་ཆས་ཉེན་རྟོག་དམག་དཔུང་༢ཀྱིས་འཐུས་མི་ཡོངས་ཀྱི་གྲངས་འབོར་གྱི་བརྒྱ་ཆ་༡ཟིན་པ། ལོ་ན་༤༥མན་གྱི་མི་༡༧༡གིས་འཐུས་མི་ཡོངས་ཀྱི་གྲངས་འབོར་གྱི་བརྒྱ་ཆ་༧༤ཟིན་པ། བུད་མེད་འཐུས་མི་༩༧གྱིས་འཐུས་མི་ཡོངས་ཀྱི་གྲངས་འབོར་གྱི་བརྒྱ་ཆ་༤༢ཟིན་པ། ཆེད་ཚན་སློབ་ཆེན་ཡན་གྱི་མི་སྣ་༡༦༦གིས་འཐུས་མི་ཡོངས་ཀྱི་གྲངས་འབོར་གྱི་བརྒྱ་ཆ་༧༢ཟིན་པ། རྒྱ་རིགས་༧༣གྱིས་འཐུས་མི་ཡོངས་ཀྱི་གྲངས་འབོར་གྱི་བརྒྱ་ཆ་༣༣ཟིན་པ། གྲངས་ཉུང་མི་རིགས་གཞན་དག་༡༥༧གྱིས་འཐུས་མི་ཡོངས་ཀྱི་གྲངས་འབོར་གྱི་བརྒྱ་ཆ་༦༨བཅས་ཟིན་ཡོད།

ཀྲུང་གུང་ལྷ་ས་གྲོང་ཁྱེར་ཁྲིན་ཀོན་ཆུས་སྐབས་དགུ་པའི་འཁྲུས་མི་ཚོགས་ཆེན་དེ། ༢༠༡༨ལོའི་ཟླ་༦པའི་ཚེས་༡༨ནས་༢༠བར་འཚོགས་ཤིང་། འཁྲུས་མི་༢༣༠ཚོགས་འདུར་ཞུགས་ཡོད། གོ་གོག་གིས《ཕན་སར་བརྩོན་ནས་བྱས་རྗེས་གསར་པ་འཛུགས །སྔོན་དུ་བསྐྱོད་ནས་ལེའུ་གསར་པ་རྩོམ། །ཇོག་རྩ་བསྒྲིལ་ནས་འཕེལ་རྒྱས་དམ་པོར་འཛིན། །མཐུན་སྒྲིལ་འབད་བརྩོན་བྱས་ནས་འགྲོར་འབྲིང་ཕྱོགས་སུ་ཐོན་》ཞེས་པའི་ཆུས་ཤུད་ཀྱི་ལས་དོན་སྣན་ཞུ་སྦྲོན་པ་དང་། སྲུའི་ཤིང་གོ་ཡིས་སྒྲིག་ཤུད་ཀྱི་ལས་དོན་སྣན་ཞུ་སྦྲོན་ཡོད། ཚོགས་ཆེན་ཐོག་ཆུས་ཤུད་ཨུ་ཡོན་༢༨དང་རྗེས་སྡོན་ཨུ་ཡོན་༥འདེམས་བསྐོ་བྱས་ཡོད་ལ། སྒྲིག་ཤུད་ཨུ་ཡོན་༡༣འདེམས་བསྐོ་བྱས་ཡོད།

ཚན་བཞི་པ། ཁམ་ཏེ་རོ། ཡུལ་ཚོགས་པ། ཞ་གཞུག་ཁ་ཐེམ་རྒྱ་པ།

བོད་ཞི་བས་བཅིངས་འགྲོལ་མ་བཏང་གོང་། ཁྲིན་ཀོན་ཆུས་འདི་ཉིད་དུས་ཡུན་རིང་པོའི་ནང་ཞིང་འབྲོག་དང་རང་བྱུང་དཔལ་འབྱོར་རྗེས་ལུས་ཀྱི་རྣམ་པར་ལུས་ཡོད་ཅིང་། ཐོན་སྐྱེད་རྒྱུ་ཆ་ཞིང་བྲན་བདག་པོར་ཡོངས་སུ་དབང་བ་མ་ཟད། རྒྱ་ཆེའི་ཞིང་བྲན་རྣམས་དཔོན་རིགས་དང་ཞིང་བྲན་བདག་པོ། དགོན་སྡེ་ཁག་གི་རྩུབ་སྤྱོད་བཅས་ཀྱི་འོག་མི་ལྟར་ཚ་བའི་ཉམ་ཐག་གི་འཚོ་བ་སྐྱེལ་བཞིན་ཡོད།

དམངས་གཙོའི་བཅོས་སྒྱུར་གྱི་དུས་འགོར་གྲོང་ཁྱེར་ཁུལ་གྱི་སྤྱིའི་རྒྱ་ཁྱོན་སྟོང་སྨིད་ངོས་སྨོམས་གྲུ་བཞི་མ་༢ལས་མེད་ཙང་། ད་ལྟའི་ཆར་སྤྱིའི་རྒྱ་ཁྱོན་སྟོང་སྨིད་ངོས་སྨོམས་གྲུ་བཞི་མ་༥༠ལྷག་ཙམ་དུ་འཕེལ་རྒྱས་བྱུང་ཡོད། ལྷ་ས་ནི་བོད་རང་སྐྱོང་ལྗོངས་ཀྱི་ལྟེ་བའི་གྲོང་ཁྱེར་ཞིག་ཏུ་གྱུར་ཡོད་པས་ན། ཉེ་བའི་ལོ་ཤས་རིང་གྲོང་ཁྱེར་ཁུལ་གྱི་འཛུགས་སྐྲུན་རྣམ་གྲངས་ལ་མཐོང་ཆེན་དུ་བཟུང་ནས། དམངས་གཙོའི་བཅོས་སྒྱུར་མ་བྱས་སྔོན་གྱི་བཙོག་ཆུ་གང་སར་རྒྱུག་པ་དང་། གད་སྙིགས་གང་སར་སྤུངས་བ་སོགས་ཀྱི་རྣམ་པ་ཐག་གཙོད་བྱས་ནས། གྲོང་ཁྱེར་ཡོངས་སུ་གཙང་ཞིང་གྲལ་སྒྲར་སྒྲིག་པའི་ཐོག་བརྩེགས་ཁང་ཆེན་དང་ཡངས་ཤིང་ཁོད་སྙོམས་པའི་སྐམ་ནག་གཞུང་ལམ་བཟོས་ཡོད་པ་མ་ཟད། ལམ་ཁའི་གཡས་གཡོན་དུ་སྔོ་ལྗང་ཅན་གྱི་རྩྭ་དང་རྩི་ཤིང་གིས་ཁེངས་པ་དང་། གྲོང་ཁུལ་གྱི་སྲང་ལམ་ཁག་ལ་རྗེ་གཙལ་བཏིང་ཡོད་ཅིང་། གློག་འོད་འོག་གི་མཚན་ལྗོངས་ཡིད་དབང་འཕྲོག་ལ། ཕར་འགྲོ་ཚུར་འོང་གི་ཀླུངས་འཁོར་འདུ་ལོང་འཁྲུག་པ་སོགས་གནམ་ས་གླ་འོག་ལྟ་བུའི་འཕོ་འགྱུར་བྱུང་ཡོད། དེ་བས་ཀྱང་རྩོད་ཆད་བར་སྐོར་ཁྲིམ་ལམ་མ་གཏོགས་མེད་པ་ནས་ད་ལྟའི་ཆར། གཡུ་ཐོག་ལམ་དང་། པེ་ཅིན་ལམ། བཅིངས་འགྲོལ་ལམ། རྡོ་སེང་གེ་ལམ། ཉང་བྲན་ལམ། དོག་བདེ་ལམ། གྲོང་སྐོར་ལམ་སོགས་གསར་དུ

བསྐྲུན་ཡོད་པ་མ་ཟད། ལམ་གཞུང་གཡས་གཡོན་དུ་ཚོང་ཁང་ཆེ་འབྲིང་ཆུང་གསུམ་དང་། གསོལ་མགྲོན་ཁང་། རོལ་རྩེད་ཁང་། བཟོ་གྲྭ། དངུལ་ཁང་། སྨྲག་སྲིད། སློབ་གྲྭ། སྨན་ཁང་། དེ་མིན་སྤྲོ་གསེང་བྱེད་གནས་སོགས་ཤིན་ཏུ་མཛེས་པའི་འཛུགས་སྐྲུན་གྱི་བཀོད་པས་ཁེངས་པ་དེས་གནའ་ཉམས་ལྡན་པའི་ལྷ་ས་ལ་དེང་རབས་ཅན་གྱི་རྣམ་པ་གསར་རྒྱུད་ཞིག་རྒྱུན་དུ་སྤྲས་ཡོད། དེ་དང་དུས་མཚུངས་རྒྱལ་ཁབ་ཀྱིས་ཆེད་དངུལ་བཏང་ནས་ཕོ་བྲང་པོ་ཏ་ལ་དང་གཙུག་ལག་ཁང་ཉམས་བཟོ་གནང་བ་མ་ཟད། ཉམས་ཉེས་སུ་སོང་བའི་གནའ་ཤུལ་དང་དགོན་སྡེ(དེའི་ནང་དབྱི་སི་ལན་ཆོས་ཁང་ཡང་ཚུད་ཡོད་)ཁག་ཉམས་གསོ་གནང་ནས་རྒྱུན་གཏན་རང་བཞིན་གྱི་ཆོས་ལུགས་བྱེད་སྒོ་སྤེལ་རྒྱུར་སྲུང་སྐྱོབ་དང་མཐུན་རྐྱེན་བསྐྲུན་ཡོད་ཅིང་། ཁང་རྙིང་ཉམས་བཟོ་བྱས་པའམ་ཡང་ན་བསྐྱར་བསྐྲུན་བྱས་པར་བརྟེན་གྲོང་ཁྱེར་དང་གྲོང་གསེབ་ཀྱི་སྡོད་མིའི་འཚོ་བའི་ཆ་རྐྱེན་ལ་ལེགས་བཅོས་ཆེན་པོ་བྱུང་ཡོད།

དང་པོ། བཟོ་ལས་འཕེལ་རྒྱས།

ཞི་བས་བཅིངས་འགྲོལ་མ་བཏང་གོང་དུ། དོག་བདེ་ཆུ་སློག་ས་ཚིགས་དང་། གྲྭ་བཞི་འཕྲུལ་སློག་བཟོ་གྲྭ །དངུལ་དང་ལྕགས། ཟངས་བཅས་ལས་སྟོན་བྱེད་པའི་ཞོལ་འདོད་དཔལ་བཅས་ནི་ལྷ་ས་ཁུལ་གྱི་བཟོ་ལས་བྱེད་ཁུལ་ཡིན། བོད་ཞི་བས་བཅིངས་འགྲོལ་བཏང་རྗེས། དོག་བདེ་སློག་ཁང་དང་ཐྲང་འཁོར་ཉམས་གསོ་བཅས་ཀྱི་བཟོ་གྲྭ་བསྐྱར་བསྐྲུན་བྱས་ཡོད། ད་ལྟའི་བར་ཁྲིན་གོན་ཆུས་ཀྱི་ཉེ་ཁུལ་དུ་བོད་རང་སྐྱོང་ལྗོངས་དང་ལྷ་ས་གྲོང་ཁྱེར་གྱིས་དོ་དམ་བྱེད་པའི་བཟོ་གྲྭ་ཁག་དང་། གཏེར་ཁའི་ཁེ་ལས་ཕུད། ཁྲིན་གོན་ཆུས་ཀྱི་མངའ་ཁོངས་སུ་འཕྲུལ་འཁོར་ཉམས་བཟོ་དང་། ཁ་གདན་ལས་སྟོན། འབྲུ་རིགས་ལས་སྟོན། ཁྱིམ་ཆས་ཐོན་རྫས་སོགས་ཁེ་ལས་ཆེ་ཆུང་རིགས་མི་འདྲ་བ་དུ་མ་ཡོད་པ་མ་ཟད། ཤང་དང་དོན་གཅོད་ཁང་གི་མངའ་འོག་ཏུ་རྗེ་ལས་སྟོན་དང་། འབྲུ་རིགས་ལས་སྟོན། མི་རིགས་ལག་ཤེས་སོགས་ཤང་གྲོང་ཁེ་ལས་མི་ཉུང་བ་ཞིག་ཡོད། ༢༠༡༧ལོ་བར་ཁྲིན་གོན་ཆུས་ལ་གཞི་བྱིན་ཡན་གྱི་བཟོ་ལས་འཕར་ཚད་སྒོར་དུང་ཕྱུར་༡༣.༢༣༧༨༧མངོན་གྱུར་བྱུང་ཡོད་ཅིང་། ལོ་གོང་མ་དང་བསྡུར་ན་བརྒྱ་ཆ་༢༣.༥འཕར་ཡོད།

གཉིས་པ། ཞིང་ལས་འཕེལ་རྒྱས།

དམངས་གཙོའི་བཅོས་སྒྱུར་མ་བྱས་གོང་དུ། དཔྱིད་འདེབས་བྱེད་པའི་གོམས་གཤིས་ནི་ཞིང་ལས་ཀྱི་ལས་སྒོ་ཉག་གཅིག་དེ་ཡིན་ཞིང་། ཞིང་ལས་ཐོན་སྐྱེད་ཀྱི་རྣམ་པ་ཤིན་ཏུ་རྗེས་ལུས་ཅན་ཞིག་ཡིན། ༡༩༨༦ལོར་དགུན་གྲོའི་འདེབས་འཛུགས་ལེགས་གྲུབ་བྱུང་ནས་དགུན་གྲོ་འདེབས་རྒྱ་འགོ་ཚུགས། ད་ལྟའི་ཆར་གྲོང་ཁྱལ་འཛུགས་སྐྲུན་གྱི་རྐྱེན་པས་ས་ཞིང་གི་རྒྱ་ཁྱོན་ཇེ་ཉུང་དུ་འགྲོ་བཞིན་ཡོད་མོད། ཚན་རིག་གི་འདེབས་གསོའི་ཐབས་ལམ་ལག་བསྟར་བྱས་རྗེས། འབྲུ་རིགས་ཀྱི་ཐོན་འབབ་སྔར་ལས་མཐོ་རུ་ཕྱིན་ཡོད། ༡༩༩༨ལོར་ཁྲིན་ཀོན་ཆུས་ཀྱི་གཤམ་འོག་ཤང་གྲོང་༦དང་གྲོང་ཚོ་༣༨གི་ས་ཞིང་རྒྱ་ཁྱོན་ནི་མུའུ་༢༣༣༧༤དང་། དེའི་ཐོན་འབབ་ནི་རྒྱ་མ་ཁྲི་༡༣༥༢.༢༡ཡིན་ཞིང་། ཆ་སྙོམས་མུའུ་རེ་ནས་འབྲུ་རིགས་རྒྱ་མ་༥༧༤.༦ཐོན་བཞིན་ཡོད་པ་དང་། ཚལ་ཞིང་མུའུ་༧༧༥༦ཡོད་པ། ཚལ་ཞིང་གི་ཐོན་འབབ་ནི་རྒྱ་མ་༦༢༣༤.༨༤ལ་སླེབས་ཡོད་པ་མ་ཟད། དོག་བདེའི་ཆུ་མཛོད་(ཆུ་མཛོད་དང་པོ་)དང་གནས་ནང་ཆུ་མཛོད། (ཆུ་མཛོད་གཉིས་པ་)ཉང་བྲན་ཆུ་མཛོད། ཚལ་གུང་ཐང་དཔལ་ཐིགས་ཀྱི་ཆུ་མཛོད་སོགས་གསར་སྐྲུན་བྱས་ནས། ཁྱོན་ས་ཞིང་མུའུ་ལྔ་སྟོང་ལྷག་ཙམ་ལ་ཞིང་ཆུ་འདྲེན་རྒྱུ་མངོན་གྱུར་བྱུང་ཡོད་ལ། ཤང་དང་གྲོང་རྣལ་ཁག་གིས་ཀྱང་རང་ཉིད་ཀྱི་མངའ་ཁོངས་སུ་ཆུ་མཛོད་དང་ཆུ་ཡུར་ཆེ་འབྲིང་ཆུང་གསུམ་བསྐྲུན་ནས་ཐན་སྐྱོན་འགྱུར་སྐབས་ཞིང་ཆུ་འདྲེན་པའི་ལས་ཀར་ཕན་ནུས་ཤུགས་ཆེན་ཐོན་ཡོད། ཁྲིན་ཀོན་ཆུས་ཀྱི་མངའ་ཁོངས་སུ་རྩྭ་རའི་རྒྱ་ཁྱོན་མུའུ་༥༠.༧༤༨༨ཡོད། (དེའི་ནང་ལྷ་ཀླུ་འདམ་རའི་རྒྱ་ཁྱོན་མུའུ་༧༣༠ཡང་ཚུད་ཡོད་)དམངས་གཙོའི་བཅོས་སྒྱུར་བྱས་པ་དང་ལྷག་པར་དུ་བསྒྱུར་བཅོས་སྒོ་དབྱེ་བྱས་རྗེས་སུ་རྒྱུད་བཟང་ཕྱུགས་རིགས་སྤེལ་བའི་ཚན་རིག་གི་གསོ་ཚགས་ལག་རྩལ་སྐྱུལ་སྤེལ་ཤུགས་ཆེན་བཏང་ནས་འབྲོག་ལས་འཕེལ་རྒྱས་ཆེན་པོ་བྱུང་ཡོད། ལོ་ལྟར་ལས་བྱེད་ལས་བཟོ་(དེའི་ནང་གྲོང་ཁྱེར་ཐད་གཏོགས་ཀྱི་ལས་བྱེད་ལས་བཟོ་བ་ཡང་ཚུད་ཡོད།)དང་། བོད་སྟོད་དམག་དཔུང་། གྲོང་མི་སོགས་ཀྱི་ཤིང་འཛུགས་ནགས་བཟོ་དང་གྲོང་ཁྱལ་སྤོ་ལྗང་ཅན་གྱི་འཛུགས་སྐྲུན་བྱེད་པའི་ལས་ཀར་གྲུབ་འབྲས་ཕུལ་དུ་བྱུང་བ་ཐོབ་ནས་ཁྲིན་ཀོན་ཆུས་ཀྱི་མངའ་ཁོངས་སུ་ནགས་ཤིང་གི་རྒྱ་ཁྱོན་མུའུ་༣༡༩༧ཆགས་ཡོད། དེ་དང་དུས་མཚུངས་རང་བྱུང་གི་རྩྭ་དང་རྩི་ཤིང་ལ་

ཡང་སྲུང་སྐྱོབ་ནན་པོ་བྱ་རྒྱུ་ལག་བསྟར་བྱས་ཡོད།

༡༩༥༩ལོ་ནས་༡༩༦༥ལོ་བར། ལྷ་སའི་གྲོང་ཁྱུལ་དྲུག（གྲོང་ཁྱེར་གྱི་ཉེ་འཁོར་）དང་ཏང་ཨུད་སྲིད་གཞུང་། ཁྲིན་ཀོན་ཆུས་ཨུད། ཁྲིན་ཀོན་ཆུས་མི་དམངས་སྲིད་གཞུང་བཅས་ཀྱི་སྣེ་ཁྲིད་འོག་ཟིང་འཁྲུག་ཞོད་འཛུགས་བྱེད་པ་དང་དུས་མཚུངས་དམངས་གཙོའི་བཅོས་བསྒྱུར་བྱས་ནས་བཀས་བཀོད་རྒྱུད་འཛིན་ཞིང་བྲན་ལམ་ལུགས་མགོ་རྟིང་བསློགས་ཏེ་རང་ཁྱིམ་རང་བདག་མངོན་གྱུར་བྱུང་ཡོད་པ་མ་ཟད། མི་རིགས་ལག་ཤེས་བཟོ་ལས་དང་ཞིང་འབྲོག་པའི་སྐོར་ལ་དབང་བའི་ལམ་ལུགས་ལག་བསྟར་བྱས་ནས་ཐོན་སྐྱེད་ནུས་ཤུགས་ལ་བཅིངས་འགྲོལ་བཏང་ཡོད་པ་མ་ཟད། སྤྱི་ཚོགས་དང་དཔལ་འབྱོར་འཕེལ་རྒྱས་ལ་སྐུལ་འདེད་བཏང་ཡོད། ༡༩༦༥ལོར་ཁྲིན་ཀོན་ཆུས་ཀྱི་འབྲུ་རིགས་སྤྱིའི་ཐོན་འབོར་སྟོང་ཁེ་ཁྲི་༥༥༠.༩༥ཟིན་པ་དང་། སྒོ་ཕྱུགས་ཁྲི་༢.༧༥ཡོད་པ། གྲོང་གསེབ་དཔལ་འབྱོར་སྤྱིའི་ཡོང་འབབ་སྒོར་ཁྲི་༢༩༢.༥༥ཟིན་པ། མི་རེའི་ཆ་སྙོམས་ཡོང་འབབ་སྒོར་༢༢༣བཅས་ཟིན་ཡོད།

༡༩༦༦ལོ་ནས་༡༩༧༨ལོ་བར། ཁྲིན་ཀོན་ཆུས་ཀྱིས་སྤྱི་ཚོགས་རིང་ལུགས་བསྒྱུར་བཀོད་བྱས་ནས། སྤྱི་ཚོགས་རིང་ལུགས་སྤྱི་ལ་དབང་བ་གཙོ་བོར་བྱས་པའི་སྤྱི་ཚོགས་རིང་ལུགས་དཔལ་འབྱོར་ལམ་ལུགས་ཐོག་མར་འཛུགས་སྐྲུན་བྱས་ཡོད། ལས་དོན་འདིར་"རིག་གསར"སྐབས་ཤུགས་རྐྱེན་ཐེབས་ནས་ནོར་འཛོལ་ཅུང་ཟད་ཐོན་མྱོང་མོད། འོན་ཏེ"ཞིང་ལས་ཏ་ཀྲེར"སློབ་སྦྱོང་བྱེད་པ་དང"བཟོ་ལས་ཏ་ཆིང"ལ་སློབ་སྦྱོང་བྱེད་པ་སོགས་མང་ཚོགས་ཀྱི་ལས་འགུལ་འོག་ཁྲིན་ཀོན་ཆུས་ཀྱི་དཔལ་འབྱོར་དང་སྤྱི་ཚོགས་ལ་འཕེལ་རྒྱས་ཅུང་ཟད་ཐེབས་ཡོད། ༡༩༧༨ལོར་ཁྲིན་ཀོན་ཆུས་ཀྱི་འབྲུ་རིགས་ལ་ཐན་སྐྱོན་ཤུགས་ཆེན་དང་འབུ་སྐྱོན་བྱུང་ནས་ཐོན་འབབ་ཆག་པ་མ་གཏོགས་སྒོ་ཕྱུགས་གྲངས་༩༨༥ཡི་གྲངས་ཚད་འདི་༡༩༦༥ལོ་དང་བསྡུར་ན་འཕར་ཚད་བརྒྱ་ཆ་༧༦.༦༣ཟིན་ཞིང་། གྲོང་གསེབ་ཀྱི་དཔལ་འབྱོར་སྤྱིའི་ཡོང་འབབ་སྒོར་ཁྲི་༥༠༡.༩ཟིན་པ་འདི་༡༩༦༥ལོ་དང་བསྡུར་ན་འཕར་ཚད་བརྒྱ་ཆ་༡༡༠ཟིན་ཡོད་ལ། ཞིང་འབྲོག་པ་མི་རེའི་ཆ་སྙོམས་ཡོང་འབབ་༣༡༣.༦ཟིན་པ་དེ་༡༩༦༥ལོ་དང་བསྡུར་ན་འཕར་ཚད་བརྒྱ་ཆ་༧༦.༥ཟིན་ཡོད།

གྲོང་ཁྱེར་དང་གྲོང་གསེབ་གཞི་གཅིག་ཅན་གྱི་འཕེལ་རིམ་ཇེ་མགྱོགས་སུ་གཏོང་བ་དང་

བསྟུན་ནས་ཞིང་འབྲོག་ལས་ཀྱི་གྲུབ་ཆར་སྤར་ལས་ལྷག་པའི་ལེགས་སྒྱུར་དང་ཞིང་འབྲོག་པའི་ཁྱད་ལྡན་ཐོན་ལས་ལ་སྤར་ལས་ལྷག་པའི་འཕེལ་རྒྱས་བྱུང་སྟེ། ཁྲིན་ཀོན་ཆུས་ཀྱི་འབྲུ་རིགས་དཔལ་འབྱོར་གྱི་བསྡུར་ཚད་སྟོན་མའི་༣༣:༥༧:༡༠ནས་ད་ལྟའི་༢༩:༦༥:༡༡བར་སྙོམས་སྒྲིག་བྱུང་ཡོད། ༢༠༡༥ལོར་ཁྲིན་ཀོན་ཆུས་ལ་གྲོང་གསེབ་ཐེམ་དུད་གྲངས་༩༡༠༧ཡོད་པའི་ཁྲོད་དུ་ཞིང་པ་ཐེམ་དུད་༩༨༢༩དང་འབྲོག་པའི་ཐེམ་དུད་༨༣ཡོད་ཅིང་། ཞིང་འབྲོག་མི་འབོར་སྤྱིའི་བསྡོམས་གྲངས་༡༣༨༩༣ཡོད་པའི་ནང་ན་ཞིང་པའི་མི་གྲངས་༡༣༥༦༥དང་འབྲོག་པའི་མི་གྲངས་༢༧༨ ད་ཡོད་ཀྱི་ངལ་རྩོལ་ནུས་ཤུགས་མི་གྲངས་༡༢༠༥༥བཅས་ཡོད།

གསུམ་པ། ནགས་ལས་ཐོན་རྫས་ཚོང་གཉེར།

ལྷ་ས་གྲོང་ཁྱེར་ཁྲིན་ཀོན་ཆུས་ཀྱི་དཔལ་འབྱོར་ནགས་ཤིང་གཙོ་བོ་ནི་ཀུ་ཤུ་དང་སྟར་ཁ། ཁམ་བུ་བཅས་ཡིན་ཅིང་། དེ་དག་ཧ་ཆེན་ཤིང་དང་ཚལ་གུང་ཐང་ཤིང་། དོག་བདེ་ཤིང་། ཉང་བྲན་ཤིང་། ཀུན་བདེ་གླིང་དོན་གཅོད་ཁྲུའུ། སྐྱིད་རས་དོན་གཅོད་ཁྲུའུ། རྗེ་འབུམ་སྒང་དོན་གཅོད་ཁྲུའུ་ཁོངས་སུ་གནས་ཡོད། མངའ་ཁོངས་སུ་ད་ལྟ་ཐོན་འབབ་ཆེ་ཤོས་གཙོ་བོ་ནི་ཁམ་བུ་ཡིན།

དུས་རབས་༢༠པའི་ལོ་རབས་༧༠པར་འབྲས་ཤིང་ལས་དོན་པས་ཁམ་བུ་སྐྱུར་མོ་དང་བོད་གཅིག་པུར་ཡོད་པའི་རི་སྐྱེས་ཁམ་བུ་རྒྱུད་འདྲེས་བྱས་ཏེ། ལེགས་སྒྲུག་ངན་དོར་གྱི་འདེབས་གསོའི་ཚད་གཞི་སྤྱད་ནས་ལོ་མང་འདེབས་གསོ་བྱས་པ་བརྒྱུད་བྲོ་བ་མངར་མོ་གཙོ་བོར་བྱས་པའི་ཁམ་བུ་གསར་པ་སྟེ། ལྷ་སའི་ཁམ་བུ་འདེབས་གསོ་བྱེད་ཐུབ་པ་བྱུང་ཡོད། རིམ་ཁག་གི་ཏང་ཨུད་དང་སྲིད་གཞུང་གིས་ལྷ་ས་གྲོང་ཁྱེར་གྱི་དམིགས་བསལ་ས་བབ་གནས་ཡུལ་དང་། ཆར་ཆུ་ཉུང་བ། ཉི་འོད་མང་བ། ཁམ་བུ་འདེབས་རྒྱུར་འཚམ་པའི་དངོས་ཡོད་གནས་ཚུལ་བཅས་ལ་གཞིགས་ནས། ལོ་མང་རིང་བསམ་གཞིག་དང་ཚོད་ལྟ་བྱས་པ་བརྒྱུད། ཁྲིན་ཀོན་ཆུས་ཀྱིས་གཙོ་བོ་ཚལ་གུང་ཐང་ཤིང་དཔལ་ཐིངས་གྲོང་ཚོར་སྤྱོད་དབང་བཤུག་སྤྲོད་བྱས་པའི་ས་ཞིང་མུའུ་༡༠༦༣སྐྱེང་ལྷ་སའི་ཁམ་བུ་འདེབས་གསོའི་རྟེན་གཞི་བཙུགས་ཡོད་ཅིང་། སྤྱིའི་མ་འཛོག་སྒོར་ཁྲི་༣༡༧༩བྱས་ནས་ལྷ་སའི་ཁམ་བུ་སྡོང་ཀྲང་ཁྲི་༡༥.༩༧༠༠བཙུགས་པ་དང་། མཐུད་སྦྱོར་དང་མི་བཟོས་སྐྱེབ་སྦྱོར། འཁྱིག་ཤོག་གཡོགས་པ་སོགས་ཀྱི་དེང་རབས་ཚན་རིག

འདི་བས་གསོའི་ལག་རྩལ་ལ་བརྟེན་ནས་སྤུས་ཚད་ལྡན་པའི་ཁམ་བུ་འདི་བས་གསོའི་ལས་རིགས་འཕེལ་རྒྱས་བཏང་ཡོད། མིག་སྔར་ཐོན་ལས་འདི་ལྷ་ས་གྲོང་ཁྱེར་གྱི་གལ་ཆེའི་དཔལ་འབྱོར་གྱི་ཐོན་ལས་ཁོངས་སུ་བཙུག་ནས་གཙོ་གནད་ཐོག་འདི་བས་གསོ་བྱེད་བཞིན་ཡོད།

ཐོན་ལས་བདེ་བླག་ངང་འཕེལ་རྒྱས་ཡོང་ཆེད། གྲོང་ཁྱེར་སྲིད་གཞུང་དང་གྲོང་ཁྱེར་ཞིང་ལས་ཅུད་གཉིས་ཀྱིས་རྣམ་གྲངས་འདིར་གཅིག་གྱུར་ཞབས་ཞུ་དང་། གཅིག་གྱུར་ལག་རྩལ་མཛུབ་སྟོན། གཅིག་གྱུར་ཐོན་རྫས་ཕྱིར་འཚོང་བཅས་བྱས་པ་བརྒྱུད། རྣམ་གྲངས་འདིའི་མིང་གྲགས་ཇེ་ཆེར་སོང་ཡོད་པ་མ་ཟད། ཉེ་འཁོར་གྱི་ཤང་དང་གྲོང་རྡལ་སྐྱུལ་ཁྲིད་དང་ས་ཁོངས་དཔལ་འབྱོར་འཕེལ་རྒྱས་ལ་སྐུལ་ཁྲིད་བྱེད་ཐུབ་པ་བྱུང་ཡོད། མིག་སྔར་ཁྲིན་ཀོན་ཆུས་ཀྱིས་མུའུ་༡༠༠༠ཡོད་པའི་ལྷ་སའི་ཁམ་བུའི་གཙོ་གནད་དཔེ་སྟོན་ལྗུམ་ར་འཛུགས་སྐྲུན་བྱས་ཟིན་ཡོད་ལ། ཁམ་བུ་འཐོག་པ་དང་ཞིང་ཁྲིམ་སྒྲོ་གསེང་ཐོན་ལས་འཕེལ་རྒྱས་ལ་ཡུན་རིང་གི་འཕེལ་རྒྱས་ཐོབ་ཡོད། ༢༠༡༥ལོའི་སྟོན་ཁར་ཁྲིན་ཀོན་ཆུས་སྐབས་དང་པོའི་ལྷ་སའི་ཁམ་བུ་འཐོག་པའི་དུས་ཆེན་སྤེལ་ཡོད་ལ། ༢༠༡༦ལོའི་ཟླ་༤པར་ཁྲིན་ཀོན་ཆུས་སྐབས་དང་པོའི་ཁམ་བུའི་མེ་ཏོག་བལྟ་སྐོར་གྱི་དུས་ཆེན་སྤེལ་ཡོད། ༢༠༡༨ལོའི་ཟླ་༨པར་ཁྲིན་ཀོན་ཆུས་སྐབས་བཞི་པའི་ལྷ་སའི་ཁམ་བུ་འཐོག་པའི་དུས་ཆེན་སྤེལ་ཡོད་པ་མ་ཟད་དེ་རང་སྐྱོང་ལྗོངས་ཀྱི་A༣རིམ་པའི་ཡུལ་སྐོར་མཛེས་ལྗོངས་ལ་བདམས་ཐོན་བྱུང་ནས་དམིགས་བསལ་ཁྱད་ཆོས་ལྡན་པའི་ཡུལ་སྐོར་རྣམ་གྲངས་ཤིག་ལ་གྱུར་ཡོད།

༢༠༠༤ལོར་ཁྲིན་ཀོན་ཆུས་ཀྱི་གྲོང་གསེབ་དཔལ་འབྱོར་གྱི་སྤྱིའི་ཡོང་འབབ་སྒོར་དུང་ཕྱུར་༡.༧༥ཟིན་པ་དེ། ལོ་གོང་མ་དང་བསྡུར་ན་བརྒྱ་ཆ་༡༨.༧༢འཕར་ཡོད་པ་དང་། ༢༠༠༥ལོར་ཁྲིན་ཀོན་ཆུས་ཀྱི་གྲོང་གསེབ་དཔལ་འབྱོར་གྱི་སྤྱིའི་ཡོང་འབབ་སྒོར་དུང་ཕྱུར་༡.༨༦ཟིན་པ་དེ་ལོ་གོང་མ་དང་བསྡུར་ན་བརྒྱ་ཆ་༡༢འཕར་ཡོད་ལ། ཞིང་འབྲོག་པ་མི་རེའི་ཆ་སྙོམས་ཡོང་འབབ་སྒོར་༣༢༧༨༥.༡༤ཟིན་པ་དེ་ལོ་གོང་མ་དང་བསྡུར་ན་བརྒྱ་ཆ་༧.༦འཕར་ཡོད། ༢༠༠༦ལོར་ཁྲིན་ཀོན་ཆུས་ཀྱི་གྲོང་གསེབ་དཔལ་འབྱོར་གྱི་སྤྱིའི་ཡོང་འབབ་སྒོར་དུང་ཕྱུར་༢.༢༤ཟིན་པ་དེ་ལོ་གོང་མ་དང་བསྡུར་ན་བརྒྱ་ཆ་༡༤.༢༨འཕར་ཡོད་ལ། ཞིང་འབྲོག་པ་མི་རེའི་ཆ་སྙོམས་ཡོང་འབབ་སྒོར་༣༨༣༣.༦ཟིན་པ་དེ་ལོ་གོང་མ་དང་བསྡུར་ན་བརྒྱ་ཆ་༡༨.༣༨འཕར་ཡོད་པ་བཅས་སོ། །

༢༠༠༧ལོར་ཁྲིན་ཀོན་ཆུས་ཀྱི་གྲོང་གསེབ་དཔལ་འབྱོར་གྱི་སྤྱིའི་ཡོང་འབབ་སྒོར་དུང་ཕྱུར་༢.༦༩ཟིན་པ་དེ་ལོ་གོང་མ་དང་བསྡུར་ན་བརྒྱ་ཆ་༢༠.༠༨འཕར་ཡོད་ལ། ཞིང་འབྲོག་པ་མི་རེའི་ཆ་སྙོམས་ཡོང་འབབ་སྒོར་༤༦༦༨ཟིན་པ་དེ་ལོ་གོང་མ་དང་བསྡུར་ན་བརྒྱ་ཆ་༡༨.༦༧འཕར་ཡོད་པ། ༢༠༠༨ལོར་ཁྲིན་ཀོན་ཆུས་ཀྱི་གྲོང་གསེབ་དཔལ་འབྱོར་གྱི་སྤྱིའི་ཡོང་འབབ་སྒོར་དུང་ཕྱུར་༣.༣༦ཟིན་པ་དེ་ལོ་གོང་མ་དང་བསྡུར་ན་བརྒྱ་ཆ་༢༤.༩༠འཕར་ཡོད་ལ། ཞིང་འབྲོག་པ་མི་རེའི་ཆ་སྙོམས་ཡོང་འབབ་སྒོར་༥༣༧༠ཟིན་པ་དེ་ལོ་གོང་མ་དང་བསྡུར་ན་བརྒྱ་ཆ་༡༥འཕར་ཡོད།

༢༠༠༩ལོར་ཁྲིན་ཀོན་ཆུས་ཀྱི་གྲོང་གསེབ་དཔལ་འབྱོར་གྱི་སྤྱིའི་ཡོང་འབབ་སྒོར་དུང་ཕྱུར་༤.༠༨༡ཟིན་པ་དེ་ལོ་གོང་མ་དང་བསྡུར་ན་བརྒྱ་ཆ་༢༡.༤༥འཕར་ཡོད་ལ། ཞིང་འབྲོག་པ་མི་རེའི་ཆ་སྙོམས་ཡོང་འབབ་སྒོར་༦༧༡༢ཟིན་པ་དེ་ལོ་གོང་མ་དང་བསྡུར་ན་བརྒྱ་ཆ་༢༤.༩༩འཕར་ཡོད་པ། ༢༠༡༠ལོར་ཁྲིན་ཀོན་ཆུས་ཀྱི་གྲོང་གསེབ་དཔལ་འབྱོར་སྤྱིའི་ཡོང་འབབ་སྒོར་དུང་ཕྱུར་༤.༦༢ཟིན་པ་དེ་ལོ་གོང་མ་དང་བསྡུར་ན་བརྒྱ་ཆ་༡༣.༢༠འཕར་ཡོད་ལ། ཞིང་འབྲོག་པ་མི་རེའི་ཆ་སྙོམས་ཡོང་འབབ་སྒོར་༦༧༩༡.༦༥ཟིན་པ་དེ་ལོ་གོང་མ་དང་བསྡུར་ན་བརྒྱ་ཆ་༡.༡༨འཕར་ཡོད་པ། ༢༠༡༡ལོར་ཁྲིན་ཀོན་ཆུས་ཀྱི་གྲོང་གསེབ་དཔལ་འབྱོར་གྱི་སྤྱིའི་ཡོང་འབབ་སྒོར་དུང་ཕྱུར་༥.༩༨༣ཟིན་པ་དེ་༡༩༨༠ལོའི་སྒོར་ཁྲི་༦༩༦.༨༤དང་བསྡུར་ན་ལྡབ་༨༥ལྷག་ཙམ་འཕར་ཡོད་ལ། རྒྱལ་དམངས་དཔལ་འབྱོར་སྤྱིའི་ཡོང་འབབ་སྒོར་དུང་ཕྱུར་༤༥.༣༢ཟིན་ཡོད། ཐོན་ལས་གསུམ་གྱི་བསྡུར་ཚད་དབྱེ་ན་༡.༦:༡༢.༤:༨༦ཡིན་པ་དང་། ཞིང་འབྲོག་པ་མི་རེའི་ཆ་སྙོམས་ཡོང་འབབ་ཁེ་གཙང་སྒོར་༨༡༧༠.༣༥ཟིན་པ་དེ་༡༩༨༠ལོའི་སྒོར་༣༦༢དང་བསྡུར་ན་ལྡབ་༢༢འཕར་ཡོད། ༢༠༡༢ལོར་ཁྲིན་ཀོན་ཆུས་ཡོངས་ཀྱི་གྲོང་གསེབ་དཔལ་འབྱོར་སྤྱིའི་ཡོང་འབབ་སྒོར་དུང་ཕྱུར་༥.༤ཟིན་པ་དེ་ལོ་གོང་མ་དང་བསྡུར་ན་ཆག་ཚད་བརྒྱ་ཆ་༩.༨ཟིན་ཞིང་། ཐེངས་གསུམ་པའི་ཐོན་ལས་གྲུབ་ཆ་དེ་༡.༥:༢༩.༤:༦༩.༡ལ་རིགས་དབྱེ་ཡོད། ཞིང་འབྲོག་པ་མི་རེའི་ཡོང་འབབ་ཁེ་གཙང་སྒོར་༩༤༧༧.༦ཟིན་པ་དེ་ལོ་གོང་མ་དང་བསྡུར་ན་བརྒྱ་ཆ་༡༦འཕར་ཡོད།

༢༠༡༣ལོར་ཆུས་ཡོངས་ཀྱི་གྲོང་གསེབ་དཔལ་འབྱོར་གྱི་སྤྱིའི་ཡོང་འབབ་སྒོར་དུང་ཕྱུར་༦.༣ཟིན་པ་དེ་ལོ་གོང་མ་དང་བསྡུར་ན་བརྒྱ་ཆ་༡༦.༦༧འཕར་ཡོད་ལ། ཞིང་འབྲོག་པ་མི་རེའི་ཆ་སྙོམས་ཡོང་འབབ་ཁེ་གཙང་སྒོར་༡༡༠༢༡ཟིན་པ་དེ་ལོ་གོང་མ་དང་བསྡུར་ན་བརྒྱ་

ཆ་༡༨.༢༨འཕར་ཡོད་པ། ༢༠༡༩ལོར་ཁྲིན་ཀོན་ཆུས་ཡོངས་ཀྱི་གྲོང་གསེབ་དཔལ་འབྱོར་སྤྱིའི་ཡོང་འབབ་སྒོར་དུང་ཕྱུར་༤.༥༥ཐེབ་པ་དེ་ལོ་གོང་མ་དང་བསྡུར་ན་བརྒྱ་ཆ་༡༠.༣འཕར་ཡོད་ལ། ཞིང་འབྲོག་པ་མི་རེའི་ཡོང་འབབ་ཁེ་གཙང་༡༢༣༥༡.༤ཐེབ་པ་དེ་ལོ་གོང་མ་དང་བསྡུར་ན་བརྒྱ་ཆ་༡༢.༩འཕར་ཡོད་པ། ༢༠༡༥ལོར་ཁྲིན་ཀོན་ཆུས་ཡོངས་ཀྱི་གྲོང་གསེབ་དཔལ་འབྱོར་སྤྱིའི་ཡོང་འབབ་སྒོར་དུང་ཕྱུར་༨.༡༡ཐེབ་པ་དེ་ལོ་གོང་མ་དང་བསྡུར་ན་བརྒྱ་ཆ་༡༧འཕར་ཡོད་ཅིང་། ཞིང་འབྲོག་པ་མི་རེའི་ཡོང་འབབ་ཁེ་གཙང་སྒོར་༡༣༧༨༥ཐེབ་པ་དེ་ལོ་གོང་མ་དང་བསྡུར་ན་བརྒྱ་ཆ་༡༡.༢༤བཅས་འཕར་ཡོད།

༢༠༡༧ལོར་ཁྲིན་ཀོན་ཆུས་ཀྱི་ཞིང་འབྲོག་པ་མི་རེའི་ཆ་སྙོམས་བགོ་འགྲེམས་ཆོག་པའི་ཡོང་འབབ་སྒོར་༡༧༢༤༡ཐེབ་པ་དེ་ལོ་གོང་མ་དང་བསྡུར་ན་བརྒྱ་ཆ་༡༣.༥འཕར་ཡོད་ལ། ཞིང་ལས་སྐྱེ་དངོས་འདེབས་གསོའི་རྒྱ་ཁྱོན་མུའུ་༡༢༩༡༩ཐེབ་པ་དང་། ༢༠༡༧ལོའི་ལོ་མཇུག་ཏུ་སྒོ་ཕྱུགས་གྲངས་༢༩༢༥ཡོད། ༢༠༡༧ལོར་ཁྲིན་ཀོན་ཆུས་ལ་ཁྱོན་བསྡོམས་གྲོང་གསེབ་ཐེམ་དུད་༩༢༠༨དང་མི་གྲངས་༡༣༩༩༨ཡོད་ཅིང་། གྲོང་གསེབ་དཔལ་འབྱོར་གྱི་སྤྱིའི་ཡོང་འབབ་སྒོར་དུང་ཕྱུར་༨.༧༧༩༣༧༣ཐེབ་པ་དང་། ཞིང་འབྲོག་པ་མི་རེའི་བགོ་འགྲེམས་ཆོག་པའི་ཆ་སྙོམས་ཡོང་འབབ་སྒོར་༡༧༢༤༡ཐེབ་པ་དེ་ལོ་གོང་མ་དང་བསྡུར་ན་བརྒྱ་ཆ་༡༣.༥འཕར་ཡོད། རྒྱུན་མཐུད་དང་"ཞིང་གསུམ"ལ་མ་འཇོག་བྱ་རྒྱུར་ཤུགས་སྣོན་བརྒྱབ་པས། དམིགས་ཚད་ཁག་བརྟན་པོའི་སྒོ་ནས་གོང་འཕེལ་བྱུང་ཡོད། ཆུས་རིམ་པའི་ནོར་སྲིད་ནས"ཞིང་གསུམ"འགྲོ་གྲོན་སྒོར་ཁྲི་༨༥༣༡ལ་ཉེ་བ་བཀོད་སྒྲིག་བྱས་ཤིང་། དེ་ལོའི་ཟླ་༧པར་ཁྲིན་ཀོན་ཆུས་ཆུ་བེད་ཅུད་དེ་དགོས་མཁོར་གཞིགས་ནས་ལོགས་སུ་སྲིད་གཞུང་རིམ་སྤར་ཚན་པར་དབྱེ་ཡོད།

༢༠༡༨ལོ་བར་ཞིང་ལས་སྐྱེ་དངོས་འདེབས་གསོའི་རྒྱ་ཁྱོན་མུའུ་༡༢༩༡༩ཐེབ་ཡོད་ཅིང་། དེའི་ཁྲོད་འབྲུ་རིགས་འདེབས་ལས་མུའུ་༢༡༥༦དང་། དཔལ་འབྱོར་འདེབས་ལས་མུའུ་༨༡༢༥གཞན་རྩྭའི་འདེབས་ལས་མུའུ་༢༡༠༠ཡོད་ཅིང་བསྡུར་གྲངས་༡༨:༤༥:༡༧ཡིན་ལ་གྲུབ་ཚུལ་ལ་སྔར་ལས་ལྷག་པའི་ལེགས་བཅོས་བྱུང་ཡོད། འབྲུ་རིགས་སྤྱིའི་ཐོན་འབོར་སྤྱི་རྒྱ་ཁྲི་༧༣༤༥ཐེབ་པ། དེ་༢༠༡༤ལོ་དང་བསྡུར་ན་སྤྱི་རྒྱ་ཁྲི་༩༩.༧༤ཆག་ཡོད་ཅིང་། ཆག་ཚད་བརྒྱ་ཆ་༣༨.༤ཡིན། སྟོ་ཚལ་ཐོན་སྐྱེད་རྒྱ་ཁྱོན་དམིགས་ཚད་མུའུ་ཁྲི་༠.༧ཐེབ་པ་དང་། ཐོན་འབོར་ཏུན་ཁྲི་༥.༤ཐེབ་པ།

འདི་བས་གསོ་གྲུབ་ཚད་རྒྱ་ཁྱོན་མུའུ་ཁྲི་༠.༧༠༤༢ཟིན་པ་དང་། ཐོན་འབོར་ཏུན་ཁྲི་༥.༤༣ཟིན་པ། ༢༠༡༧ལོར་གནོད་སྐྱོན་གང་ཡང་བྱུང་མེད། ལོ་མཇུག་ཏུ་སྒོ་ཕྱུགས་གྲངས་ཚད་༩༡༥༥ཟིན་པའི་ཁྲོད་འབྲི་གཡག་༩༡༥༥དང་། བ་གླང་༡༣༧༢༢ མཛོ་༣༨༩ ར་ལུག་༡༠༤༩བཅས་ཡོད་ཅིང་ཚོད་འཛིན་བྱེད་ཚད་བརྒྱ་ཆ་༡༡༠.༣༡ཟིན་ཡོད། སྒོ་ཕྱུགས་གསར་པ་སྐྱེ་ཚད་༨༨༢༦ཟིན་ཞིང་། གསོན་པོར་སྡོད་ཚད་བརྒྱ་ཆ་༩༦.༩༧ཟིན་གྱི་ཡོད། ཆེ་ཕྱུགས་༨༦ཤི་ཡོད་ཅིང་ཤི་ཚད་བརྒྱ་ཆ་༠.༡༩ཟིན་པ། སྒོ་ཕྱུགས་ཤི་ཚད་དེ་དམིགས་ཚད་ལས་བརྒྱ་ཆ་༠.༧༡གིས་དམའ་བ་ཡོད་པ་དང་། ཕག་ཤ་དང་ཚགས་ཤའི་ཐོན་འབོར་ཏུན་༡༥༩༧ཟིན་པ།(དེའི་ནང་སྐེར་གཉེར་གསོ་ཚགས་པ་ཚུད་ཡོད་)སྒོ་ཕྱུགས་བཤས་གྲངས་༦༧༣༢ཟིན་ཅིང་། བཤའ་ཚད་བརྒྱ་ཆ་༣༤.༧༤ཟིན་པ། སྒོ་ངའི་ཐོན་འབོར་ཏུན་༢༧.༥༣ཟིན་པ་དང་། (དེའི་ནང་སྐེར་གཉེར་གསོ་ཚགས་པ་ཚུད་ཡོད་)བྱ་རིགས་ཀྱི་ཤའི་ཐོན་འབོར་ཏུན་༨༩༦.༡༢ཟིན་པ། (དེའི་ནང་སྐེར་གཉེར་གསོ་ཚགས་པ་ཚུད་ཡོད་)འོ་མའི་ཐོན་འབོར་ཏུན་༡༤༡༦༣ཟིན་པ། བ་གླང་རྒྱུད་བཟང་དུ་གཏོང་ཚད་གྲངས་༣༠༣༡ཟིན་པ་དང་། རྒྱུད་བཟང་སྒོ་ཕྱུགས་༡༥༣༠༥ཡོད་པ་དེས་ཁྱབ་ཚད་བརྒྱ་ཆ་༤༣ཟིན་གྱི་ཡོད།

བཞི་པ། ཞིང་ལས་ཐོན་ལས་ཅན་དང་མཉམ་ལས་དཔལ་འབྱོར།

ཐོན་ལས་ཀྱིས་གྲོང་ཁྱེར་སྤོབས་འབྱོར་ཅན་དུ་གཏོང་བའི་ཐབས་ཇུས་ལག་བསྟར་བྱེད་ཤུགས་ཆེ་རུ་གཏོང་ཆེད་དང་། གྲོང་ཁྱེར་མཐའ་འཁོར་གྱི་ཞིང་འབྲོག་ལས་ཀྱི་དཔལ་འབྱོར་ལེགས་ཆ་འདོན་སྤེལ་གང་ལེགས་བྱས་ཏེ། ཁྱད་ལྡན་ཐོན་ལས་གསོ་སྐྱོང་དང་སྤོབས་ཆེར་བཏང་ནས། སྔར་ལས་ལྷག་པའི་སྒོ་ནས་དམངས་འཚོར་ལེགས་བཅོས་བྱས་ཏེ། ཞིང་འབྲོག་པའི་དངུལ་སྒྲར་ཡོང་འབབ་གོང་མཐོར་གཏོང་ཆེད། ཁྲིན་ཀོན་ཆུས་ལྷུམ་ར་ཐོན་ལས་ཅན་གྱི་ཚན་རིག་དཔེ་སྟོན་ལྷུམ་ར་༢༠༡༠ལོའི་ཟླ་༤པའི་ཚེས་༧ཉིན་འཛུགས་སྐྲུན་བྱེད་རྒྱུ་གཏན་འཁེལ་བྱས་ཡོད་ཅིང་། ༢༠༡༡ལོའི་ཟླ་༥པར་དངོས་སུ་ལས་གཉེར་བྱེད་འགོ་བཙུགས་ཡོད། དེའི་རྒྱ་ཁྱོན་ལ་མུའུ་༥༣༥.༡༤ཡོད་པ་དང་། སྤྱིའི་མ་འཛུགས་སྔོར་ཁྲི་༨༠༧༣ཟིན་ཡོད། ཉེ་བའི་ལོ་ཤས་རིང་གྲོང་ཁྱེར་ཏང་ཡུད་དང་སྲིད་གཞུང་གི་མཇལ་བརྩེའི་ཐུགས་ཁུར་དང་ཤུགས་ཆེའི་རྒྱབ་སྐྱོར་འོག ཁྲིན་ཀོན་ཆུས་ཡུད་དང་ཆུས་སྲིད་གཞུང་གིས་ལྷ་ས་གྲོང་ཁྱེར་གྱི་"འཐབ་ཇུས་ཆེན་པོ་དྲུག"ལག་བསྟར་ནན་པོ་གནང་ནས་༢༠༡༣ལོར་ཐོག་མར་སྔོར་དུང་ཕྱུར་གཅིག་ཐོ་

འགོད་བྱས་ཤིང་ཁྲིན་གོན་ཆུས་ས་གཙང་ཞིང་ལས་འཕེལ་རྒྱས་ཚད་ཡོད་ཀུང་སི་དགུ་བརྩེགས་པ་དང་། ཁྲིན་གོན་ཆུས"ལྷུམ་ར་གཅིག་དང་ཁུལ་བཞི"འཆར་འགོད་ལྟེ་བར་འཛིན་ནས་ས་གཙང་ཐོན་ལས་འཕེལ་རྒྱས་ཚ་ཚ་འུར་འུར་དང་སྤེལ་ཡོད་པ་མ་ཟད། འཆར་འགོད་དུས་རིམ་དེ་༢༠༡༩ནས་༢༠༢༠ལོ་བར་ཡིན་པ་དང་རྩམ་གྲངས་༣༠ཙམ་གཉེར་ཡོད་ལ། སྤྱིའི་མ་འཛོག་སྒོར་དུང་ཕྱུར་༡༠.༧ཟིན་ཡོད། མིག་སྔའི་བར་རྩམ་གྲངས་༡༣ལེགས་གྲུབ་ཟིན་པ་དང་སྒོར་དུང་ཕྱུར་༥.༤བཏང་བའི་ཁྲོད་ཀྱི་ཀྲའོ་ཐོན་ལས་ར་བར་རྩམ་གྲངས་༧ཡོད་པ་དང་སྒོར་དུང་ཕྱུར་༣.༩༣བཏང་ཡོད།

༢༠༡༨ལོའི་ལོ་མཇུག་ཏུ་བསྡོམས་རྩིས་བྱས་པར་གཞིགས་ན། ༢༠༡༨ལོའི་ལོ་མཇུག་བར་ཁྲིན་གོན་ཆུས་ཞིང་འབྲོག་ཅུད་དུ་ཐོ་འགོད་བྱས་པའི་ཆེད་ལས་མཉམ་ལས་ཁྱེ་༤༡ཡོད་ཅིང་། དེའི་ནང་འདེབས་འཛུགས་ལས་རིགས་༢དང་གསོ་སྐྱེལ་ལས་རིགས་༣ འཛུགས་སྐྲུན་ལས་རིགས་༢ ཡུལ་སྐོར་ལས་རིགས་༢ ལག་ཤེས་རིགས་༢ ཞིང་ལས་འཕྲུལ་འཁོར་༢བཅས་ཡོད། ཐོ་འགོད་མ་དངུལ་སྒོར་ཁྲི་༤༧༤༤.༡དང་ཚོགས་མི་༡༧༩༥ ལོ་གཅིག་ལ་ཁེ་བཟང་སྒོར་ཁྲི་༡༧༤༡.༠༥རོགས་སྐྱོར་མ་དངུལ་ཐོབ་མཁན་དུད་གྲངས་༡༨ཡོད་ཅིང་མ་དངུལ་སྒོར་ཁྲི་༥༧༡ཟིན་ཡོད།

ལྔ་པ། ཆུ་ནུས་གསར་སྤེལ།

ཁྲིན་གོན་ཆུས་ཧྭ་ཀྲའོ་གཏེར་ཆུ་ཁེ་ལས་ཚད་ཡོད་ཀུང་སི། ཁྲིན་གོན་ཆུས་ཞུད་དང་ཆུས་མི་དམངས་སྲིད་གཞུང་གིས་རང་བྱུང་ཆུའི་ཐོན་ལས་འཕེལ་རྒྱས་གཏོང་རྒྱུར་མཐོང་ཆེན་གནང་ནས། ཁྲིམ་རར་བརྟག་ཞིབ་དང་ཆུ་སྲུས་ལ་ཞིབ་དཔྱད་ཚད་ལེན་བྱས་རྗེས། ལྷ་ས་སྔོ་ནུས་ཚན་རྩལ་ཁེ་ལས་ཚད་ཡོད་ཀུང་སིའི་ཆུའི་ཐོན་ཁུངས་ཀྱི་སྤུས་ཚད་ལེགས་ཤོས་ཡིན་པ་གཏན་འཁེལ་བྱུང་བ་མ་ཟད། དེ་ལྟ་ས་ས་གཙང་ཐོན་ལས་འཕེལ་རྒྱས་ཀྱི་རེ་བ་དང་ཡོངས་སུ་མཐུན་ཡོད་པ་ཤེས་རྟོགས་བྱུང་། ཀུང་སི་གསར་འཛུགས་བྱས་རྗེས་ཁྲིན་གོན་ཆུས་ས་གཙང་ཐོན་ལས་ཀུང་སིས་སྣེ་ཁྲིད་ནས་བཟོ་གྲྭའི་ཁང་པ་དང་མཛོད་ཁང་། དེ་བཞིན་བཟོ་གྲྭའི་ནང་ཁུལ་གྱི་ལམ་བཅས་གསར་བཟོ་བྱས་ཡོད་པ་མ་ཟད། བཟོ་གྲྭར་མགོ་བའི་འབྲེལ་ཡོད་ཀྱི་གློག་ཆས་ཀྱང་ཉོ་སྒྲུབ་བྱས་ཡོད་པ་དེས་ཐོན་རྫས་ཐོན་སྐྱེད་བྱེད་པའི་ལས་ཀ་རྒྱུན་གཏན་རང་བཞིན་ཡོང་བར་འགན་ལེན་བྱས་ཡོད། ད་ལྟའི་ཆར་བཟོ་གྲྭའི་རྒྱ་ཁྱོན་ལ་མུའུ་༡༠༠ཡོད་ཅིང་

༢༠༡༥ལོའི་ཟླ་༤པར་དངོས་སུ་ཐོན་སྐྱེད་བྱེད་འགོ་ཚུགས་པ་ཞིག་ཡིན། བཟོ་གྲྭའི་ཐོན་རྫས་གཙོ་བོ་ནི། ༣༣༠mlཅན་གྱི་ཆུ་འཁྱིལ་དམ་ཆུང་བ་དང་། ༥Lཡི་ཆུ་འཁྱིལ་དམ་ཆེ་བ། ༥Lཡི་ཆུ་ཁུག་མ་ཅན་སོགས་ཡིན། ཀུང་སིར་ད་ཡོད་མི་གྲངས་༥༠ཡོད་པ་དང་དེའི་ནང་ནས་ཞིང་འབྲོག་མང་ཚོགས་ཀྱི་ལས་ཞུགས་མི་གྲངས་༥༧ཐག་གཅོད་བྱས་ཡོད་པ་དེས་༧༥%ཟིན་ཡོད། མིག་སྟར་ཐོན་སྐྱེད་སྒྲུབ་རིམ་ཁག་༤བཙུགས་ཡོད་པ་སྟེ། ཆུ་ཚོད་རེར་འཁྱིལ་དམ་ཆེ་བ་༡༢༠༠བྱས་པའི་ཧྲེང་༥ཅན་གྱི་ཐོན་སྐྱེད་སྒྲུབ་རིམ་༡ཡོད་པ་དེའི་ལོའི་ཐོན་ཚད་ཧ་ལམ་ཏུན་༥ཙམ་ཟིན་པ། ཆུ་ཚོད་རེར་ཁུག་མ་༥རེ་བྱས་པའི་ཧྲེང་༥ཅན་གྱི་ཐོན་སྐྱེད་སྒྲུབ་རིམ་༢ཡོད་པ་དེའི་ལོའི་ཐོན་ཚད་ནི་ཧ་ལམ་ཏུན་༢ཙམ་ཟིན་པ། ནང་འདྲེན་བྱས་པའི་ཧྥ་རན་སིའི་ཞི་ཏེ་ལི་ཆུ་ཚོད་རེར་འཁྱིལ་དམ་ཆུང་བ་༤༤༠༠༠བྱས་པའི་ཧའོ་ཧྲེང་༣༣༠ཅན་གྱི་འཁྱིལ་དམ་ཆུང་བའི་ཐོན་སྐྱེད་སྒྲུབ་རིམ་༡ཡོད་པ་དེའི་ལོའི་ཐོན་ཚད་ཏུན་༡༠ཙམ་ཟིན་གྱི་ཡོད།

༢༠༡༥ལོར་བོད་རང་སྐྱོང་ལྗོངས་མི་དམངས་སྲིད་གཞུང་གིས་སྤྲད་པའི་"བོད་རང་སྐྱོང་ལྗོངས་རང་བྱུང་འཐུང་ཆུའི་ཐོན་ལས་འཕེལ་རྒྱས་ཀྱི་སྔོན་ཐོན་ཚན་པ"དང་ལྷ་ས་གྲོང་ཁྱེར་མི་དམངས་སྲིད་གཞུང་གིས་སྤྲད་པའི་"སྔོན་ཐོན་ཁེ་ལས"ཁྲིན་ཀོན་ཆུས་མི་དམངས་སྲིད་གཞུང་གིས་སྤྲད་པའི་ཐོན་སྐྱེད་བདེ་འཛུགས"སྔོན་ཐོན་ཚན་པ" དེ་བཞིན་རྒྱལ་སྤྱིའི་ཞིང་ལས་ཐོན་རྫས་ཉོ་ཚོང་སྤྲིག་འཛུགས་སྐབས་བཅུ་གསུམ་པས་སྤྲད་པའི་"སྐབས་བཅུ་གསུམ་པའི་ཀྲུང་གོ་རྒྱལ་སྤྱིའི་ཉོ་ཚོང་ཚོགས་འདུའི་འགྲེམས་ཞུགས་ཐོན་རྫས་ཀྱི་གསེར་གྱི་རྟགས་མ"བཅས་ཀྱི་མཚན་སྙན་ཐོབ་ཡོད།

བོད་ལྗོངས་ཧུའི་ཆོན་ཁེ་ལས་ཚད་ཡོད་ཀུང་སི་ནི་མ་རྩ་སྒོར་དུང་ཕྱུར་༡ཡོད་པའི་མ་རྩ་མཉམ་འཛོམ་བྱས་པའི་མ་རྐང་ལམ་ལུགས་ཀྱི་ཁེ་ལས་ཤིག་ཡིན་ཞིང་། སའི་རྒྱ་ཁྱོན་ལ་སྨུའུ་༡༠༠༠ཡོད། གཤམ་འོག་ཏུ་སྲིད་འཛིན་མི་དོན་ལྟེ་གནས་དང་། ནོ་དམ་ལྟེ་གནས། ཐོན་སྐྱེད་གསར་སྤེལ་ལྟེ་གནས། ཐོན་སྐྱེད་ཚོང་གཉེར་འཕོར་སྐྱོད་ལྟེ་གནས། ཉོ་སྒྲུབ་དང་སྤེལ་སྐྱེལ་ལྟེ་གནས། ཚོང་རྟགས་རྡུས་འགོད་ལྟེ་གནས། ཚོང་མགྲོན་ཞབས་ཞུ་ལྟེ་གནས། ཚོང་མགྲོན་ཆེ་རིགས་སྤྱུའུ་སོགས་བཙུགས་ཡོད་ཅིང་། ད་ལྟའི་ཆར་ཐོན་སྐྱེད་བཟོ་ཁང་༡དང་གསོག་འཇོག་མཛོད་ཁང་༢ མ་རྒྱུ་འཇོག་ཁང་༡ ཐོན་རྫས་འགྲེམས་སྟོན་ཁང་༡བཅས་བཙུགས་ཡོད་

པ་དེ་དག་ལ་སྤྱིའི་རྒྱ་ཁྱོན་སྨིད་ངོས་སྙོམས་གྲུ་བཞི་མ་ཁྲི་༥ཙམ་ཡོད་པ་དང་། དེ་དག་ཚང་མ་བརྟར་བཟོ་སྲ་གྱུར་གྱི་ས་ངོས་ཡིན་པས་ན་ཐལ་བས་མི་སྨུགས་པའི་འགན་ལེན་བྱས་ཡོད། གཏིང་ཚད་ལ་སྨིད་༢༠༥ཙན་གྱི་ཆུ་མཛོད་གཅིག་བཟོས་ཡོད་པ་དེར་ཆུའི་ཤོང་ཚད་ཏ་ལམ་ཏུན་༥༠༠ཙམ་ཟིན་ཞིང་། རྣམ་གྲངས་སྤྱི་ཡོངས་ཀྱི་མ་འཛོག་དེ་དུས་སྐབས་གསུམ་དུ་ཕྱེ་ཡོད་པ་སྟེ། དུས་སྐབས་དང་པོ་(རང་བྱུང་འཐུང་ཆུའི་ཐོན་སྐྱེད་སྒྲུབ་རིམ་)ཡོངས་སུ་ལེགས་གྲུབ་བྱུང་བ་དང་དེའི་བཟོ་ཁང་གི་རྒྱ་ཁྱོན་ལ་སྨིད་ངོས་སྙོམས་གྲུ་བཞི་མ་ཁྲི་༣ཙམ་དང་ས་ཆའི་རྒྱ་ཁྱོན་ལ་མུའུ་༣༠༠ཙམ་ཟིན་ཡོད། དམིགས་ཚད་ལྟར་ལོ་རེའི་ཐོན་སྐྱེད་བྱེད་ཚད་ཏུན་ཁྲི་༣༠ཙམ་ཟིན་པ། དུས་སྐབས་དང་པོའི་རང་བྱུང་འཐུང་ཆུའི་ཐོག་མའི་ཤོང་ཚད་ཀྱི་ཚད་གཞི་ནི་༣༥༠ml ༥༥༠ml ༡.༥Lབཅས་ཚད་གཞི་མི་གཅིག་པ་གསུམ་གྱི་ཐོན་རྫས་ཀྱིས་ཁྲིམ་རའི་དགོས་མཁོ་སྐོང་རྒྱུ་ཡིན། དུས་སྐབས་གཉིས་པའི་འཛུགས་སྐྲུན་ནི་བཟོ་ཁང་རྒྱ་སྐྱེད་དང་ཐོན་སྐྱེད་སྒྲུབ་རིམ་ཁ་གསབ་བྱ་རྒྱུ་དེ་ཡིན། ཐ་ཕྱི་སྡེབ་རྩིས་བྱས་ན་བཟོ་ཁང་གི་རྒྱ་ཁྱོན་ལ་སྨིད་ངོས་སྙོམས་གྲུ་བཞི་མ་ཁྲི་༥དང་། ས་ཆའི་རྒྱ་ཁྱོན་ལ་མུའུ་༥༠༠ཙམ་ཟིན་ཡོད། དམིགས་ཚད་ལྟར་ན་ལོའི་ཐོན་ཚད་ཏུན་ཁྲི་༥༠ཐོན་སྐྱེད་ཐུབ་པ་བྱ་རྒྱུ་དང་། དེ་མིན་དུས་སྐབས་གཉིས་པས་ཁྲིམ་སྤྱོད་ཆུའི་དགོས་མཁོ་སྐོང་ཆེད་ཁྲིམ་སྤྱོད་ཆུའི་ཚད་གཞིའི་ཐོན་རྫས་ཐོན་སྐྱེད་བྱེད་བཞིན་ཡོད། དུས་སྐབས་གསུམ་པའི་རྣམ་གྲངས་འཛུགས་སྐྲུན་ཡོངས་སུ་ལེགས་གྲུབ་བྱས་ཟིན་ཞིང་། བཟོ་ཁང་གི་རྒྱ་ཁྱོན་ལ་སྨིད་ངོས་སྙོམས་གྲུ་བཞི་མ་ཁྲི་༡༠ཙམ་ཡོད་པ་དང་། ས་ཆའི་རྒྱ་ཁྱོན་ལ་མུའུ་༡༠༠༠ཙམ་ཡོད། དུས་སྐབས་གསུམ་པའི་འཛུགས་སྐྲུན་ནི་ཤིང་ཏོག་འདེབས་འཛུགས་དང་ལས་སྣོན་གྲིན་ཀླུགས་བཅས་གཞི་གཅིག་ཏུ་གནས་པའི་ཁྲིམ་རའི་དགོས་མཁོ་སྐོང་རྒྱུ་དེ་ཡིན། ལོ་རེའི་ཐོན་ཚད་ཏུན་༡༠༠ལས་གྲོལ་བའི་དམིགས་ཚད་བཟུང་ཡོད། ཀུང་སིས་དབྱི་ཏ་ལིའི་སེ་ཏེ་ལེ་འཐུང་ཆུའི་ཐོན་སྐྱེད་སྒྲུབ་རིམ་ནང་འདྲེན་བྱས་ནས་བདེ་འཛགས་དང་ཕན་ལྡན་གྱི་རང་འགུལ་རྣམ་པའི་ཐོན་སྐྱེད་བྱ་རྒྱུ་དེ་ཡིན། ཆུ་འགོ་ནས་ཆུ་གྲིན་ཀླུགས་བྱེད་པའི་ཆུ་ལེན་པ་དང་། ཆུ་གཙང་གྱུར། དམ་ཆུང་གཙང་འཕྲུས། གྲིན་ཀླུགས། དམ་བིར་ཐུམ་རྒྱག་ཨང་རྟགས་སྦྱར་བ། ཐུས་ཚད་ཚོད་འཛིན་བཅས་ཀྱི་བཟོ་རྩལ་ཐད་འཛམ་གླིང་ཐོག་ཆེས་སྔོན་ཐོན་གྱི་ཐོན་སྐྱེད་ལག་རྩལ་སྤྱད་ནས་ཐུས་ཚད་ལ་འགན་ལེན་བྱས་ཡོད།

ཟུར་པ། ཚོང་ལས་དང་དངུལ་རྩ།

དམངས་གཙོའི་བཅོས་བསྒྱུར་བཏང་བའི་རྗེས་རྒྱལ་གཉེར་ཁེ་ལས་ཀྱིས་གཙོ་ཁྲིད་བྱས་ནས། ཤང་དང་ཐོན་སྐྱེད་རུ་ཁག་(རང་བྱུང་གྲོང་ཚོ་) དེ་བཞིན་གྲོང་མི་ཞུ་ཡོན་ལྷན་ཁང་སོགས་སུ་མགོ་སྙུབ་ཚོང་ཁང་དང་འཇོད་སྤྱོད་ཁང་། ཡིད་རྟེན་ཁང་བཅས་བཙུགས་ཡོད། མིག་སྔའི་ཆར་བསྒྱུར་བཅོས་སྒོ་དབྱེའི་སྲིད་ཇུས་ཀྱི་སྣེ་ཁྲིད་འོག་ས་གནས་འདི་གའི་མི་དང་རྒྱལ་ཕྱི་རྒྱལ་ནང་གི་ཚོང་པ་ཁག་གིས་ལྷ་སར་ཚོང་ཁང་ཆེ་འབྲིང་ཆུང་གསུམ་བཙུགས་པས་རྒྱ་ནག་དང་ཕྱི་རྒྱལ་གྱི་ཚོང་ཟོག་སྣ་རིགས་ཉོ་ཚོང་བྱེད་པའི་ཁྲོམ་ར་དར་རྒྱས་ཕུན་སུམ་ཚོགས་པོ་བྱུང་ཡོད། ཐ་ན་ཞིང་གྲོང་དུ་འང་ཚོང་ལས་ཀྱི་གནས་མང་དུ་ཡོད་པས་ཅ་ལག་ཅི་རིགས་རང་འདོད་བཞིན་ཉོ་སྙབ་ཐུབ། གྲོང་ཁྱུལ་གྱི་ཕྱི་ནང་གཉིས་ཀར་དངུལ་ཁང་དང་མ་དངུལ་གསོག་འཇོག་ཁང་བཙུགས་པས་དངུལ་རྩའི་ཞབས་ཞུ་ཡང་ཏ་ཅང་ཕུན་སུམ་ཚོགས་སུ་ཕྱིན་ཡོད།

༢༠༡༧ལོ་བར་ཁྲིན་གོན་ཆུས་ཀྱི་སྤྱི་ཚོགས་འཇོད་སྤྱོད་ཐོན་ཟས་སིལ་ཚོང་སྤྱིའི་འབོར་གྲངས་སྒོར་དུང་ཕྱུར་༩༢.༥ཟིན་པ་དེ་ལོ་གོང་མ་དང་བསྡུར་ན་བརྒྱ་ཆ་༡༨འཕར་ཡོད་པས། ལོའི་འཆར་གཞིའི་བརྒྱ་ཆ་༡༠༠ལེགས་གྲུབ་བྱུང་ཡོད།

༡༩༩༧ལོའི་ཟླ་༡༠པའི་ཁྲིན་གོན་ཆུས་ཏང་འཛུགས་ཀྱི་ཡིག་ཆ་ཨང་[༡༩༩༧]༠༩《ཁྲིན་གོན་ཆུས་ཏང་སྲིད་ལས་ཁུངས་ཀྱི་བྱ་གཞག་ཚན་པའི་ལས་ཁུངས་སྒྲིག་གཞི་སྒྲིག་བཀོད་དང་འགན་ནུས་སྒྲིག་སྦྱོར། མི་སྣའི་སྒྲིག་ཁོངས་ཇུས་གཞིའི་》སྐོར་གྱི་ཡིག་ཆའི་གཏན་འབེབས་བཞིན། ཁྲིན་གོན་ཆུས་མི་རིགས་ལག་ཤེས་ལས་རིགས་དོ་དམ་ཚུད་བཙུགས་ནས། སྲིད་འཛིན་སྒྲིག་ཁོངས་མི་སྣ་༥དང་། ཁོངོ་རིམ་པའི་འགོ་ཁྲིད་ཀྱི་ལས་གནས་གྲངས་༣གཏན་འཁེལ་བྱས་ཡོད།

༢༠༠༢ལོའི་ཟླ་༩པའི་ཁྲིན་གོན་ཆུས་ཏང་རྩ་འཛུགས་ཀྱི་ཡིག་ཆ་ཨང་[༢༠༠༢]༢༨《ཁྲིན་གོན་ཆུས་སྲིད་གཞུང་གི་མ་ལག་སྒྲིག་བཀོད་དང་འགན་ནུས་སྒྲིག་སྦྱོར། མི་སྣའི་སྒྲིག་ཁོངས་ཇུས་གཞིའི་》སྐོར་གྱི་བརྗོད་ཐོའི་གཏན་འབེབས་བཞིན། ཁྲིན་གོན་ཆུས་ཀྱི་དཔལ་འབྱོར་ཉོ་ཚོང་ཨུ་ཡོན་ལྷན་ཁང་བཙུགས་ནས་སྒྲིག་ཁོངས་མི་སྣ་༨དང་ཁོངོ་རིམ་པའི་འགོ་ཁྲིད་ཀྱི་ལས་གནས་༢གཏན་འཁེལ་བྱས་ཡོད།

༢༠༠༥ལོའི་ཟླ་༩པའི་ཁྲིན་གོན་ཆུས་ཏང་རྩ་འཛུགས་ཀྱི་ཡིག་ཆ་ཨང་[༢༠༠༥]༡༠《ཁྲིན་

ཀོན་ཆུས་ཆོང་དོན་ཞུད་དང་། བདེ་འཛགས་ཐོན་སྐྱེད་ལྟ་སྐུལ་དོ་དམ་ཞུད། མི་འབོར་དང་འཆར་ལྡན་བུ་བཙའ་ཞུ་ཡོན་ལྟན་ཁང་། འཕེལ་རྒྱས་དང་བསྒྱུར་བཅོས་ཞུ་ཡོན་ལྟན་ཁང་བཅས་ཀྱི་མ་ལག་སྒྲིག་བཀོད་དང་འགན་ནུས་སྒྲིག་སྦྱོར། མི་སྣའི་སྒྲིག་ཁོངས་རྟུས་གཞིའི་》སྐོར་གྱི་བཟ་ཐོའི་གཏན་འབེབས་བཞིན། ཁྲིན་ཀོན་ཆུས་ཀྱི་ཆོང་དོན་ཞུད་བཙུགས་ནས་ཁོའོ་རིམ་པ་རྟན་པའི་ལམ་ལུགས་ཀྱི་ཚན་པ་བཟོས།

ཆོང་དོན་ཞུད་ཀྱི་ཁོངས་སུ་གཏོགས་པའི་ཁེ་ལས་གྲངས་༢༣ཡོད་པ་དེའི་ནང་རྒྱལ་དབང་ཁེ་ལས་༡དང་(ཧྥེ་ཆོང་ཀུང་སི་) མ་རྐང་ལམ་ལུགས་ཀྱི་ཁེ་ལས་༡(ཁ་བཏགས་ཚོགས་པ་) ཀྲུང་གོ་དང་ཕྱི་རྒྱལ་མ་རྩ་མཉམ་འཛོག་གི་ཁེ་ལས་༡(གངས་ལྷ་མེ་ཏོག་ཁ་གདན་བཟོ་གྲྭ) ཐུན་མོང་གི་ཁེ་ལས་༢༠ཡོད་པ་དེར་གཏན་འཛགས་མ་དངུལ་ཏ་ལམ་སྐོར་དུང་ཕྱུར་༥.༩༧༦༡༩ཙམ་ཟིན་ཞིང་། ཞུད་མངའ་ཁོངས་ཀྱི་ཁེ་ལས་ཕལ་ཆེ་བ་ནི་མི་རིགས་ལག་ཤེས་བཟོ་ལས་ཀྱི་ཁེ་ལས་ཡིན། གཞི་ཁྲོན་ཅན་གྱི་ཁེ་ལས་༡དང་(ཁྲིན་ཀོན་ཆུས་ཁ་གདན་བཟོ་གྲྭ) ཁེ་ལས་ལ་ལས་བཟོ་མི་གྲངས་༡༩༠ཡོད་པ་ལས། ད་ཡོད་ལས་ཐོག་མི་གྲངས་༤༥༠དང་། ལས་འབྱུར་ངལ་གསོ་བྱས་པའི་མི་གྲངས་༤༠བཅས་ཡོད། ཁེ་ལས་ཀྱི་ལས་སྒྲུབ་བྱེད་པའི་ཁྱབ་ཁོངས་ནི་ཁང་པ་འཛུགས་སྐྲུན་དང་། ཡུལ་སྐོར་ཐོན་རྫས། གནའ་བོའི་འཛུགས་སྐྲུན། ཆོས་ལུགས་མཁོ་ཆས། བོད་ཟུམ། མི་རིགས་གྱོན་ཆས་སོགས་རིགས་བཅུ་ལྷག་ཙམ་གྱི་ཁྱད་ལྡན་ཐོན་རྫས་ཐོན་སྐྱེད་བྱེད་པ་ཡིན།

ཆོང་དོན་གྱི་ལས་དོན་ནི་དམངས་འཚོ་ལེགས་བཅོས་དང་འགན་ལེན་བྱ་རྒྱུ་ལྟེ་བར་འཛིན་ནས་ཆོང་དོན་གྱི་འགན་ནུས་འདོན་སྤེལ་ཧུར་ཐག་བྱས་ཏེ། བྱ་ཐབས་སྣ་ཚོགས་ལ་བརྟེན་ནས་དོན་འགྲོལ་ལ་དམ་འཛིན་གྱིས་ཁྲོམ་རའི་མ་ལག་འཛུགས་སྐྲུན་ལ་སྐུལ་སྤེལ་ཧུར་ཐག་གཏོང་བ། ཞིང་འབྲོག་ཁུལ་གྱི་ཉན་ཚ་ཁྱབ་ཚད་མཐོ་རུ་གཏོང་བ་དེ་བརྗོལ་སྐོར་(རྒྱང་གཞིར་)བཟུང་བ་དང་། ཁྲིམ་ཆས་གསུམ་གཏོང་བྱ་རྒྱུ་དེ་འབད་བརྩོན་བྱེད་གནས་ལ་འཛིན་པ་བཅས་ཀྱིས་དམངས་འཚོའི་ལས་ཀར་ནུས་ཤུགས་ཡོད་རྒྱུས་སྐུལ་སྤེལ་བཏང་ནས་ཆོང་དོན་ལས་དོན་དང་དམངས་འཚོའི་འབྲེལ་བ་ཇེ་ཟབ། ཆོང་དོན་དམངས་ཕན་གྱི་ནུས་པ་ཇེ་མཐོར་གཏོང་ཐུབ་པ་བཅས་བྱུང་ཡོད།

"ཡོ་ལྷ་ཚན་གྱི་འཆར་གཞི་བཅོ་ལྔ་པའི་"རིང་ཁྲིན་ཀོན་ཆུས་ཀྱིས་ཁྲོམ་གཟིགས་ཁང་གཙོ་

ཐོར་བྱས་པའི་ཚོང་ལས་ཀྱི་མ་ལག་བཙུགས་ནས་གཞི་གྲྭིན་ངེས་ཅན་ཡོད་པའི་ཚོང་ལས་ཁྲོམ་ར་ཡོད་པ་སྟེ། གཙོ་བོ་ཁྲོམ་གཟིགས་ཁང་ཕྱོགས་བསྡུས་ཁྲོམ་རའི་གཡས་གཡོན་དུ་ཁྲབ་པའི་རྒྱུན་སྤྱོད་མཁོ་ཆས་དང་། ཨ་རག ཐ་མག ཕྱི་རིལ་དང་ཤིང་ཏོག ལྕགས་རིགས་སོགས་ཚོང་རྫས་ཆུང་རིགས་སིལ་ཚོང་དང་སྡེབ་ཚོང་བྱེད་ཅིང་། མི་རིགས་ལག་ཤེས་ཀྱི་ཁྲོམ་ར་མང་ཆེ་བ་བར་སྐོར་ཚོང་ལས་ཁྲོམ་ར་དང་གཙུག་ལག་ཁང་གི་ཐང་ཆེན་སོགས་ཀྱི་གཡས་གཡོན་དུ་ཁྲབ་ཡོད། ཁྲོམ་ར་དེ་དག་ལ་གྲྭིན་ཚོང་དུད་༡༩༩༠དང་ལས་ཞུགས་མི་གྲངས་༣༠༠༠ལྷག་ཙམ་ཡོད་ཅིང་། ཚོང་ཟོག་གཙོ་བོ་ནི་མི་རིགས་ལག་ཤེས་ཀྱི་ཐོན་རྫས་དང་། ཡུལ་སྐོར་དྲན་རྟེན་ཐོན་རྫས། མཆོད་པའི་ཡོ་བྱད། འཚོ་བའི་རྒྱུན་སྤྱོད་ཅ་དངོས་སོགས་ཡིན། ཉང་བྲན་ལམ་ཞིང་ཟོག་ཐོན་རྫས་ཁྲོམ་ར་དང་། ལྕགས་པོ་རི་ཞིང་ཟོག་ཐོན་རྫས་ཁྲོམ་ར། དེ་བཞིན་གཅྫ་དགོན་གསར་སྔོད་ཁུལ་དུ་གསར་སྐྲུན་བྱས་པའི་འབྲུང་འཕྲོད་ཞིང་ཟོག་ཐོན་རྫས་ཁྲོམ་ར་བཅས་ནི་གཙོ་བོ་ཞིང་ཕྱུགས་ཐོན་རྫས་ཕྱིར་འཚོང་བྱེད་སའི་ལྟེ་གནས་ཡིན། དེ་མིན་དམངས་ཕན་སྣོ་རྩིས་ཁྲོམ་ར་དང་། བརྒྱ་ཟོག་ཚོང་ཁང་། བཟའ་བཏུང་། མགྲོན་ཁང་སོགས་འཛད་སྤྱོད་ཀྱི་གནས་རྒྱ་ཆེ་ལ་གཅིག་བསྡུས་རང་བཞིན་ཆེ་བ་བཅས་སོ། །མ་འཛོག་གི་ཐབས་གཙོ་བོ་ནི་ཐུན་མོང་ངམ་ཡང་ན་མི་སྒེར་གྱི་ཚོང་ལས་ཐེམ་དུད་ཀྱིས་མ་འཛོག་བྱེད་པའི་རྣམ་པ་ཡིན། ཐོ་འགོད་བྱས་པའི་སྒེར་གྱི་ཚོང་ལས་ཐེམ་དུད་༢༡༧༠༤༧ཟིན་པ་དང་ཐོ་འགོད་ཀྱི་མ་དངུལ་སྐོར་དུང་ཕྱུར་༥.༥༧ལ་སླེབས་ཡོད་ཅིང་དེར་ལས་ཞུགས་མི་གྲངས་གྲྭིན་བསྡོམས་༩༡༠༠༠ཟིན་ཡོད།

༢༠༠༥ལོའི་ལོ་མཇུག་བར་ངེད་ཁྲིན་ཀོན་ཆུས་ཀྱིས་ཚོང་དོན་འཁོར་རྒྱུག་ཞབས་ཞུ་ལས་རིགས་ཀྱི་མ་དངུལ་སྐོར་དུང་ཕྱུར་༡.༩མངོན་གྱུར་བྱུང་བ་དེས་ཆུས་ཡོངས་ཀྱི་དཔལ་འབྱོར་སྤྱིའི་གྲངས་ཚད་ཀྱི་བརྒྱ་ཆ་༡༢.༡ཟིན་གྱི་ཡོད།

རང་སྐྱོང་ལྗོངས་ཀྱི“ཐོན་ལས་དང་པོར་ཆུ་ཚད་ལྡན་པ་དང་། ཐོན་ལས་གཉིས་པ་གཙོ་གནད་དུ་འཛིན་པ། ཐོན་ལས་གསུམ་པ་འཕེལ་རྒྱས་ཆེན་པོ་གཏོང་བ”བཅས་ཀྱི་སྤྱིའི་བླང་བྱ་གཞིར་བཟུང་། ཚོང་དོན་ཉེ་ཚོང་འཁོར་རྒྱུག་ལས་དོན་གྱིས་ངེད་ཁྲིན་ཀོན་ཆུས་ཀྱི་དཔལ་འབྱོར་འཕེལ་རྒྱས་ཁྲིད་གལ་ཆེའི་གནས་བབ་ལ་ངེས་ཤེས་གསར་པ་རྙེད་དེ་ཇ་ཆེན་ལམ་དང་ཁྲོམ་གཟིགས་ཁང་། ཐེན་ཧའི་མཚན་ཁྲོམ། ཕན་ཀྲུའུ་ཚོང་དོན་ཁྲོམ་ར། ཉེ་འོད་

ཐང་ཆེན་(དབྱང་ཁྲིང་ཐང་ཆེན་)སོགས་ལྟེ་བར་བྱས་ནས་གྲོང་ཤར་དང་གྲོང་ནུབ། གྲོང་དབུས་བཅས་གསུམ་ལྟེ་བར་བྱས་པའི་ཁྲིམ་ལས་ཁུལ་གསུམ་གསར་སྤེལ་འཛུགས་སྐྲུན་བྱས་པ་མ་ཟད། བསྟན་རྒྱས་གླིང་ཨར་ཁང་ཁྲིམ་གཞུང་དང་། བདེ་སྐྱིད་ལམ་བཟའ་བཏུང་ཁྲིམ་གཞུང་། བར་སྐོར་ཡུལ་སྐོར་དྲན་རྟེན་ཐོན་ཟས་ཁྲིམ་གཞུང་། ར་མོ་ཆེ་ལམ་གྱི་ཡུལ་སྐོར་ཉེ་སྐྲུབ་ལྟེ་གནས་ཁྲིམ་གཞུང་སོགས་བསྐྲུན་ཡོད།

༢༠༡༡ལོར་ཁྲིན་ཀོན་ཆུས་ཀྱི་སྤྱི་ཚོགས་འཇོད་སྤྱོད་ཐོན་ཟས་ཀྱི་ཕྱིར་ཚོང་མ་དངུལ་སྐོར་དུང་ཕྱུར་༢༨.༣༢ཟིན་པ་དང་ཆུས་ཁོངས་ཁེ་ལས་ཀྱིས་ཡོང་འབབ་སྐོར་དུང་ཕྱུར་༢.༠༧༩༣མངོན་གྱུར་བྱུང་བ་དེའི་ཁྲོད་ནས་ལག་ཤེས་བཟོ་ལས་ཀྱིས་སྐོར་ཁྲི་༥༨༨དང་། འཛུགས་སྐྲུན་ལས་རིགས་ཀྱིས་སྐོར་ཁྲི་༩༨༨ ཞབས་ཞུའི་ལས་རིགས་ཀྱིས་སྐོར་ཁྲི་༨༢༢ ཉོ་ཚོང་ལས་རིགས་ཀྱིས་སྐོར་ཁྲི་༨༥ ཚོང་འགྲུག་དངུལ་འདྲེན་གྱིས་སྐོར་ཁྲི་༣༠༠༠ གོང་རིམ་ནས་བཙོན་ལེན་བྱས་པའི་མ་དངུལ་སྐོར་ཁྲི་༥༠༠བཅས་མངོན་གྱུར་བྱུང་ཡོད།

༢༠༡༢ལོར་ཁྲིན་ཀོན་ཆུས་ཀྱི་སྤྱི་ཚོགས་འཇོད་སྤྱོད་ཐོན་ཟས་ཀྱི་ཕྱིར་ཚོང་མ་དངུལ་སྐོར་དུང་ཕྱུར་༣༩.༦ཟིན་པ་དེ་ལོ་གོང་མ་དང་བསྡུར་ན་བརྒྱ་ཆ་༢༠.༢འཕར་སྣོན་བྱུང་བ་དང་། ལག་ཤེས་ལས་རིགས་ཀྱིས་མ་དངུལ་སྐོར་ཁྲི་༧༣༠༠ལེགས་གྲུབ་བྱུང་བ་དེ་ལོ་གོང་མ་དང་བསྡུར་ན་བརྒྱ་ཆ་༢༡.༩འཕར་སྣོན་བྱུང་ལ། ཞབས་ཞུའི་ལས་རིགས་ཀྱིས་ཡོང་འབབ་བརྒྱ་ཆ་༡༡.༦མངོན་གྱུར་བྱུང་བ། ཚོང་ལས་ལས་རིགས་ཀྱིས་མ་དངུལ་སྐོར་ཁྲི་༥༨༩མངོན་གྱུར་བྱུང་བ་དེ་ལོ་གོང་མ་དང་བསྡུར་ན་བརྒྱ་ཆ་༢༠འཕར་སྣོན་བྱུང་བ། ཚོང་འགྲུག་མ་འདྲེན་གྱིས་སྐོར་ཁྲི་༣༠༠༠མངོན་གྱུར་བྱུང་བ། གོང་རིམ་གྱི་ཆེད་དོན་རོགས་སྐྱོར་དངུལ་གྲངས་སྐོར་ཁྲི་༧༠༠བཙོན་ལེན་བྱེད་ཐུབ་པ་བྱུང་བ་དང་། ལོའི་ལས་འགན་ལེགས་གྲུབ་བྱེད་ཚད་བརྒྱ་ཆ་༡༠༠བཅས་ཟིན་ཡོད།

“ལོ་ལྔ་ཚན་བཅུ་གཅིག”རིང་ཆུས་ཁོངས་ཁེ་ལས་ཀྱིས་ལེགས་གྲུབ་བྱས་པའི་སྤྱིའི་ཡོང་འབབ་སྐོར་དུང་ཕྱུར་༧.༡༩༨༠༣༦ཟིན་པ་དང་། ལོ་རེར་ཆ་སྙོམས་བརྒྱ་ཆ་༡༠.༨༧འཕར་སྣོན་བྱུང་ཡོད་པ་མ་ཟད་དཔྱ་ཁྲལ་སྐོར་ཁྲི་༡༩༠༢.༥༢འཇལ་ཡོད། དེ་དག་ལས་ལག་ཤེས་བཟོ་རྩལ་གྱི་ཐད་སྐོར་དུང་ཕྱུར་༡.༧༧༩༨༥༦བྱུང་བ་དེ་ལོ་རེའི་ཆ་སྙོམས་འཕར་ཚད་ཀྱི་བརྒྱ་ཆ་༡༠.༡༦ཟིན་པ་དང་། འཛུགས་སྐྲུན་ལས་རིགས་ཀྱི་ཐད་སྐོར་དུང་ཕྱུར་༣.༨༨༢༧ཟིན་པ་དེ་ལོ་

རེའི་ཆ་སྙོམས་འཕར་ཚད་ཀྱི་བརྒྱ་ཆ་༡༢.༩༣ཟིན་པ། ཞབས་ཞུའི་ལས་རིགས་ལ་སྔོར་དུང་ཕྱུར་༡.༧༥༡༧༥༨ཟིན་པ་དེ་ལོ་རེའི་ཆ་སྙོམས་འཕར་ཚད་ཀྱི་བརྒྱ་ཆ་༡༣.༠༣ཟིན་པ། ཉོ་ཚོང་ལས་རིགས་ལ་སྒོར་ཁྲི་༡༧༣༥.༢༢མངོན་གྱུར་བྱུང་བ་དེ་ལོ་རེའི་ཆ་སྙོམས་འཕར་ཚད་ཀྱི་བརྒྱ་ཆ་༡༣.༥༠ཟིན་པ། ཚོང་འགྲུག་མ་འདྲེན་གྱི་ལས་འགན་ཐད་སྒོར་ཁྲི་༥༩༧༥བྱུང་བ། གོང་རིམ་ནས་ཆེད་དོན་རོགས་སྐྱོར་གྱི་མ་དངུལ་སྒོར་ཁྲི་༡༢༢༥བྱུང་བ་བཅས་སོ། །

"ལོ་ལྔ་ཚན་བཅུ་གཉིས"མཇུག་མ་བསྒྲིལ་བར་དུ་ཆུས་ཁོངས་ཁེ་ལས་ཀྱི་ལོ་རྗིལ་པོའི་སྤྱིའི་ཡོང་འབབ་སྒོར་དུང་ཕྱུར་༢.༣༡༥༠༥ཟིན་པ་དེ་ལོ་གོང་མའི་དུས་མཉམ་དང་བསྡུར་ན་བརྒྱ་ཆ་༡༡.༥འཕར་སྣོན་བྱུང་ཞིང་། དེའི་ནང་ནས་ལག་ཤེས་བཟོ་ལས་ཀྱིས་རིན་ཐང་སྒོར་ཁྲི་༧༧༥༡.༢༥མངོན་གྱུར་བྱུང་བ་དེ་ལོ་གོང་མའི་དུས་མཉམ་དང་བསྡུར་ན་བརྒྱ་ཆ་༨.༡༨འཕར་སྣོན་བྱུང་ཡོད། འདི་ལྟར་མ་གཞི་གྲངས་ཚད་འཕར་སྣོན་གྱི་རྣམ་པ་ཞིག་ཏུ་གནས་ཀྱང་། གཙོ་བོའི་ཐོན་ལས་ཏེ་ལག་ཤེས་བཟོ་ལས་ཀྱིས་སྤྱིའི་ཡོང་འབབ་ཀྱི་བརྒྱ་ཆ་༣༣.༩༨ལས་ཟིན་མེད། གོང་གི་གཞི་གྲངས་འདི་ཆུས་ཁོངས་ཁེ་ལས་ཀྱི་ཕན་ནུས་དང་ཐོན་ལས་ཀྱི་གནས་བབ་གཉིས་གཅིག་ཏུ་མི་གནས་པའི་གནད་དོན་གསལ་བཤད་བྱས་ཡོད། དེ་མིན་ཆུས་ཁོངས་ཁེ་ལས་ནང་གི་མི་རིགས་ལག་ཤེས་གཙོ་གཉེར་བྱས་པའི་ཁེ་ལས་ཕལ་ཆེ་བ་ཞིག་ལ་འཇུགས་སྐྲུན་ལས་རིགས་དང་། ཞབས་ཞུའི་ལས་རིགས། ཁང་པ་བོགས་གཏོང་གི་ལས་རིགས་སོགས་ཚོང་གཉེར་རྣམ་གྲངས་གཞན་གྱི་འཁོར་སྐྱོད་ཚོང་གཉེར་ལ་བརྟེན་ནས་རྒྱུན་སྲུང་བྱེད་དགོས་པ་དེ་གསལ་བཤད་བྱས་ཡོད།

༢༠༡༨ལོ་རྗིལ་པོར་ཁྲིན་ཀོན་ཆུས་ཀྱི་སྤྱི་ཚོགས་འཛད་སྤྱོད་ཐོན་ཟས་ཀྱི་སིལ་ཚོང་དངུལ་གྲངས་སྒོར་དུང་ཕྱུར་༧༩.༧༥སླེབས་པ་དེ་ལོ་གོང་མའི་དུས་མཉམ་དང་བསྡུར་ན་བརྒྱ་ཆ་༡༥ཟིན་པ་དང་། ལག་ཤེས་བཟོ་ལས་ཀྱི་དངུལ་གྲངས་སྒོར་ཁྲི་༨༧༠༥.༣༣སླེབས་པ་དེ་ལོ་གོང་མའི་དུས་མཉམ་དང་བསྡུར་ན་བརྒྱ་ཆ་༧.༥ཆག་ཡོད་པ། ཞབས་ཞུའི་ལས་རིགས་ཀྱི་ཡོང་འབབ་སྒོར་དུང་ཕྱུར་༢.༢༠༠༡སླེབས་ཡོད་པ་དེ་ལོ་གོང་མ་དང་བསྡུར་ན་བརྒྱ་ཆ་༡༠འཕར་སྣོན་བྱུང་ཡོད། ཉོ་ཚོང་ལས་རིགས་ཀྱི་མ་དངུལ་སྒོར་ཁྲི་༥༩༧.༥སླེབས་ཡོད་པ་དེ་ལོ་གོང་མ་དང་བསྡུར་ན་བརྒྱ་ཆ་༨.༥འཕར་སྣོན་བྱུང་ཡོད།

དུས་མཉམ་པའི་གྲངས་གཞིའི་ཁྲོད། ༢༠༡༨ལོར་ལག་ཤེས་བཟོ་ལས་ཀྱི་ཐོན་འབབ་ཆག་པའི་རྒྱུ་རྐྱེན་གཙོ་བོ་ནི། ལག་ཤེས་བཟོ་ལས་དེ་རིགས་སྤེལ་བའི་མ་རྩ་མཐོ་པོ་ཡིན་པ། ཁེ་བཟང་ཆུང་བ། ཁེ་ལས་ཀྱི་ལག་རྩལ་མི་སྣ་ལོ་མཐོ་བ། གཞོན་ནུས་ལག་ཤེས་དེ་རིགས་སྦྱོང་རྒྱུར་མི་དགའ་བ། ལག་རྩལ་གསར་གཏོད་ཀྱི་ནུས་པ་ཞན་པ། ཐོན་སྐྱེད་བྱེད་ཚད་ཆུང་ལ་ཆེས་ སྤུས་ལྡན་གྱི་ཐོན་རྫས་ཆུང་བ། ཕྱིར་ཚོང་གི་ལམ་བུ་མི་ལེགས་པ། ད་དུང་ཛོང་དང་ས་གནས་གཞན་གྱི་ལག་ཤེས་བཟོ་རྩལ་གྱི་འགྲན་རྩོད་ཆེ་བ་བཅས་ཀྱིས་རྐྱེན་དཔྱའི་ཆར་བསྡོམས་རྩིས་ནང་ཚུད་པའི་མཉམ་སྤེལ་ལག་ཤེས་བཟོ་ལས་ཀྱི་ཁེ་ལས་༣ལས་སྒྱུར་བྱས་ཟིན་ལ། ད་དུང་ཁེ་ལས་མི་ཆུང་བ་ཞིག་ལས་སྒྱུར་བྱེད་པའི་བསམ་བློ་ཡོད་པ་རེད།

"ལོ་ལྔ་ཚན་འཆར་གཞི་བཅུ་གཉིས་པའི"རིང་། ཁྲིན་ཀོན་ཆུས་ཀྱི་ཚོང་དོན་ཞབས་ཞུའི་ལས་རིགས་ཀྱི་ཁྲོམ་ར་མངོན་གསལ་དོད་པོས་འཕེལ་རྒྱས་བྱུང་ཡོད་པ་དེའང་འཁོར་རྒྱུག་དེང་རབས་ཅན་གྱི་ཚུ་ཚད་གོང་མཐོར་ཕྱིན་ནས་སྣ་མང་ཅན་གྱི་མ་འཛོམ་དང་སྣ་མང་ལས་རིགས་ཀྱི་འཕེལ་རྒྱས་ཀྱི་རྣམ་པ་ཞིག་གཏོད་ཡོད། དུས་རིམ་ངེས་ཅན་གྱི་འཕེལ་རྒྱས་བརྒྱུད། ཁྲིན་ཀོན་ཆུས་ཀྱི་ད་ཡོད་ཀྱི་ཚོང་ལས་དྲ་གནས་ཁག་༣༣ཡོད་པ་དེ་དག་གི་གནས་སྟངས་ལའང་ཁྱད་ཆོས་ངེས་ཅན་ལྡན་ཡོད། གྲོང་ཁྲུལ་རྙིང་པའི་ཁུལ་ནི་གཙོ་བོ་ཡུལ་སྐོར་ཐོན་རྫས་ཀྱི་ཁྲོམ་རའི་འདུ་གནས་ཡིན་པ་དང་། དེར་ད་དུང་སྒོ་རྩིས་ཚོང་ཁང་དང་ཉོ་སྒྲུབ་ལྟེ་གནས་ཆེ་རིགས་ཀྱང་མི་ཆུང་བ་ཞིག་གནས་ཡོད་པས་ཚོང་དོན་ཞབས་ཞུའི་སྒྲིག་ཆས་ཏ་ཅང་འཛུམས་སྒོ་ཚང་བ་ཞིག་ཡིན། གསར་དུ་བསྐྲུན་པའི་ཚོང་ལས་ཀྱི་ཁྲོམ་ར་གཙོ་བོ་ནི་ཧྭན་ལི་དུས་རབས་ཐང་ཆེན་ནས་བར་སྐོར་ཁྲོམ་ར། ལྷུན་ཀོའུ་ཁྲོམ་ར་སོགས་ཀྱི་ཁུལ་དུ་ཡིན་ཞིང་། དེ་དག་ཏུ་འཛད་སྤྱོད་པའི་འདུ་ཚོགས་ཀྱང་ཤིན་ཏུ་ཆེ། བཟའ་བཅའ་དང་རོལ་རྩེད། འཕོར་རིགས་ཀྱི་ཁྲོམ་ར་ནི་གཙོ་བོ་ནུབ་གྲོང་ཁྲུལ་དུ་གནས་ཡོད། གྲོང་ཤར་ཁུལ་ནི་སྲིད་འཛིན་གཞུང་ལས་ཁུལ་དང་སྡོད་ཁུལ་ཡིན་ལ་དེར་དགོས་མཁོའི་དབང་གིས་ཚོང་ལས་ཞབས་ཞུའི་ལས་རིགས་ཀྱང་མི་ཆུང་བ་ཞིག་བསྐྲུན་ཡོད། "ལོ་ལྔ་ཚན་བཅུ་གཉིས་པའི"རིང་སྡེ་ཁུལ་གྱི་ཚོང་ལས་དྲ་གནས་ཀྱང་ཤིན་ཏུ་མགྱོགས་པོའི་ངང་ནས་འཕེལ་རྒྱས་འགྲོ་བཞིན་ཡོད། དེའང་ཚབ་མཚོན་འགའ་ཞིག་བརྗོད་ན། ཁྲོམ་གཟིགས་སྐང་གྲོང་མི་ཨུ་ཡོན་ལྷན་ཁང་དུ་ཚོང་ལས་དྲ

གནས་ཁག་༣༤༥ཙམ་ཡོད་པ། ཞོལ་སྐྱེ་ཁྱུལ་གྲོང་མི་ཨུ་ཡོན་ལྷན་ཁང་གི་ཁོངས་སུ་བཟོ་ཚོང་ཐོ་འགོད་བྱས་པའི་ཞབས་ཞུའི་ལས་རིགས་ཐེམ་དུད་༢༩༧ཙམ་ཡོད་པ་དེར་ལས་ཞུགས་མི་གྲངས་༦༡༨ཙམ་ཟིན་ཡོད་པ། དན་བག་སྐྱེ་ཁྱུལ་གྲོང་མི་ཨུ་ཡོན་ལྷན་ཁང་གི་ཁོངས་སུ་ཚོང་ལས་ཀྱི་དྲ་གནས་ཁག་༣༦༩ཙམ་ཡོད་པ། གྲ་བཞི་སྐྱེ་ཁྱུལ་གྲོང་མི་ཨུ་ཡོན་ལྷན་ཁང་གི་ཁོངས་སུ་ཚོང་ལས་དྲ་གནས་ཁག་༡༣༩ཙམ་ཡོད་པ་དེར་ལས་ཞུགས་མི་གྲངས་༢༨༤ཙམ་བྱས་ཡོད་པ། ཀླུ་སྒུག་སྐྱེ་ཁྱུལ་གྲོང་མི་ཨུ་ཡོན་ལྷན་ཁང་གི་ཁོངས་སུ་ཚོང་ལས་དྲ་གནས་༥༤༥ཡོད་པ་བཅས་སྐྱེ་ཁྱུལ་ཁག་གི་ཚོང་ལས་ཀྱི་དྲ་གནས་ཉིན་རེ་བཞིན་འཕེལ་རྒྱས་འགྲོ་བཞིན་ཡོད། གཞན་སྐྱེ་ཁྱུལ་གྱི་དོན་དངོས་གནས་ཚུལ་ལ་གཞིགས་ནས་གྲོང་མིར་སྟབས་བདེའི་འཛད་སྤྱོད་ཀྱི་ཁོར་ཡུག་གཏོད་ཡོད་པ་སྟེ། སྐྱེ་ཁྱུལ་ཁག་བཅུ་ཡི་ནང་དུ་ཁྲིམ་ལས་ཞབས་ཞུ་ས་ཚིགས་དང་། ཤ་ཚལ་ཚོང་ཁང་། དམངས་ཕན་སྨན་རྫས་ཚོང་ཁང་བཅས་བཙུགས་ནས་སྐྱེ་ཁྱུལ་གྱི་མི་དམངས་ལ་སྟབས་བདེ་བསྐྲུན་ཡོད།

༢༠༠༧ལོར“གྲོང་ཚོ་ཁྲི་དང་ཤང་སྟོང་”གི་ཁྲོམ་རའི་ལས་གཞི་འགོ་ཚུགས་པའི་རྗེས་ཚོང་གནས་ཁག་༨༢དང་སྤེལ་སྐྱེལ་ས་ཚིགས་༡ ཚོང་དོན་ལྟེ་གནས་༡བཅས་གསར་སྐྲུན་བྱས་ནས་གྲོང་གསེབ་ཀྱི་ཚོང་ལས་དྲ་གནས་སྐྱུར་སྤེལ་གཏོང་བའི་ལས་ཀར་འགན་ལེན་བྱས་ཡོད་པ་དེས་གྲོང་གསེབ་ཀྱི་འཛད་སྤྱོད་ཁོར་ཡུག་ལེགས་སུ་བཏང་ནས་ཁྲིན་ཀོན་ཆུས་ཀྱི་གྲོང་གསེབ་གསར་པ་འཛུགས་སྐྲུན་བྱེད་པར་ལེགས་སྐྱེས་ཕུལ་ཡོད། གོང་རིམ་ལ་ཧུར་བརྩོན་ཆེན་པོས་འབས་སྦྱོར་དང་། ཚོང་དོན་ཐིང་གིས་ཞིབ་དཔྱད་ཚད་ལེན་བྱས་པ་བརྒྱུད། ཁྲིན་ཀོན་ཆུས་ཀྱི་ཁྲོམ་གཟིགས་སྣང་ཁྲོམ་ར་ཆེན་མོ་དང་ཞོལ་སྐྱེ་ཁྱུལ་གཉིས་སྐབས་དང་པོའི་རང་སྐྱོང་ལྗོངས་རིམ་པའི་ཚོང་ལས་དཔེ་མཚོན་སྐྱེ་ཁྱུལ་ལ་བདམས་ཐོན་བྱུང་བ་མ་ཟད་དངོས་སུ་སྒོ་བྱང་བཀལ་ཡོད།

༢༠༡༥ལོའི་ཟླ་༡༢པའི་བར་ཁྲོང་ཀོན་ཆུས་ཀྱིས“གྲོང་ཚོ་ཁྲི་དང་ཤང་སྟོང་”གི་ཞིང་པའི་ཐེམ་དུད་༣༨བཙུགས་ཤིང་ད་དུང་ཚོང་གཉེར་བྱེད་མཁན་༣༡ཡོད། པེ་དབྱི་སྨོ་རྟེས་ཚོང་ཁང་དང་ཧྲེང་སེ་ཙ་སྨོ་རྟེས་ཚོང་ཁང་སོགས་འབྲེལ་ཡོད་ཁེ་ལས་ཀྱིས་ཚོང་ཟོག་མགྱོགས་འདོན་བྱེད་རྒྱུའི་མ་ལག་ནང་ཞུགས་ཡོད། རྣམ་པ་དེས་གྲོང་གསེབ་ཀྱི་འཛད་སྤྱོད་སྟབས་མི་བདེ་བ་དང་

གྲོང་གསེབ་ཀྱི་འཇོད་སྒྱུད་བདེ་འཇགས་མིན་པ། རིན་གོང་མཐོ་བ་སོགས་ཀྱི་གནད་དོན་ཡང་ཐག་གཅོད་བྱས་ཡོད་ལ། གཞི་རྩའི་ཆ་ནས་གྲོང་གསེབ་འཇུགས་སྐྱུན་གྱི་གོམ་བགྲོད་ཇེ་མགྱོགས་དང་། གྲོང་གསེབ་ཀྱི་ཚོང་ལས་དྲ་བའི་འཇུགས་སྐྱུན་འཁྱུས་ཚང་། འཇོད་སྒྱུད་ཀྱི་ཁོར་ཡུག་ལེགས་བཅོས། ཞིང་འབྲོག་མང་ཚོགས་ཀྱི་འཇོད་སྒྱུད་སྟབས་བདེ་དང་གོང་དམའ་བ་སོགས་ཀྱི་གནད་དོན་ལ་འགན་ལེན་བྱུང་ཡོད།

མིག་སྔའི་ཆར་ཁྲིན་གོན་ཆུས་ཀྱི་མངའ་ཁོངས་སུ"གྲོང་ཚོ་ཁྲི་དང་ཤང་སྟོང་"གི་ཚོང་ལས་རྣམ་གྲངས་ཚོང་ཁང་༡༤ལྷག་ཡོད་པ་དེས་ལྷག་ཚད་བརྒྱ་ཆ་༥༠ཟིན་ཡོད་པས་ལས་གཞི་དེས་རྣམ་གྲངས་ལག་བསྟར་བྱེད་པའི་ཁྲིད་ནུས་པ་བཟང་པོ་ཐོན་ཡོད།

"ལོ་ལྔ་ཚན་བཅུ་གཉིས"རིང་། སྔར་ཡོད་ཀྱི་ཞིང་ཟོག་ཁྲོམ་རའི་སྟེང་ཞིང་འབྲོག་མང་ཚོགས་ཀྱིས་ཐོན་ཟས་རང་ཐོན་རང་ཚོང་གི་རྣམ་པར་སྐྱེལ་འདེད་བཏང་ནས་རིན་མེད་ངང་ཁྲོམ་སྡེགས་སྤྲད་ཡོད། དེས་ཞིང་ཟོག་ཐོན་ཟས་ཕྱིར་ཚོང་གི་འཁོར་རིམ་ཇུང་དུ་བཏང་བ་མ་ཟད། ཞིང་འབྲོག་མང་ཚོགས་ཀྱི་ཐོན་ཟས་ཚོང་གཉེར་དཀའ་བའི་གནད་དོན་ཡང་ཐག་གཅོད་བྱས་པ་དང་སྤྲགས་ཁོ་ཚོར་ཐད་ཀའི་ཡོང་འབབ་བསྐྱུན་ཐུབ་པ་བྱུང་ཡོད། ཞིང་འབྲོག་མང་ཚོགས་ལ་རིན་མེད་ཁྲོམ་སྡེགས་སྤྲད་ཡུལ་ནི་ལྟེགས་པོ་རིའི་ཞིང་ཟོག་ཕྱོགས་བསྡུས་ཁྲོམ་ར་དང་། གནམ་གཤིས་ཅུད་ཁྲོམ་ར། ཕ་པ་གླིང་ཞིང་ཟོག་ཁྲོམ་ར། ཤང་དབྱང་ཞིང་ཟོག་ཁྲོམ་ར་སོགས་ཡིན་ཞིང་། མི་དམངས་ལ་སྟབས་བདེ་བསྐྱུན་ཆེད་ཐག་ཉེ་ཐུང་གིས་བཀོད་སྒྲིག་བྱེད་པའི་རྩ་དོན་གཞིར་བཟུང་སྟེ་ཤང་༤ཡི་འབྲེལ་ཡོད་མི་དམངས་ཀྱི་གཞི་རྩའི་གནས་ཚུལ་ལ་གཞིགས་ནས་ཁྲོམ་སྡེགས་༡༡༩བཀོད་སྒྲིག་བྱ་རྒྱུ་ལེགས་གྲུབ་བྱུང་ཡོད།

༢༠༡༡ལོ་ནས་འགོ་བཙུགས་ཏེ་ཁྲིན་གོན་ཆུས་ཀྱིས་དྲིལ་བསྒྲགས་ཤུགས་ཆེན་དང་། འབྲེལ་འདྲིས་རྒྱ་ཆེ། ལྟ་སྐྱུལ་དོ་དམ་ལ་ཤུགས་སྣོན་བཅས་ཀྱི་ཐོག་ནས་ཧུར་བརྩོན་ཆེན་པོས་ཞིང་ཟོག་དང་སྒོ་རྫས་ཚོང་ཁང་མཐུད་སྣེ་བྱེད་པའི་རྣམ་གྲངས་ལས་གཞི་ལེགས་པོ་སྤེལ་ཡོད། ༢༠༡༡ལོར་ཁྲིན་གོན་ཆུས་ཀྱི་ཚལ་གྱུང་ཐང་ཤང་སྟོ་ཚལ་འདེབས་འཇུགས་རྟེན་གཞི་དང་ཧྲེང་མེ་ཙ་སྒོ་རྫས་ཚོང་ཁང་གཉིས་གན་རྒྱ་བཞག་ནས་ཚལ་གྱུང་ཐང་ཤང་གི་སྟོ་ཚལ་འདེབས་འཇུགས་ཀྱི་དྲོད་ཁང་༤༢༨ཡོད་པ་ལས་དྲོད་ཁང་༣༧༤ཀྱི་ལྡུང་མདོག་ཚལ་རིགས་ཁག་༢༢ཁྲིམ་

རང་འདོན་རྒྱ་གཏན་འཕེལ་བྱུང་ཡོད། ༢༠༡༢ལོར་སྔར་ཡོད་ཀྱི་ལས་ཀའི་རྨང་གཞིའི་ཐོག་ཚལ་གུང་ཐང་ཤང་སྤོ་ཚལ་འདེབས་འཛུགས་རྟེན་གཞི་དང་མོ་ཨེར་སྒོ་རྩིས་ཚོང་ཁང་གཉིས་གཏན་རྒྱ་བཞག་ནས་དྲོད་ཁང་༩༠༠ཡི་ཚལ་རིགས་ཁག་༢༨ཁྲིམ་རང་འདོན་རྒྱ་གཏན་འཕེལ་བྱུང་ནས་ཞིང་ཟོག་ཐོན་ཟས་འཁོར་རྒྱུག་གི་མ་ལག་བསྐྲུན་ཡོད།

ཁྲིམ་ཆས་གཤམ་གཏོང་བྱེད་པའི་ལས་དོན་ནི་ཚོང་དོན་སྤུའུ་དང་ནོར་སྲིད་སྤུའུ་ཡིས་ལག་བསྟར་བྱས་པའི་དམངས་ཕན་གྱི་བྱེད་སྒོ་ཞིག་ཡིན། འདི་ནི་ཚན་རིག་དང་མཐུན་པའི་གོང་འཕེལ་ལྟ་བ་དོན་འཁྱོལ་བྱེད་པའི་ནང་མཚོ་རྒྱ་སྐྱིད་ཀྱི་བྱ་ཐབས་གལ་ཆེན་ཞིག་ཡིན། ཁྲིན་ཀོན་ཆུས་ཀྱི་ཞིང་འབྲོག་མང་ཚོགས་ཀྱི་ཉོ་སྒྲུབ་ཆུ་ཚད་དང་འཛད་སྤྱོད་ཆུ་ཚད་གཉིས་ཟུང་འབྲེལ་བྱས་ནས"ཁྲིམ་ཆས་གཤམ་གཏོང་དང་། ལྕགས་འཁོར་དང་སྒྲག་སྒྲག་གཤམ་གཏོང་"བྱེད་སྒོའི་ལས་གཞིའི་ས་ཡུལ་དངོས་ཀྱི་ཚོགས་འདུ་འཚོགས་པ་མ་ཟད། དེ་ཁྲིན་ཀོན་ཆུས་གཤམ་གཏོང་གསུམ་གྱི་ལས་ཀའི་ཁྲོད་དུ་བཞག་ཡོད།

"ལོ་ལྔ་ཚན་བཅུ་གཉིས་པའི་"རིང་། ཁྲིམ་ཆས་དང་ཁྲིམ་སྤྱོད་གློག་ཆས་གཤམ་གཏོང་གྲངས་༡༠༠༠ཙམ་ཞིག་ལ་ཞིབ་བཤེར་བྱས་ཡོད་པ་དེར་བྲིན་ཚད་དངུལ་སྒོར་ཁྲི་༢༠༠༠ལ་ཉེ་བ་ཟིན་ཡོད་ཐོག །ནོར་སྲིད་ཀྱི་ཁ་གསབ་སྒོར་ཁྲི་༢༠༠ལྷག་ཙམ་ཞིག་བྱས་ཡོད། ༢༠༡༨ལོའི་ནང་ཁྲིན་ཀོན་ཆུས་སུ་ཁྲིམ་སྤྱོད་གློག་ཆས་ཁ་གསབ་ཀྱི་སྲིད་ཇུས་ལོངས་སུ་སྤྱོད་ཆོག་པའི་ཞིང་འབྲོག་མང་ཚོགས་མ་མཐའི་འགན་སྲུང་ཐེམ་ཐུད་གྲོན་༣༠༩ཡོད་པར་འཛིན་ཡིག་ལྟར་མ་དངུལ་སྒོར་ཐུང་ཕྲུར་༥.༡༧༣༢༧༨༨༥སྤྲད་ཡོད་ཅིང་། དངུལ་གྲངས་སྒོར་བྱེ་བ་༢.༠༠༡༨༢༡༢དམིགས་ཚད་ལས་བརྒལ་བའི་གྲུབ་འབྲས་ཐོབ་ཡོད།

ཁྲིན་ཀོན་ཆུས་མངའ་ཁོངས་ཀྱི་གློག་རྟུལ་ཚོང་དོན་དང་མྱུར་སྐྱེལ་ཟོག་འགྲེམས་ཕལ་ཆེ་བ་ནི་ནང་འདྲེན་རང་བཞིན་གྱི་ཁེ་ལས་ཡིན། དེ་དག་ཁྲིན་ཀོན་ཆུས་ཡོངས་སུ་ཁྱབ་ཡོད་པ་མ་ཟད། འགའ་ཞིག་ནི་ཤང་གྲོང་དུའང་འཕེལ་རྒྱས་བྱུང་ཡོད། ད་ལྟའི་ཆར་ཁྲིན་ཀོན་ཆུས་ལ་ཟོག་འགྲེམས་ཁེ་ལས་གྲངས་༥༠ཙམ་ཡོད་པ་མ་ཟད། སྤེལ་སྐྱེལ་གྱི་དྲ་གནས་ཁྲིན་ཀོན་ཆུས་ཡོངས་སུ་ཁྱབ་ཡོད་ལ། ཐ་ཆེན་ཤང་ལྷ་སྦུའི་ཤང་གྲོང་འགའ་ཞིག་ལའང་ས་ཚིགས་བཙུགས་ཡོད།

བདུན་པ། སྨག་སྲིད་ཐྲེ་གཞག

སྤྱི་ཚོགས་རྙིང་པའི་དུས་སུ་ཛ་དྲག་གི་གཞུང་ཡིག་སྐྱེལ་མཁན་ལ་ཨ་དྲུང་ཞེས་བརྗོད། ཁོ་ཚོས་སྐྱིད་པའི་སྟེང་ཁ་སྒྱུར་བའི་གཞུང་ཡིག་ཁྱེར་ཏེ་ས་ཚོགས་ཁག་ནས་རྟ་དྲེལ་བརྗེ་པོ་བརྒྱབ་སྟེ་ཉིན་མཚན་མེད་པར་གཞུང་ཡིག་སྐྱེལ་དུ་འགྲོ་བཞིན་ཡོད་པ་དང་། སྤྱིར་བཏང་གི་གཞུང་ཡིག་ཡིན་ཚེ་ཡིག་སྐྱེལ་པས་རྟ་བཞོན་ནས་རྫོང་ཁག་ཏུ་སྐྱེལ་བཞིན་ཡོད་ཅིང་། གྲོང་ཚོ་ཁག་ཏུ་ཡི་གེ་འཁོར་རྗེས་འགོ་དཔོན་གྱིས་འགན་ཁུར་ནས་བརྫ་ཐོ་གཏོང་གི་ཡོད། མི་སྒེར་གྱི་ཡི་གེ་ཡིན་ཚེ་མི་གཞན་བརྒྱུད་ནས་འཁོར་ཡུལ་དུ་སྐྱེལ་དགོས། དུས་རབས་ཉི་ཤུ་པའི་ལོ་རབས་ཉི་ཤུའི་ནང་ལྷ་ས་ལྟེ་བར་བྱས་ནས་གྲོ་མོ་ནས་རྒྱལ་རྩེའི་བར་ལ་སྐྱུད་ཡོད་གློག་འཕྲིན་ཞིག་བཙུགས་ཡོད་པ་མ་ཟད། ས་གནས་ཁག་ཏུ་ཡང་ཡིག་སྐྱེལ་བ་བཞག་ཅིང་ཡིག་སྐྱེལ་བ་དག་ཕལ་ཆེར་རྐང་ཐང་དུ་འགྲོ་དགོས་པ་ཡིན། བོད་ཞི་བས་བཅིངས་འགྲོལ་བཏང་བའི་རྗེས། ཏར་ཁང་ལས་ཁུངས་བཙུགས་ནས་ཏར་ཁང་གི་ལས་སྒོ་ཇེ་ཆེར་གཉེར་ཡོད། དམངས་གཙོའི་བཅོས་སྒྱུར་བྱས་རྗེས་ཏར་ཁང་གི་ལས་སྒོར་འཕེལ་རྒྱས་ངེས་ཅན་བྱུང་ནས་དུས་ཐོག་དང་གནད་ལ་འཁེལ་བའི་སྒོ་ནས་ཡི་གེ་དང་ཚགས་པར། གློག་འཕྲིན། དེ་བཞིན་འཐོག་ཕྲིལ་སོགས་སྐྱེལ་ཐུབ་པ་བྱུང་ཡོད། མིག་སྔར་ཁྲིན་གོན་ཆུས་ཀྱི་གློག་འཕྲིན་ཡོ་ཆས་སྔོན་ཐོན་ཅན་དང་ཆ་ཚང་པོ་ཡོད་པ་མ་ཟད། སྔོན་བསྒྲིགས་གོ་རིམ་ལྡན་པའི་ཁ་པར་ཀུན་ལ་ཁྱབ་ཡོད་ཐོག །དེ་བཞིན་སྐུད་མེད་ཁ་པར་དང་། རྒྱལ་སྤྱི་རྒྱལ་ནང་ཐག་རིང་ཐད་སྦྲེལ། ཡིག་རིས་བརྙན་སྐྱེལ་སོགས་ལས་སྒོ་མང་ཆེ་བ་ཤར་གཏོང་ཐུབ་ཡོད་ལ། མཉམ་སྦྲེལ་དྲ་རྒྱ་རྒྱ་ཁྱབ་བྱུང་ནས་མང་ཚོགས་དཀྱུས་མས་ཀྱང་ལག་ཐོགས་ཁ་པར་བརྒྱུད་དྲ་རྒྱ་བདེ་སྤྱོད་གཏོང་བ་ནི་རྒྱུན་གཏན་གྱི་རྣམ་པར་གྱུར་ཡོད།

བརྒྱད་པ། འཕྲིམ་འགྲུལ་སྐྱེལ་འདྲེན་ཐྲེ་གཞག

སྤྱི་ཚོགས་རྙིང་པའི་དུས་སུ་གཞུང་ལམ་གཅིག་ཀྱང་མེད་ལ་སྐྱེལ་འདྲེན་ཐམས་ཅད་ནི་མི་ནུས་སེམས་ཕྱུགས་རིགས་ལ་བརྟེན་དགོས་པ་ཡིན། དེར་བརྟེན་གཞུང་དོན་གྱི་ཆེད་དུ་ཕྱི་ཕྱོགས་སུ་འགྲོ་མི་རྣམས་ལ་གཞུང་ཕྱོགས་ནས་རྟ་དྲེལ་གྱི་ཁྲལ་འཇལ་དགོས་ཞེས་པའི་ལམ་ཡིག་ཅིག་སྤྲོད་བཞིན་ཡོད། ས་གནས་ཁག་གི་མི་རྣམས་ཀྱིས་རང་ཉིད་ཀྱི་ས་ཞིང་གི་རྒྱ་ཁྱོན་

ཆེ་ཆུང་ལ་གཞིགས་ནས་རྟ་དྲེལ་གྱི་ཁལ་ཁྲལ་འཇལ་དགོས་ལ། གཞུང་དོན་གྱི་ཆེད་དུ་ཕྱི་ཕྱོགས་སུ་ཐོན་མི་རྣམས་ཀྱིས་ལམ་ཡིག་ནང་བྲིས་པའི་ལམ་ཐིག་ཇི་བཞིན་རྟ་དྲེལ་བསྐྱལ་ནས་དམིགས་སའི་རྫོང་དང་ས་ཚིགས་སུ་ཐོན་བཞིན་ཡོད་ཅིང་། གལ་ཏེ་རྫོང་དུ་སྐྱེལ་དགོས་ཚེ་ཉིན་ཁ་ཤས་ཀྱི་སྔོན་དུ་མདའ་འཕྲིན་གྱི་བརྡ་ཐོ་གཏོང་བཞིན་ཡོད། མདའ་འཕྲིན་གྱི་བརྡ་ཐོ་ཞེས་པ་ནི་མདའ་རྩེ་ཞིག་གི་སྟེང་དུ་རས་དམར་པོ་ཞིག་བསྒྲིལ་ཏེ་དེའི་སྟེང་འཁོར་དུས་དང་རྟ་དྲེལ་གྱི་གྲངས། ཀོ་གྲུ། སྣོད་ཁང་། རྟ་རྫི་དང་ཐབ་གཉེར་སོགས་གྲ་སྒྲིག་བྱེད་དགོས་པའི་ཐོ་བྲིས་ཡོད་པ་ཞིག་ཡིན། མདའ་འཕྲིན་འཁོར་རྗེས་ས་གནས་ཁག་གིས་ནང་དོན་བཞིན་སྒྲུབ་གཉེར་བྱེད་ཀྱི་ཡོད། ལྷ་ས་ནས་སྐྱིད་ཆུའི་ལྷོ་ངོས་ཀྱི་ཤར་ཕྱོགས་སུ་འགྲོ་བར། རྟ་དྲེལ་མལ་གྲོ་གུང་དཀར་བར་བསྐྱོལ་པ་དང་། བསྐྱལ་ལ་རི་བོ་བརྒྱལ་ནས་ལྷོ་ཁར་འགྲོ་བར། རྟ་དྲེལ་བསམ་ཡས་བར་བསྐྱོལ་གྱི་ཡོད། ལྷ་ས་སྐྱིད་ཆུའི་བྱང་ལམ་ནས་ཤར་ཕྱོགས་སུ་འགྲོ་དགོས་ཚེ། རྟ་དྲེལ་སྟག་རྩེ་རྫོང་བར་བསྐྱོལ་པ་དང་། ལྷ་ས་ནས་ནུབ་བྱང་གི་ཕྱོགས་སུ་འགྲོ་བར། རྟ་དྲེལ་སྟོད་ལུང་བདེ་ཆེན་རྫོང་བར་བསྐྱོལ་བ། ལྷོ་བྱང་གི་ཕྱོགས་སུ་འགྲོ་བར། རྟ་དྲེལ་ཆུ་ཤུར་རྫོང་བར་བསྐྱོལ་བ། འཕན་པོ་སྒོ་ལ་བརྒྱབ་ནས་བྱང་ཕྱོགས་སུ་འགྲོ་བར། རྟ་དྲེལ་ལྷུན་གྲུབ་རྫོང་བར་བསྐྱོལ་གྱི་ཡོད། གོང་གི་ལམ་ཐག་ལ་ཕལ་ཆེར་ཉིན་གསུམ་དགོས་ཀྱི་ཡོད། དེ་དག་ལ་སྐྱེལ་གནས་ཀྱི་རྫོང་ཞེས་བྱ། ལྷ་ས་ནས་ཤར་ཕྱོགས་ཚལ་གུང་ཐང་། གར་པ། བྱང་ཕྱོགས་སུ་བགྲོད་ནས་འཕན་པོ་སྒོ་ལ་ནས་དོག་བདེ། ནུབ་ངོས་སུ་གདོང་དཀར། དེ་དག་ཏུ་རྟ་དྲེལ་བརྗེ་པོ་རྒྱག་དགོས་པས་སྐྱེལ་གནས་ཀྱི་ས་ཚིགས་ཞེས་བྱ། སྐོར་ངོས་ཀྱི་འགྲོ་འོང་བྱེད་པའི་མི་རྣམས་སོ་སོའི་རྟ་དྲེལ་སྦྱོད་དགོས་པ་དང་། ཐག་རིང་གཡང་གཟར་དུ་ཛག་པ་འཕྲེད་པའམ། དུས་ཐོག་ཏུ་ཀོ་གྲུར་སྟོད་རྒྱུ་མི་རག་པ། དབྱར་དུས་སུ་རྟ་དྲེལ་གྱིས་ཞིང་ཁ་ཟ་བ། མགྲོན་ཁང་རྒྱུས་མངའ་མེད་སྐབས་ཞག་སྡོད་བྱེད་མི་བདེ་བ་སོགས་ཀྱི་རྙོག་དྲ་མི་ཉུང་ཞིག་འཕྲད་བཞིན་ཡོད། མིག་སྔའི་ཆར་ཁྲིན་ཀོན་ཆུས་གྲོང་ཁྱེར་ཁུལ་གྱིས་ལྟེ་བར་བྱས་པའི་ཕྱིར་འགྲོ་ནང་འོང་བྱེད་སའི་རྒྱལ་ལམ་ཁག་༥མངོན་གྱུར་བྱུང་ཡོད་ལ། དེའི་འོག་ཞིང་ཆེན་(ལྗོངས)རིམ་པའི་ལམ་བུ་༡༤དང་། རྫོང་དང་ཤང་རིམ་པའི་ལམ་བུ་༧༧གྱིས་རྨང་གཞི་བྱས་པའི་གཞུང་ལམ་འཁྲིམ་འགྲུལ་དྲ་བ་རྩ་བའི་ཆ་ནས་ལེགས་གྲུབ་ཟིན་ཅིང་། གྲོང་ཁྱེར་

ནང་ཁུལ་དང་ཉེ་ཁུལ་གྱི་ཡུལ་སྐོར་མཛེས་ལྗོངས་ཁུལ་དང་གོང་དཀར་གནམ་ཐང་ལ་ཤར་བསྒྲོད་བྱེད་ཐུབ་ཀྱི་ཡོད།

དགུ་པ། སློབ་གསོ་དང་ལུས་རྩལ་བྱ་གཞག

བོད་ལ་དམངས་གཙོའི་བཅོས་བསྒྱུར་བཏང་བའི་རྗེས་ཁྲིན་ཀོན་ཆུས་དང་གྲོང་གསེབ་ཁག་ཏུ་སློབ་གྲྭ་མི་ཉུང་བ་ཞིག་བཙུགས་ཤིང་སློབ་ཁྲིད་ཀྱི་ནང་དོན་ལ་རྒྱ་ཡིག་དང་བོད་ཡིག་ཨང་རྩིས། ལུས་རྩལ་སོགས་རིག་གནས་ཀྱི་སློབ་ཚན་དང་ཆབ་སྲིད་དང་ཉེར་སྤྱོད་ཤེས་བྱ་སོགས་ཀྱི་སློབ་ཚན་བཀོད་སྒྲིག་བྱས་ཏེ་ཡིག་རྗོངས་རྒྱ་ཆེར་སེལ་བ་མ་ཟད། ཤེས་ཡོན་པ་མི་ཉུང་བ་ཞིག་གསོ་སྐྱོང་བྱས་ནས་ལས་གནས་ཁག་ཏུ་སྤྲོག་ཤིང་ལྷ་བུའི་ནུས་པ་ཐོན་ཡོད། མིག་སྔར་ཁྲིན་ཀོན་ཆུས་ཁོངས་སུ་གཞུང་ཕྱོགས་ཀྱིས་གཉེར་བའི་སློབ་ཆུང་༢༨དང་ཆ་ཚང་སློབ་ཆུང་༡༨ སློབ་ཁྲིད་བྱེད་གནས་ཁག་༡༠བཅས་ཡོད་པར་ཁྱོན་སློབ་ཕྲུག་༡༠༩༩ཟིན་ཡོད། དེ་མིན་ཤིང་དང་དོན་གཅོད་ཁང་༡༣ལ་ཡང་ཡིག་རྗོངས་སེལ་བའི་སློབ་གྲྭ་བཙུགས་ཡོད། ༢༠༠༡ལོར་ཁྲིན་ཀོན་ཆུས་སློབ་གསོ་ཅུད་ཀྱི་མངའ་ཁོངས་སུ་སློབ་ཆུང་༡༣ཡོད་པ་དེ་ལས་སློབ་གསོའི་ལམ་ལུགས་ཁག་ལ་བསྒྱུར་བཅོས་བྱུང་རྗེས་སུ་ཚན་པ་མང་དུ་ཕྱིན་ནས་སློབ་གསོའི་གཞི་རྒྱ་ཇེ་ཆེར་ཕྱིན་ཡོད། ༢༠༠༢ལོར་ལྷ་ས་གྲོང་ཁྱེར་གྱིས་ངེད་ཁྲིན་ཀོན་ཆུས་ལ་སློབ་འབྲིང་ལྡེ་པ་(ཅང་སུའུ་ཡིས་རོགས་སྐྱོར་བྱས་ནས་སྐྲུན་སྐྲུན་རྗེས་སུ་ཅང་སུའུ་སློབ་འབྲིང་ཞེས་བྱ་)དང་དམངས་བཙུགས་སློབ་ལོ་མ་ལོན་པའི་སློབ་གསོའི་ལྟེ་གནས་ཁག་༣༥རྩིས་སྤྲོད་བྱས་པ། ༢༠༠༩ལོར་ཁྲིན་ཀོན་ཆུས་ཀྱི་དགེ་རྒན་གསོ་སྐྱོང་ལྟེ་གནས་༡གསར་འཛུགས་བྱས་པ། ༢༠༡༢ལོར་གྲོང་ཁྱེར་ཡོངས་ཀྱི་སློབ་གྲྭའི་དོ་དམ་ལམ་ལུགས་བཟོ་བཅོས་བྱས་རྗེས། ཁྲིན་ཀོན་ཆུས་ཀྱིས་གྲོང་ཁྱེར་ཐད་གཏོགས་ཀྱི་སློབ་འབྲིང་དང་། སློབ་ཆུང་། བུ་བཙལ་ཁང་སོགས་རྩིས་ལེན་བྱས་ནས་སློབ་གསོའི་སྒྲི་འགོར་དེ་གྲོང་ཁྱེར་ཡོངས་ཀྱི་ཕྱེད་ཀ་ཟིན་ནས་ལྗོངས་ཡོངས་སུ་སློབ་གསོའི་གཞི་ཁྱོན་ཆེ་ཤོས་ཀྱི་ཇོང་རིམ་པའི་སློབ་གསོའི་ས་ཚིགས་ཤིག་ཆགས་ཡོད། ༢༠༡༧ལོའི་བར་ཁྲིན་ཀོན་ཆུས་ཀྱི་སློབ་གྲྭ་ཁག་གི་བསྡོམས་གྲངས་ནི་༩༣ཡིན་པ་དང་སློབ་ཞུགས་སློབ་མའི་བསྡོམས་གྲངས་ནི་༥༥༢༡༤ཡིན་པ། དེའི་ནང་ན་བུ་བཙལ་ཁང་༨༣ཡོད་པ་ལས་དམངས་བཙུགས་བུ་བཙལ་ཁང་༣༨དང་། ཁྲིན་ཀོན་ཆུས་ཀྱི་གཞུང་གཉེར་བུ་བཙལ་ཁང་༢༠ གྲོང་ཚོ་རིམ་པའི་

གཞུང་གཉེར་བྱ་བཅོལ་ཁང་༧བཅས་ཡིན་ཞིང་དེ་དག་ལ་སློབ་མ་༡༥༧༥༢ཡོད་པ། སློབ་ཆུང་ཁག་༢༠ཡོད་པར་སློབ་ཞུགས་སློབ་མ་༢༧༨༥༢ཡོད་པ། སློབ་འབྲིང་ཁག་༨ཡོད་པར་སློབ་མ་༡༥༡༩ཡོད་པ། གཞན་དུ་དགེ་རྒན་གསོ་སྦྱོང་ལྟེ་གནས་དང་ལས་རིགས་ལག་རྩལ་གསོ་སྦྱོང་ལྟེ་གནས་ཁག་རེ་རེ་ཡོད།

ཁྲིན་ཀོན་ཆུས་ཀྱི་གཤམ་འོག་ཏུ་ཁོངས་རིམ་པའི་སློབ་གསོའི་ཚན་པ་ཁག་༡༣ཡོད། དེ་དག་ནི་ལྷ་ས་གྲོང་ཁྱེར་སློབ་འབྲིང་དང་པོ་དང་། ལྷ་ས་གྲོང་ཁྱེར་སློབ་འབྲིང་གཉིས་པ། ལྷ་ས་གྲོང་ཁྱེར་སློབ་འབྲིང་གསུམ་པ། ལྷ་ས་གྲོང་ཁྱེར་སློབ་འབྲིང་བཞི་པ། ལྷ་ས་གྲོང་ཁྱེར་སློབ་འབྲིང་དྲུག་པ། ལྷ་ས་གྲོང་ཁྱེར་སློབ་འབྲིང་བདུན་པ། ལྷ་ས་གྲོང་ཁྱེར་སློབ་འབྲིང་བརྒྱད་པ། ལྷ་ས་གྲོང་ཁྱེར་ཚོང་ལྟའི་སློབ་ཆུང་། ལྷ་ས་གྲོང་ཁྱེར་སློབ་ཆུང་དང་པོ། ལྷ་ས་གྲོང་ཁྱེར་ཚོང་ལྟའི་བྱ་བཅོལ་ཁང་། ལྷ་ས་གྲོང་ཁྱེར་ཀོང་ཞི་མཛའ་མཐུན་སློབ་ཆུང་། ལྷ་ས་གྲོང་ཁྱེར་པེ་ཅིན་སློབ་ཆུང་། ལྷ་ས་གྲོང་ཁྱེར་སློབ་ཆུང་གསུམ་པ་བཅས་ཡིན། མ་རྐང་རིམ་པའི་ཚན་པ་༣༣ཡོད་པ་སྟེ། ཁྲིན་ཀོན་ཆུས་དགེ་རྒན་གསོ་སྦྱོང་ལྟེ་གནས་དང་། ཁྲིན་ཀོན་ཆུས་ལས་རིགས་ལག་རྩལ་གསོ་སྦྱོང་ལྟེ་གནས། ཅང་སུའུ་སློབ་འབྲིང་། ཁྲིན་ཀོན་ཆུས་སློབ་ཆུང་གཉིས་པ། ཁྲིན་ཀོན་ཆུས་ཏའེ་ཁྲིང་སློབ་ཆུང་། ཁྲིན་ཀོན་ཆུས་ཞོལ་སློབ་ཆུང་། ཁྲིན་ཀོན་ཆུས་རྡེ་འབུམ་སྒང་སློབ་ཆུང་། ཁྲིན་ཀོན་ཆུས་ལྷ་ཀླུ་སློབ་ཆུང་། ཁྲིན་ཀོན་ཆུས་གཙང་རལ་སློབ་ཆུང་། ཁྲིན་ཀོན་ཆུས་དན་བག་སློབ་ཆུང་། ཁྲིན་ཀོན་ཆུས་ཏའེ་ཏིན་སློབ་ཆུང་། ཁྲིན་ཀོན་ཆུས་ཟ་ཆེན་སློབ་ཆུང་། ཁྲིན་ཀོན་ཆུས་ཉང་བྲན་སློབ་ཆུང་། ཁྲིན་ཀོན་ཆུས་དོག་བདེ་སློབ་ཆུང་། ཁྲིན་ཀོན་ཆུས་དཔལ་སྡིངས་སློབ་ཆུང་། ཁྲིན་ཀོན་ཆུས་ཏའེ་ས྄ སློབ་ཆུང་། ཁྲིན་ཀོན་ཆུས་བྱ་བཅོལ་ཁང་དང་པོ། ཁྲིན་ཀོན་ཆུས་བྱ་བཅོལ་ཁང་གཉིས་པ། ཁྲིན་ཀོན་ཆུས་བྱ་བཅོལ་ཁང་གསུམ་པ། ཁྲིན་ཀོན་ཆུས་བྱ་བཅོལ་ཁང་བཞི་པ། ཁྲིན་ཀོན་ཆུས་བྱ་བཅོལ་ཁང་ལྔ་པ། ཁྲིན་ཀོན་ཆུས་བྱ་བཅོལ་ཁང་དྲུག་པ། ཁྲིན་ཀོན་ཆུས་བྱ་བཅོལ་ཁང་བདུན་པ། ཁྲིན་ཀོན་ཆུས་བྱ་བཅོལ་ཁང་བརྒྱད་པ། ཁྲིན་ཀོན་ཆུས་བྱ་བཅོལ་ཁང་དགུ་པ། ཁྲིན་ཀོན་ཆུས་བྱ་བཅོལ་ཁང་བཅུ་པ། ཁྲིན་ཀོན་ཆུས་བྱ་བཅོལ་ཁང་བཅུ་གཅིག་པ། ཁྲིན་ཀོན་ཆུས་བྱ་བཅོལ་ཁང་བཅུ་གཉིས་པ། ཁྲིན་ཀོན་ཆུས་བྱ་བཅོལ་ཁང་བཅུ་གསུམ་པ། ཁྲིན་ཀོན་ཆུས་བྱ་བཅོལ་ཁང་བཅུ་

བཞི་པ། ཁྲིན་ཀོན་ཆུས་བུ་བརྩོལ་ཁང་བཅོ་ལྔ་པ། ཁྲིན་ཀོན་ཆུས་བུ་བརྩོལ་ཁང་བཅུ་དྲུག་པ། པེ་ཅིན་སློབ་ཆུང་བུ་བརྩོལ་ཁང་བཅས་སོ། །

ཉེ་བའི་ལོ་ཤས་རིང་དེད་ཁྲིན་ཀོན་ཆུས་ཀྱི་ལུས་རྩལ་བྱ་གཞག་ལ་འཕུར་མཆོངས་རྣམ་པའི་འཕེལ་རྒྱས་བྱུང་སྟེ། ལུས་རྩལ་པའི་མི་འབོར་ཇེ་མང་དང་ལུས་རྩལ་སྒྲིག་ཆས་ཕུན་སུམ་ཇེ་ཚོགས་སུ་ཕྱིན་ནས་མང་ཚོགས་ལུས་སྦྱོང་བྱ་རྒྱུར་ཤིན་ཏུ་ལེགས་པའི་ཆ་རྐྱེན་བསྐྲུན་ཡོད། ད་ལྟའི་ཆར་དེད་ཁྲིན་ཀོན་ཆུས་ལ་མཆོང་རྒྱུག་འཕེན་གསུམ་གྱི་ལུས་རྩལ་ཐང་ཆེན་དང་། རྐང་རྩེད་སྤོ་ལོའི་ཐང་ཆེན། ལག་རྩེད་སྤོ་ལོའི་ཐང་ཆེན། ལུས་རྩལ་ཁང་། བྱེད་སྒོའི་ལྟེ་གནས། བྱ་སྒྲོའི་སྤོ་ལོ་རྩེད་ཁང་། ལུས་སྦྱོང་ཁང་སོགས་བསྐྲུན་ཡོད།

ལུས་རྩལ་ཁང་འཛུགས་སྐྲུན་ཐད། ༢༠༡༨ལོའི་ལོ་མཇུག་བར་དེད་ཁྲིན་ཀོན་ཆུས་ལ་ལུས་རྩལ་ཐང་ཆེན་གྱི་སྒྲིག་ཆས་༣༠དང་། ལུས་སྦྱོང་གི་བྱེད་གནས་ཁག་༥ མང་ཚོགས་བྱེད་སྒོའི་ཐང་ཆེན་གྲངས་༣༠ བྱེད་སྒོའི་ལྟེ་གནས་གྲངས་༥༡བཅས་ཡོད།

སྒྲིག་ཆས་སྒྲིག་བཀོད་ཐད། ༢༠༡༨ལོའི་ལོ་མཇུག་ཏུ་དེད་ཁྲིན་ཀོན་ཆུས་ཀྱི་ཚན་པ་ཁག་ལ་ལག་རྩེད་སྤོ་ལོའི་ཐང་ཆེན་དང་། ཕིང་ཕང་སྤོ་ལོའི་སྡེགས་བུ། ལུས་སྦྱོང་ཡོ་བྱད་སོགས་གཞི་རྩའི་ལུས་རྩལ་གྱི་སྒྲིག་ཆས་ཡོད་ལ། སློབ་གྲྭ་ཁག་ལ་རྒྱལ་ཁབ་ཀྱི་ཚད་གཞི་གཞིར་བཟུང་སློབ་གྲྭ་འབྲིང་ཆུང་གི་ལུས་རྩལ་མཁོ་ཆས་ཆ་ཚང་སྒྲིག་སྦྱོར་བྱས་ཡོད་པ་སྟེ། ཐག་མཆོང་དང་ཐག་འཐེན། བྱ་སྒྲོའི་སྤོ་ལོ། ལག་རྩེད་སྤོ་ལོ། རྐང་རྩེད་སྤོ་ལོ། ལེ་ཚིའུ་སྤོ་ལོ། ལུས་རྩལ་གདན། རྒྱང་མཆོང་བྱེ་དོང་། མཐོ་མཆོང་སྒྲོམ། རྐྱང་རྡང་། ཆ་རྡང་སོགས་སྒྲིག་སྦྱོར་བྱས་ཡོད།

སློབ་གྲྭའི་ལུས་རྩལ་ཐད། ཕྱོགས་ཡོངས་ནས་《རྒྱལ་ཁབ་ཀྱི་སློབ་མའི་གཟུགས་གཞི་བདེ་ཐང་གི་ཚད་གཞི་》དང་《ལོ་ཆུང་བྱིས་པའི་ལུས་རྩལ་ལ་ཤུགས་སྣོན་དང་ལོ་ཆུང་བྱིས་པའི་གཟུགས་གཞི་ཇེ་ཡག་ཏུ་གཏོང་རྒྱུ་དོན་འཁྱོལ་ནན་ཏན་བྱེད་པའི་སྐོར་གྱི་བསམ་འཆར》ལག་བསྟར་དང་། ༢༠༠༧ལོ་ནས་བཟུང་དེད་ཁྲིན་ཀོན་ཆུས་ཀྱིས་སློབ་གྲྭ་ཁག་གིས་ལོ་ལྟར་《སློབ་ཕྲུག་ལུས་ཁམས་བདེ་ཐང་གི་ཚད་གཞི་》ཚད་ལེན་བྱེད་པའི་ལས་དོན་སྤེལ་ནས་སློབ་གྲྭ་ཁག་སོ་སོས་མཆོང་རྒྱུག་འཕེན་གསུམ་གྱི་འགྲན་བསྡུར་དང་། རྐང་རྩེད་དང་ལག་རྩེད་སྤོ་ལོའི་

འགྲན་བསྡུར་སོགས་ཀྱི་བྱེད་སྒོ་སྣ་ཚོགས་སྤེལ་བཞིན་ཡོད། དེ་དང་དུས་མཚུངས་ལྗོངས་དང་གྲོང་ཁྱེར་གྱིས་གཉེར་བའི་ལུས་རྩལ་བྱེད་སྒོ་ཁག་ལ་དུར་བརྩོན་གྱིས་ཞུགས་ཡོད། ༢༠༡༨ལོའི་བར་ཁྲིན་ཀོན་ཆུས་ཀྱིས་སློབ་ཕྲུག་གི་ལུས་རྩལ་འགྲན་ཚོགས་ཐེངས་དྲུག་ཙམ་སྤེལ་ཡོད་ཅིང་། ཚན་རིག་དང་མཐུན་པའི་གོང་འཕེལ་ལྟ་བས་མཛུབ་ཁྲིད་བྱས་ནས་ཕྱོགས་ཡོངས་ནས《དམངས་ཡོངས་ཀྱིས་ལུས་སྦྱོང་བྱེད་པའི་འཆར་གཞིའི་རྩ་དོན་》དོན་འཁྱོལ་ལག་ལེན་མཐར་ཕྱིན་བྱས་ནས། བདེ་ཐང་དང་ལས་ཀ་དང་འཚོ་བར་རོལ་རྒྱུ་གཙོ་བོར་འཛིན་པ་དང་། ལས་བྱེད་ལས་བཟོའི་ལུས་སེམས་བདེ་ཐང་ཡོང་རྒྱུ་སྔོག་ཤིང་དུ་བྱེད་པ། དམངས་ཡོངས་ལུས་སྦྱོང་དང་། ཀུན་གྱིས་ཞུགས་ཤིང་ཀུན་ལ་ཁེ་ཕན་འཐོབ། ཉིན་ལྟར་ལུས་སྦྱོང་དང་ཉིན་ལྟར་སྤྲོ་བ་འཕེལ་བ་སོགས་ཀྱི་ལུས་སྦྱོང་འདུ་ཤེས་ཀྱི་ལྟ་བ་བརྒྱུད་སྤེལ་བྱེད་པ་བཅས་ཀྱིས་ཡར་ཐོན་དང་། བདེ་སྐྱིད། འཆམ་མཐུན་བཅས་ཀྱི་འཚོ་བའི་ཁོར་ཡུག་ལེགས་པོ་ཞིག་གྲུབ་པ་བྱས་ཡོད།

མང་ཚོགས་ཀྱི་ལུས་རྩལ་ཐད། ༢༠༠༡ལོ་ནས་འགོ་བཙུགས་ཏེ་ཁྲིན་ཀོན་ཆུས་ཀྱི་ལས་ཁུངས་ཁག་གིས་རྣམ་པ་སྣ་ཚོགས་ཀྱི་ལུས་རྩལ་བྱེད་སྒོ་སྤེལ་བཞིན་ཡོད། དེའང་ཚན་པ་ཁག་གིས་ལུས་རྩལ་འགྲན་ཚོགས་ཆུང་གྲས་སྒྲིག་འཛུགས་བྱེད་བཞིན་ཡོད་ལ་ལོ་རེའི་བྱེད་སྒོ་ཁག་གི་དུས་སུའང་ཚན་པ་སོ་སོས་རྣམ་པ་མི་འདྲ་བའི་ལུས་རྩལ་འགྲན་ཚོགས་གཉེར་བཞིན་ཡོད་པ་མ་ཟད། ཁྲིན་ཀོན་ཆུས་དང་ལྷ་ས་གྲོང་ཁྱེར། རང་སྐྱོང་ལྗོངས་སོགས་ཀྱིས་གཉེར་བའི་ལུས་རྩལ་གྱི་བྱེད་སྒོ་ཁག་ལའང་དུར་བརྩོན་ཆེན་པོས་འགྲན་ཞུགས་བྱེད་བཞིན་ཡོད། ༢༠༡༨ལོའི་བར་ཁྲིན་ཀོན་ཆུས་ཀྱིས་རྣམ་པ་མི་འདྲ་བའི་ཕྱོགས་བསྡུས་རང་བཞིན་གྱི་ལུས་རྩལ་བྱེད་སྒོ་ཆེ་རིགས་ཐེངས་བརྒྱད་སྤེལ་ཡོད་པ་སྟེ། (ལས་བྱེད་ལས་བཟོའི་ལུས་རྩལ་འགྲན་ཚོགས་ཐེངས་ལྔ། དམངས་ཡོངས་ལུས་སྦྱོང་བྱེད་པའི་ལུས་རྩལ་འགྲན་ཚོགས་ཐེངས་གཅིག སློབ་གསོའི་ཁོངས་གཏོགས་ཀྱི་ལུས་རྩལ་འགྲན་ཚོགས་ཐེངས་གཉིས་བཅས་སོ།) ཞིང་འབྲོག་ཁུལ་གྱི་ལུས་རྩལ་འགྲན་ཚོགས་ཐད། ཞིང་འབྲོག་ཁུལ་གྱི་ལུས་རྩལ་འགྲན་ཚོགས་ཀྱི་རྣམ་པ་ཁ་ཅང་ཕུན་སུམ་ཚོགས། དེའི་ནང་མང་ཚོགས་ཚོས་རང་མོས་ངང་སྒྲིག་འཛུགས་བྱས་ནས་སྤེལ་བའི་ལུས་རྩལ་བྱེད་སྒོ་ཕུད། ད་དུང་སྲོལ་རྒྱུན་གྱི་དུས་ཆེན་གཏོང་བའི་སྐབས་སུ་རིག་གནས་ལུས་རྩལ་འགྲན་ཚོགས་དང་དེ་བཞིན་རྩལ་ཅི་རིགས་འགྲན་པའི་བྱེད་སྒོ་གཉེར་བཞིན་ཡོད། གཞན་ཡང་ཁྲིན་ཀོན་ཆུས་

མི་དམངས་སྲིད་གཞུང་གིས་ཀྱང་ལུས་རྩལ་པ་བདམས་ནས་ལྷ་ས་གྲོང་ཁྱེར་དང་ལྗོངས་མི་དམངས་སྲིད་གཞུང་། རྒྱལ་ཁབ་རིམ་པ་བཅས་ཀྱིས་གཉེར་བའི་ལུས་རྩལ་བྱེད་སྒོ་དང་དེ་མིན་བོད་ཀྱི་མིག་མངས། གི་རམ། རྡོ་འགྲོག གཡག་རྒྱུག་སོགས་ཀྱི་ལུས་རྩལ་བྱེད་སྒོར་ཞུགས་བཞིན་ཡོད།

ལུས་རྩལ་འཕྲིན་བསྒྱུར་ཐད། ཆུས་ཞུད་དང་ཆུས་སྲིད་གཞུང་གི་རིམ་ཁག་དབུ་ཁྲིད་ཀྱི་ཚད་མཐོའི་མཐོང་ཆེན་དང་ཐུགས་ཁུར་འོག ༢༠༠༧ལོ་ནས་བཟུང་ཁྲིན་ཀོན་ཆུས་ཀྱི་ལུས་རྩལ་འཕྲིན་བསྒྱུར་ལ་རྒྱུན་རིང་གི་འཕེལ་རྒྱས་བྱུང་ཡོད་ཅིང་། ཆུ་ཚད་ལོ་རེ་བཞིན་གོང་མཐོར་སོང་ཡོད། ལྷག་པར་དུ་ཀང་རྩེད་སྤྱི་ལོ་དང་ལག་རྩེད་སྤྱི་ལོ། མཆོང་རྒྱུག་འཕེན་གསུམ་ཐད་༢༠༡༨ལོ་བར་ཁྲིན་ཀོན་ཆུས་ཀྱི་སློབ་གྲྭ་ཁག་ནས་ལྷ་ས་གྲོང་ཁྱེར་གྱི་ལས་ཞོར་ལུས་རྩལ་སློབ་གྲྭར་ལུས་རྩལ་པ་༥༠ཙམ་མགོ་འདྲེན་བྱས་ཡོད།

བཅུ་པ། སྨན་བཅོས་འཕྲོད་བསྟེན་བྱ་གཞག

བོད་ལ་ཞི་བའི་བཅིངས་འགྲོལ་བཏང་རྗེས། ཁྲིན་ཀོན་ཆུས་ཀྱི་མངའ་ཁོངས་སུ་སྔ་རྗེས་སུ་བོད་རང་སྐྱོང་ལྗོངས་མི་དམངས་སྨན་ཁང་དང་ལྷ་ས་གྲོང་ཁྱེར་མི་དམངས་སྨན་ཁང་བཙུགས་ཤིང་། གཅིག་སྒྲིལ་རྒྱ་སྐྱིད་ཐོག་འཛུགས་སྐྲུན་བྱས་པའི་སྨན་རྩིས་ཁང་ལ་འཕེལ་རྒྱས་ངེས་ཅན་བྱུང་ཡོད། དེ་བཞིན་དུ་ཁྲིན་ཀོན་ཆུས་ཀྱི་རིམས་འགོག་ས་ཚིགས་དང་ཤང་གྲོང་གི་འཕྲོད་བསྟེན་ཁང་བཅས་བཙུགས་ཡོད་པ་མ་ཟད། ལྷག་པར་དུ་གྲོང་ཁྱེར་ནང་ཁུལ་དང་གྲོང་གསེབ་ཏུ་གཞུང་སྒེར་གཉིས་ཀྱི་སྨན་པ་གསོ་སྐྱོང་བྱས་ནས་གྲོང་མི་དང་གྲོང་གསེབ་མི་དམངས་ཀྱི་ནད་བཅོས་སྨན་བསྟེན་ལ་སྟབས་བདེ་ངེས་ཅན་བསྐྲུན་ཏེ་བྱིས་པའི་གསོན་ཚད་དང་མི་དམངས་ཀྱི་ཚེ་སྲོག་ཡུན་ཚད་མཐོ་རུ་བཏང་ཡོད། གཙང་སྦྲ་འཕྲོད་བསྟེན་གྱི་ཐོག་ནས་བརྗོད་ན་འང་གཙང་སྦྲ་འཕྲོད་བསྟེན་མི་སྣས་ཉིན་ལྟར་རྒྱ་ལམ་ལ་གད་འཕྱག་པ་དང་རྒྱ་ལམ་གཡས་གཡོན་དུ་རྡོ་ལྗང་གིས་ཁེངས་པའི་འཚོ་སྡོད་ཀྱི་ཁོར་ཡུག་ཤིན་ཏུ་མཛེས་པ་ཞིག་གཏོང་ཡོད། ༡༩༨༤ལོར་ཁྲིན་ཀོན་ཆུས་འཕྲོད་བསྟེན་ཅུད་བཙུགས་པ་ནས་བཟུང་གོམ་པ་རིམ་བགྲོད་ཀྱིས་ནང་ཁུལ་ཚན་ཁག་འཕྱུས་ཚང་དུ་བཏང་ནས་༢༠༡༨ལོར་སླེབས་དུས་འཕྲོད་བསྟེན་ཅུད་ཀྱི་ཚན་པའི་སྒྲིག་བཀོད་ལ་ཅུད་གཞུང་ལས་ཁང་དང་། སྨན་སྲིད་

ཚན་ཁག སྨན་བཙོས་དོ་དམ་གཞུང་ལས་ཁང་། བོད་སྨན་ཚན་ཁག ནོར་དོན་ཚན་ཁག འཕྲོད་བསྟེན་ལྟ་སྐུལ་དོ་དམ་ཚན་ཁག་འཆར་ལྡན་བུ་བཙའི་ཚན་ཁག་སོགས་བཙུགས་པ་མ་ཟད། ད་དུང་གཞམ་འོག་ཏུ་ཁྲིན་གོན་ཆུས་ཚབས་ཆེའི་རིམས་ནད་སྔོན་འགོག་ཚོད་འཛིན་ཚན་ཁག གྲ་བཞི་འཕྲོད་བསྟེན་ཞབས་ཞུ་ས་ཚིགས། བར་སྐོར་སྡེ་ཁྲུལ་འཕྲོད་བསྟེན་ཞབས་ཞུ་ས་ཚིགས། གླིང་ཕྲན་གཉིས་ཀྱི་སྡེ་ཁྲུལ་འཕྲོད་བསྟེན་ཞབས་ཞུའི་ས་ཚིགས། ཀརྨ་དགོན་གསར་འཕྲོད་བསྟེན་ཞབས་ཞུའི་ས་ཚིགས། དར་དམར་སྡེ་ཁྲུལ་འཕྲོད་བསྟེན་ཞབས་ཞུའི་ས་ཚིགས། གཙང་རལ་སྡེ་ཁྲུལ་འཕྲོད་བསྟེན་ཞབས་ཞུའི་ས་ཚིགས། བཅིངས་འགྲོལ་ནུབ་ལམ་སྡེ་ཁྲུལ་འཕྲོད་བསྟེན་ཞབས་ཞུའི་ས་ཚིགས། ཉང་བྲན་དང་དོག་བདེ། ཛ་ཆེན། ཚལ་གུང་ཐང་ཤར་འཕྲོད་བསྟེན་ཁང་སོགས་བཙུགས་ཡོད། འཕྲོད་བསྟེན་ཁོངས་གཏོགས་ཚན་པའི་ནང་ལས་ཐོག་ཞུགས་པའི་མི་གྲངས་༡༡༢ཡོད་པ་དེ་ལས་འཕྲོད་བསྟེན་ཆེད་ལས་ཀྱི་ལག་རྩལ་མི་སྣ་༢༠༩ཡོད་པ་ལས་(འབུམ་རམས་པ་༡ ཞིབ་འཇུག་སློབ་མ་༡ དངོས་གཞི་༡༢༨ ཆེད་ལས་ཚན་ཁག་གི་མི་གྲངས་༧༩ འབྲིང་རིམ་ཆེད་ལས་ཚན་ཁག་གི་སློབ་གནས་བྱུས་པ་༨བཅས་ཡིན།)སྲིད་འཛིན་མི་སྣ་༥ གྲོང་གསེབ་ཀྱི་སྨན་པ་༢༢ གྲོང་ཁྱེར་གྱི་འགོག་སྲུང་ཆེད་ལས་མི་སྣ་༡༣བཅས་ཡོད།

༢༠༡༡ལོར་ཁྲིན་གོན་ཆུས་ཀྱིས་བོད་ཀྱི་ཆེས་ཐོག་མའི་གྲོང་ཁྱེར་སྡེ་ཁྲུལ་གྱི་འཕྲོད་བསྟེན་ཞབས་ཞུའི་ས་ཚིགས་ཏེ་གྲ་བཞི་སྡེ་ཁྲུལ་འཕྲོད་བསྟེན་ཞབས་ཞུའི་ལྟེ་གནས་འཛུགས་སྐྲུན་བྱས། ༢༠༡༣ལོར་ཁྲིན་གོན་ཆུས་ཀྱིས་མ་དངུལ་སྒོར་ཁྲི་༡༥༥བཏང་ནས་ཉང་བྲན་ཤར་འཕྲོད་བསྟེན་ཁང་གསར་འཛུགས་བྱས་པ། ༢༠༡༥ལོར་མ་དངུལ་སྒོར་ཁྲི་༥༥༣.༥བཏང་ནས་དོག་བདེ་ཤར་འཕྲོད་བསྟེན་ཁང་གསར་འཛུགས་བྱས་པ། ༢༠༡༨ལོར་མ་དངུལ་སྒོར་ཁྲི་༢༣༣བཏང་ནས་དོག་བདེ་ཤར་འཕྲོད་བསྟེན་ཁང་གི་ལས་བཟོའི་མཁོ་བསྐྲུན་ལས་བྱའི་ཐོག་ཁང་དང་ཟས་སྦྱོར་ལྟེ་གནས་གསར་སྐྲུན་བྱས་པ། ༢༠༡༨ལོའི་ཟླ་༡༢པའི་བར་ཁྲིན་གོན་ཆུས་སུ་ཤར་རིམ་པའི་འཕྲོད་བསྟེན་ཁང་༩དང་། གྲོང་ཚོ་རིམ་པའི་འཕྲོད་བསྟེན་ཁང་༥ ལས་ཐོག་སྨན་དོན་མི་སྣ་༣༧ གྲོང་ཚོའི་སྨན་པ་༢༢ཡོད་པ་དེ་དག་གིས་རང་མངའ་ཁོངས་ཀྱི་ཞིང་འབྲོག་མང་ཚོགས་ཀྱི་རྒྱུན་གཏན་ཐོན་སླ་བའི་ནད་རིགས་དང་ཐོན་མང་བའི་ན་ཚའི་སྨན་བཅོས་ཞབས་ཞུ་དང་སྤྱི་པའི་འཕྲོད་བསྟེན་ཞབས་ཞུའི་ལས་འགན་བཅས་འཁུར་བཞིན་ཡོད།

དེ་རྗེས་༢༠༡༨ལོ་བར་སྔ་རྗེས་སུ་བར་སྐོར་དང་། གླིང་ཕྲན་གཉིས། ཀརྨ་དགོན་གསར། བཅིངས་འགྲོལ་ནུབ་ལམ། དར་དམར། གཙང་རལ། ཀུན་བདེ་གླིང་། ར་མོ་ཆེ་སོགས་སྡེ་ཁུལ་༤ཀྱི་སྡེ་ཁུལ་འཕྲོད་བསྟེན་ཞབས་ཞུའི་ལྟེ་གནས་བཙུགས་ཏེ་ངེད་ཁྲིན་ཀོན་ཆུས་ཀྱི་གྲོང་ཁྱེར་གྱི་སྡེ་ཁུལ་ཞབས་ཞུ་ཡོངས་སུ་ཁྱབ་པར་བྱས་ནས་གྲོང་ཁྱེར་ནང་ཁུལ་གྱི་སྐར་མ་བཅོ་ལྔའི་འཕྲོད་བསྟེན་ཞབས་ཞུའི་ཁོར་ཡུག་རྒྱུན་ཆད་མེད་པར་འཕྲུས་ཚང་དུ་བཏང་ཡོད། སྡེ་ཁུལ་གྱི་འཕྲོད་བསྟེན་ཞབས་ཞུའི་ལྟེ་གནས་ལ་ནད་ཐོག་སྨན་བཅོས་ཀྱི་མཁོ་ཆོད་སྨན་བཅོས་ཁང་དང་། བོད་སྨན་སྨན་བཅོས་ཁང་། མངལ་སྦྲུམ་དང་བུད་མེད་བདེ་སྲུང་སྨན་བཅོས་ཁང་། བྱིས་པའི་ཚན་ཁག སྨན་མཛོད་ཁང་། སྨན་རྩལ་སོགས་ཚན་ཁག་༡༤ཙམ་བཙུགས་ཡོད་ཅིང་། ནད་པ་ལྟེ་བར་འཛིན་པ་དང་། ཞབས་ཞུ་རྩ་བར་བཟུང་བ། ཕྱུས་ཚད་ཆེ་སྒྲིག་ཏུ་འཛིན་པའི་ཞབས་ཞུའི་རྩ་དོན་རྒྱུན་འཛིན་བྱས་ཡོད། དེ་དག་གི་འགན་ནུས་གཙོ་བོ་ནི་སྔོན་འགོག་གཙོ་བོར་འཛིན་པ་དང་། འགོག་བཅོས་ཟུང་འབྲེལ། འབྲེལ་མཐུད་རང་བཞིན་གྱི་ཕྱོགས་བསྡུས་དོ་དམ་རྩ་བར་བྱས་པའི་སྨན་བཅོས། བློ་འདྲི། ཁྱིམ་ཚང་གི་ནད་བཅོས། ནད་གཡོག བདེ་ཐང་སློབ་གསོ་སོགས་རིགས་སྣ་ཚོགས་ཀྱི་བདེ་འཛགས་ལྡན་པ་དང་། ཕྱུས་ཀ་ལེགས་པ། དྲོ་སྙིང་ལྡན་པ། འཕྲུས་སྒོ་ཚང་བ་བཅས་ཀྱི་སྡེ་ཁུལ་གྱི་སྨན་བཅོས་འགན་སྲུང་དང་རྒྱལ་ཁབ་ཀྱི་སྤྱི་པའི་འཕྲོད་བསྟེན་ཞབས་ཞུའི་རྣམ་གྲངས་ཁག་༡༢སྒྲིལ་བཞིན་ཡོད།

ཁྲིན་ཀོན་ཆུས་ཀྱི་ཚབས་ཆེའི་ནད་རིམས་སྔོན་འགོག་ཚོད་འཛིན་ལྟེ་གནས་ནི། ཁྲིན་ཀོན་ཆུས་འཕྲོད་བསྟེན་སྔོན་འགོག་བདེ་སྲུང་ས་ཚོགས་ཀྱི་རྨང་གཞིའི་ཐོག་བཙུགས་པའི་དངུལ་གྲོན་རྩིས་སྤྲོད་ཀྱི་བྱ་གཞག་ཚན་པ་ཞིག་ཡིན། ༢༠༠༦ལོར་ཁྲིན་ཀོན་ཆུས་ཚབས་ཆེའི་ནད་རིམས་སྔོན་འགོག་ཚོད་འཛིན་ལྟེ་གནས་སུ་མིང་བསྒྱུར་ཞིང་ཁོའོ་རིམ་པ་གཞོན་པའི་ལམ་ལུགས་བཟོས་ནས་ཁྲིན་ཀོན་ཆུས་འཕྲོད་བསྟེན་ཙུད་ཀྱི་ཁོངས་གཏོགས་ཚན་པར་བཞག་ཡོད། ༢༠༡༥ལོར་ཁྲིན་ཀོན་ཆུས་ཀྱིས་མ་དངུལ་སྒོར་ཁྲི་༦༢.༥བཏང་ནས་ནད་ཡམས་ཚོད་འཛིན་ལྟེ་གནས་ཀྱི་p༢ཚོད་ལྟ་ཁང་གསར་སྐྲུན་བྱས། ༢༠༡༨ལོའི་ཟླ་༡༢པར་ནད་རིགས་སྔོན་འགོག་ལྟེ་གནས་ཀྱི་གཤམ་འོག་ཏུ་ཕྱོགས་བསྡུས་ལས་སྒོའི་ཚན་ཁག་༤བཟོས་ཡོད་པ་སྟེ། འདུས་འདྲིལ་གཅོང་ནད་དང་། མཛེ་ནད། རེག་ནད། ཨེ་ཛིའི་ནད་སྔོན་འགོག་ཚན་ཁག གཅོང་ནད་ཚན་

ཁག ཞིབ་བཤེར་ཚད་ལེན་ཚན་ཁག འཕྲོད་བསྟེན་ལྟ་སྐུལ་ཚན་ཁག འགོས་ནད་ཚན་ཁག རྒྱུན་ནད་ཀྱི་འགོག་བཅོས་སློབ་གསོའི་ཚན་ཁག འཆར་ལྡན་དང་འགོས་ནད་འགོག་སྲུང་ཚན་ཁག བུད་མེད་ཀྱི་བདེ་སྲུང་ཚན་ཁག་བཅས་བཙུགས་ཡོད། གཙོ་བོའི་འགན་ནུས་ནི་ས་ཁོངས་དེ་གའི་འགོས་ནད་དང་། ས་གནས་ན་ཚ། སྲིན་འབུའི་ནད། དལ་བའི་རང་བཞིན་གྱི་འགོས་ནད་མིན་པའི་ན་ཚ། ལས་རིགས་ན་ཚ། སྤྱི་གནོད་རང་བཞིན་གྱི་ན་ཚ། སློབ་ཕྲུག་ལ་ཕོག་སླ་བའི་རྒྱུན་གཏན་གྱི་ནད་དང་། བསམ་ཡུལ་ལས་འདས་པའི་རྒྱས་སྐྱོན། དུག་ཕོག་པ་སོགས་ཀྱི་ན་ཚའི་རིགས་ཐོན་པ་ལ་ནད་ཡམས་ཞིབ་དཔྱད་ཚད་ལེན་དང་སྔོན་འགོག་ཚོད་འཛིན་གྱི་བྱ་ཐབས་འདོན་པ། རྒྱལ་ཁབ་ཀྱི་འགོས་ནད་ལས་ཐར་བའི་འཆར་འགོད་དང་། བདེ་ཐང་སློབ་གསོ་དང་སྐུལ་འདེད་སོགས་ནད་ཡམས་སྔོན་འགོག་ཚོད་འཛིན་གྱི་རྒྱུན་གཏན་ལས་ཀ་རྒྱལ་ཁབ་དང་རང་སྐྱོང་ལྗོངས་རིམ་པ་གཉིས་ཀྱི་རྣམ་གྲངས་ལས་དོན་གཉེར་རྒྱུ་བཅས་ཡིན།

མིག་སྔའི་ཆར་ཁྲིན་ཀོན་ཆུས་ལ་བུད་མེད་དང་བྱིས་པའི་བདེ་སྲུང་གི་ཚན་པ་མེད་པས། ས་ཁོངས་འདི་གའི་བུད་མེད་དང་བྱིས་པའི་བདེ་སྲུང་གི་ལས་དོན་རྣམས་ཁྲིན་ཀོན་ཆུས་ནད་ཡམས་སྔོན་འགོག་ཚོད་འཛིན་ལྟེ་གནས་དང་སྡེ་ཁྲུལ་འཕྲོད་བསྟེན་ཞབས་ཞུ་ལྟེ་གནས། ཤང་རིམ་པའི་འཕྲོད་བསྟེན་ཁང་བཅས་ནས་ཐུན་མོང་ཐོག་འགན་འཁུར་བཞིན་ཡོད་ལ། ཚན་པ་འདི་དག་གི་གཤམ་འོག་ཏུ་བུད་མེད་དང་བྱིས་པའི་བདེ་སྲུང་གི་ཚན་ཁག་བཙུགས་ཡོད། ནད་ཡམས་ཚོད་འཛིན་ལྟེ་གནས་ཀྱི་བུད་མེད་དང་བྱིས་པའི་བདེ་སྲུང་ཚན་ཁག་གིས་རྒྱལ་ཁབ་ཀྱི་གལ་ཆེའི་རྣམ་གྲངས་དང་གཞི་རྩའི་སྤྱི་སྤྱོད་འཕྲོད་བསྟེན་བུད་མེད་དང་བྱིས་པའི་རྣམ་གྲངས་ཏེ། 《སྦྲུམ་མ་ནད་སྔོད་བུ་བཙའི་ཁ་གསབ་》དང་།《སྦྲུམ་མར་ཡོ་སྐྱུར་ཁ་གསབ་》《ཨེ་ཛེའི་ནད་རིགས་མ་བུར་འགོ་བའི་སྔོན་འགོག་རྣམ་གྲངས་》《སྦྲུམ་མའི་བདེ་ཐང་ངོ་དམ་ཞབས་ཞུའི་རྣམ་གྲངས་》《ཟླ་༠ནས་༣༦བར་གྱི་བྱིས་པའི་བདེ་ཐང་ངོ་དམ་ཞབས་ཞུའི་རྣམ་གྲངས་》ལས་དོན། དེ་མིན་གཞི་རིམ་གྱི་བུད་མེད་དང་བྱིས་པའི་བདེ་སྲུང་ལག་རྩལ་མི་སྣའི་གསོ་སྦྱོང་ལས་དོན་སོགས་ལ་འགན་འཁུར་བྱེད་པ། སྡེ་ཁྲུལ་དང་ཤང་འཕྲོད་བསྟེན་ཁང་གིས་མངའ་ཁོངས་དེ་གའི་བུད་མེད་དང་བྱིས་པའི་སྨན་བཅོས་བདེ་སྲུང་གི་ལས་དོན་དང་སྤྱི་པའི་འཕྲོད་བསྟེན་ལག་རྩལ་ངོ་དམ་དང་ཞབས་ཞུའི་སྤྱི་ཕན་ལས་དོན། བུད་མེད་ཀྱི་ན་ཚ་བརྟག་དཔྱད་

དང་ནད་བཅོས། སྨྲུམ་མའི་མ་ལག་དོ་དམ། བྱིས་པའི་མ་ལག་དོ་དམ། བུད་མེད་དང་བྱིས་པའི་སྨན་བཅོས། བདེ་ཐང་སློབ་གསོ་སོགས་ཀྱི་ལས་རིགས་ལ་འགན་འཁུར་བཞིན་ཡོད།

བརྒྱ་གཅིག རླུང་འཕྲིན་བརྙན་འཕྲིན།

གྲོང་ཁྱེར་ཉིང་པའི་ཐེམ་དུད་ཁྲི་༢ལྷག་ཙམ་ཞིག་ལ་སྐྱུད་ཡོད་བརྙན་འཕྲིན་སྒྲིག་སྦྱོར་བྱས་པ་དང་། དགོན་པའི་སྒྲིག་ཁོངས་གྲྭ་བཙུན་གྱི་ཁ་གྲངས་ལ་གཞིགས་ནས་རིན་མེད་ངང་གྲངས་འཛོན་བརྙན་འཕྲིན་སྒྲིག་སྦྱོར་བྱེད་པའི་ལས་དོན་སྤེལ་ཡོད། ༢༠༡༨ལོའི་ལོ་མཇུག་བར་དུ་དགོན་སྡེ་ཁག་༡༢ལ་གྲངས་འཛོན་བརྙན་འཕྲིན་གྲངས་༣༢༨ཙམ་སྒྲིག་སྦྱོར་བྱས་ཡོད་ཅིང་། ལོ་ལྟར་དེ་དག་གི་སྔོར་ཁྲི་༡༠ལྷག་ཙམ་གྱི་གྲོན་དངུལ་རྣམས་ཁྲིན་གོན་ཆུས་ནས་གཅིག་གྱུར་ཐོག་གཏོང་སྤྲོད་བྱེད་བཞིན་ཡོད།

"ལོ་ལྔ་ཚན་བཅུ་གཉིས"པའི་རིང་ཁྲིན་གོན་ཆུས་ཀྱིས"ཁྱིམ་ཚང་ཀུན་ཁྱབ"སྲུང་སྐྱར་ལེ་ཚན་བསྒྱུ་ལེན་སྒྲིག་ཆས་ཆ་ཚང་༥༢༢གཤམ་སྤྲོད་དང་སྒྲིག་སྦྱོར་བྱས་ཡོད་པ་དེ་དག་ནི་ལོ་ལྔ་ཚན་བཅུ་གཉིས་པའི་རིང་གི་དུས་སྐབས་དང་པོར་གསར་སྣོན་བྱས་པའི་ཞིང་འབྲོག་མང་ཚོགས་ལ་སྒྲིག་ཆས་ཆ་ཚང་༢༢༢དང་། ལོ་ལྔ་ཚན་བཅུ་གཉིས་པའི་རིང་གི་དུས་སྐབས་གཉིས་པར་ཚལ་གུང་ཐང་དང་ཇ་ཆེན། དོག་བདེ། ཉང་བྲན་ཤང་བཅས་ཀྱི་ཤང་བཞི་ཡི་ལས་བྱེད་ལས་བཟོ་ལ་སྒྲིག་ཆས་ཆ་ཚང་༡༥༠ གསར་སྣོན་བྱུང་བའི་ཐེམ་དུད་༡༢༠ དེ་མིན་༢༠༡༨ལོར་ཚལ་གུང་ཐང་ཤང་དཔལ་སྡིངས་གྲོང་ཚོར་ལོ་ལྔ་ཚན་བཅུ་གཉིས་རིང་དུ་གསར་སྣོན་བྱུང་བའི་ཐེམ་དུད་༣༠ཡི་རྣམ་གྲངས་བཅས་ལེགས་གྲུབ་བྱུང་ཡོད།༢༠༡༥ལོར་ངེད་ཁྲིན་གོན་ཆུས་ཀྱིས་ལྷ་ས་གྲོང་ཁྱེར་གྱིས་གཤམ་སྤྲོད་བྱས་པའི་སྒྲིག་ཆས་དང་རླུང་འཕྲིན་སློག་བརྙན་གྱི་མ་དངུལ་སྤྱད་ནས་འབྲེལ་ཡོད་སྒྲིག་ཆས་ཉོས་ཏེ་སྟ་རྗེས་སུ་དོག་བདེ་ཤང་འོད་པ་གྲོང་ཚོ་དང་། ཉང་བྲན་ཤང་རིན་ཆེན་ཚལ་གྲོང་ཚོ། ཇ་ཆེན་ཤང་གར་པ་གྲོང་ཚོ་བཅས་སུ་དུས་སྐབས་གཉིས་པའི་སྲུང་སྐྱར་བརྙན་འཕྲིན་བསྒྱུ་ལེན་སྒྲིག་ཆས་བཙེ་པོ་རྒྱག་པའི་ལས་དོན་ལེགས་གྲུབ་བྱུང་ཞིང་། ལས་དོན་འདི་སྤེལ་བའི་ཁྱབ་ཁོངས་ཀྱི་ཐེམ་དུད་[illegible]ཙམ་ཟིན་ཡོད། ༢༠༡༨ལོར་ངེད་ཁྲིན་གོན་ཆུས་ཀྱིས་སྒྲིག་ཆས་བཙེ་ལེན་དང་གཙང་སེལ་ཁག་༣༡༧༣བྱས་ཤིང་། རྣམ་གྲངས་སྤེལ་ཡུལ་གཙོ་བོ་ནི་ཚལ་གུང་ཐང་ཤང་དུ་སྒྲིག་ཆས་གྲངས་༡༣༠༨དང་། ཇ་ཆེན་ཤང་དུ་སྒྲིག

ཆས་གྲངས་༤༥༤ ངོག་བདེ་ཤང་དུ་སྒྲིག་ཆས་གྲངས་༦༡༤ ཉང་བྲན་ཤང་དུ་སྒྲིག་ཆས་གྲངས་༥༤༧བཅས་ཡིན་པ་དང་། དེ་དང་དུས་མཚུངས་ཐེམ་དུད་གྲངས་༥༦༣གྱི་སྲུང་སྐྱར་བསྡུ་ལེན་གྱི་གནམ་སྐྱུད་བརྗེ་པོ་བརྒྱབ་ཡོད།

བཅུ་གཉིས། ལྗོངས་རྒྱུ་གནས་གཟིགས།

ཁྲིན་ཀོན་ཆུས་ཀྱི་མངའ་ཁོངས་སུ་གྲགས་ཅན་གྱི་གནའ་ཤུལ་དང་ཆེས་མཛེས་པའི་ཡུལ་ལྗོངས་མི་ཉུང་བ་ཞིག་ཡོད་པ་དེས་རྒྱལ་ཕྱི་རྒྱལ་ནང་གི་ལྗོངས་རྒྱུ་བ་རྣམས་གནས་འདིར་ཕེབས་འདོད་ཀྱི་བློ་ཁ་ཕྱོགས་ས་ཞིག་ཏུ་གྱུར་ཡོད། མངའ་ཁོངས་སུ་ཡོད་པའི་སྒྲ་ནག་ཞོལ་དང་། སྐྱིད་རས། གངས་ལྗོངས། པ་ཧྲ། ཁ་བཏགས། གཡག །བཀྲ་ཤིས་མཉྫལ་ལ་སོགས་པའི་མགྲོན་ཁང་གིས་རྒྱལ་ཕྱི་རྒྱལ་ནང་གི་སྐུ་མགྲོན་འབོར་ཆེན་ལ་སྣེ་ལེན་ཞུས་ཡོད་ལ་སྐུ་མགྲོན་ཚོས་ཀྱང་བསྟོད་བསྔགས་ཀྱི་མཐེ་བོང་ཡང་ཡང་སྒྲེང་བཞིན་ཡོད།

༢༠༡༠ལོར་ཁྲིན་ཀོན་ཆུས་ཀྱི་ཡུལ་སྐོར་འཕེལ་རྒྱས་ཤིན་ཏུ་མགྱོགས་ལ། ཡུལ་སྐོར་གྱི་རྨང་གཞིའི་སྒྲིག་བཀོད་འཛུགས་སྐྲུན་གྱི་གོམ་སྟབས་ཀྱང་ཇེ་མགྱོགས་སུ་བཏང་བ་དང་། ལྷག་པར་དུ་གྲོང་གསེབ་ཀྱི་ཡུལ་སྐོར་རྨང་གཞིའི་སྒྲིག་བཀོད་སྟེང་ལས་ལྷག་པའི་འཐུས་ཚད་བྱུང་བ། གཞི་ཁྱོན་ཉིན་རེ་བཞིན་ཆེ་རུ་འགྲོ་ལ། ཕྱུས་ཚད་ཀྱི་སྐབས་རིམ་ཡང་ཉིན་རེ་བཞིན་མཐོ་རུ་འགྲོ་བ། གྲོང་གསེབ་མང་ཚོགས་ཀྱིས་ཡུལ་སྐོར་བྱ་གཞག་ནང་ཞུགས་རྒྱུའི་ཧུར་བརྩོན་རང་བཞིན་ཡང་ཇེ་ཆེར་འགྲོ་བ། གྲོང་གསེབ་ཀྱི་སྒྲོ་གསེང་ཡུལ་སྐོར་དང་གྲོང་ཁྱེར་གྱི་ཁྱིམ་ཚང་ཡུལ་སྐོར་འཕེལ་རྒྱས་ཇེ་མགྱོགས་སུ་འགྲོ་བ་བཅས་ད་ལྟའི་ཆར་སྐར་མ་རིམ་པའི་མགྲོན་ཁང་དང་། ཁྱིམ་ཚང་མགྲོན་ཁང་༡ཡོད་པ་དེའི་ཁྲོད་སྐར་བཞི་རིམ་པའི་གསོལ་མགྲོན་ཁང་༡དང་། སྐར་རིམ་མིན་པའི་སྤྱི་ཚོགས་མགྲོན་ཁང་དང་ཁྱིམ་ཚང་མགྲོན་ཁང་༡༩༢ ཡུལ་སྐོར་ལ་སྤྱོད་པའི་གནས་གཏན་འཕྲུལ་གྱི་འཁོར་རིགས་གྲངས་༡༣༤ ཡུལ་སྐོར་བཟོ་རྩལ་ཐོན་རྫས་ལས་སྟོན་ཁང་༡༠ ཡུལ་སྐོར་བཟོ་རྩལ་ཐོན་རྫས་ཀྱི་ཁྲོམ་ར་ཆེན་མོ་༡༡ བཟོ་རྩལ་གྱི་ཚོང་ཁང་༦༠༠ ཡུལ་སྐོར་དྲན་རྟེན་ཐོན་རྫས་ཀྱི་ཁྲོམ་སྡེ་གས་༡༦༥༩ ཡུལ་སྐོར་བཟའ་བཏུང་ལས་རིགས་༥༣ དགོན་སྡེ་དང་གྲོང་གསེབ་ཀྱི་སྒྲོ་གསེང་ཡུལ་སྐོར་གཙོ་བོར་བྱས་པའི་ལྗོངས་རྒྱུའི་ཁུལ་ཁག་༦༧བཅས་ཡོད། དེའི་ནང་གྲོང་གསེབ་ཀྱི་ཡུལ་སྐོར་སྒྲོ་གསེང་གླིང་༡༥དང་། འགྲུལ་ཁང་༦༡༩ ཉལ་ཁྲི་༧༤༦༥

ཡུལ་སྐོར་ལས་ཞུགས་ཀྱི་མི་གྲངས་༩༥༨༠ གྲོང་གསེབ་ཡུལ་སྐོར་ལས་རིགས་ལ་ཞུགས་མཁན་གྱི་ཐེམ་ཏུད་༨༤༠༠ལ་མི་གྲངས་ཁྲིན་༡༥༠༠ ཡུལ་སྐོར་སྐྱ་མགྲོན་སྣེ་ལེན་བྱས་པའི་མི་ཐེངས་ཁྲིན་༢༡༣༠༧༧༩ཟིན་པ་དེའི་ནང་ནས་རྒྱལ་ནང་གི་ཡུལ་སྐོར་བ་མི་ཐེངས་༨༥༧༥༩༩དང་། ཕྱི་རྒྱལ་གྱི་ཡུལ་སྐོར་བ་མི་ཐེངས་༣༥༨༦༧ ལོ་ཧྲིལ་པོའི་ཡུལ་སྐོར་ཡོང་འབབ་སྒོར་དུང་ཕྱུར་༩.༠༤༢༣༡༣ གྲོང་གསེབ་ཡུལ་སྐོར་ལས་རིགས་ལ་ཞུགས་པའི་ཐེམ་ཏུད་གྲངས་༥༤༠ལ་མི་གྲངས་ཁྲིན་༡༢༨༠ ཡོང་འབབ་སྒོར་ཁྲི་༡༠༥༤.༢ གྲོང་གསེབ་ཀྱི་ཉིན་གཅིག་ཡུལ་སྐོར་དང་མཆོད་མཇལ་ལ་ཕེབས་མཁན་སྣེ་ལེན་བྱས་པའི་མི་ཐེངས་༡༩༣༢༢༣༩ཟིན་པའི་ཁྲོད་གྲོང་གསེབ་ཀྱི་ཉིན་གཅིག་ཡུལ་སྐོར་གྱི་སྣེ་ལེན་བྱས་པའི་མི་ཐེངས་༧༥༩༤༧༩ཟིན་ཡོད། ༢༠༡༨ལ་སླེབས་སྐབས་ཁྲིན་ཀོན་ཆུས་ཁོངས་སུ་སྐར་མ་རིམ་པའི་གསོལ་མགྲོན་ཁང་དང་ཁྱིམ་ཚང་གི་མགྲོན་ཁང་༡༦༧ སྤྱི་ཚོགས་མགྲོན་ཁང་༡༠༢༠ ཉོ་སྒྲུབ་ཚོང་ཁང་༢༨༧༠ གྲོང་གསེབ་ཀྱི་མགྲོན་བསུའི་ཁྱིམ་ཏུད་༢༠ གྲོང་གསེབ་ཀྱི་ཡུལ་སྐོར་སྤྲོ་གསེང་གླིང་གྲངས་༢༥བར་འཕར་སྣོན་བྱུང་བ། གྲོང་གསེབ་ཀྱི་ཡུལ་སྐོར་ལྡོངས་རྒྱུའི་གནས་༥༢བཅས་ཡོད། དེའི་ནང་ནས་A༥རིམ་པ་ཁག་༢དང་། A༤རིམ་པ་ཁག་༢ A༣རིམ་པ་༣ A༢རིམ་པ་༢བཅས་ཡོད། ངེད་ས་ཁོངས་སུ་ཡུལ་སྐོར་འབྲེལ་གཏུགས་མི་སྣ་༨༥ཡོད་པ་དག་གིས་ཉིན་རྒྱུན་གྱི་ཡུལ་སྐོར་ལྟ་སྐྱུལ་དོ་དམ་གྱི་ལས་དོན་གཉེར་བཞིན་ཡོད། ༢༠༡༨ལོར་ཡུལ་སྐོར་བ་སྣེ་ལེན་བྱས་པའི་མི་གྲངས་ཁྲིན་བསྡོམས་༡༣༢༨.༩༨ཟིན་ཞིང་ཡུལ་སྐོར་གྱི་ཡོང་འབབ་སྒོར་དུང་ཕྱུར་༡༠༡.༨༢ཟིན་ཡོད།

བཅུ་གསུམ། བོད་སྐྱོར་ལས་དོན།

ཞི་བས་བཅིངས་འགྲོལ་བཏང་བའི་དུས་འགོར། ལྷ་སའི་གྲོང་ཁུལ་གྱི་དཔལ་འབྱོར་རྗེས་ལུས་ཡིན་ཞིང་། མི་རྣམས་ཀྱི་འཚོ་བ་ཡང་དཀའ་ངལ་ཆེན་པོ་ཡོད། རིམ་པ་གོང་མའི་ཏང་ཀྲུང་དང་སྲིད་གཞུང་ནས་ཐད་ཀར་མི་སྣ་མངགས་གཏོང་དང་། མ་དངུལ་སྤྲོད་པ། སློབ་གསོ་གཉེར་བ། སྐྱིད་མེད་དངུལ་བུན་དང་ལྕགས་ཀྱི་ཞིང་ལས་ཡོ་བྱད་གཏོང་སྤྲོད། སྤྱི་ཚོགས་རོགས་སྐྱོབ་ལག་བསྟར་བྱེད་པ། མི་དམངས་ཀྱི་འཚོ་བ་ལེགས་བཅོས་སོགས་ཀྱི་ཐད་ཤུགས་ཆེའི་རྒྱབ་སྐྱོར་དང་རོགས་སྐྱོར་གནང་ཡོད།

༡༩༥༩ལོའི་རྗེས་ནང་སའི་བོད་སྐྱོར་ལས་བྱེད་པ་དང་ལག་རྩལ་མི་སྣའི་རོགས་རམ་འོག

ཁྲིན་ཀོན་ཆུས་ལ་སྨན་ཁང་དང་། སློབ་གྲྭ། དངུལ་ཁང་། སྤྲག་ཁང་། དམངས་གཉེར་ཀུང་སི། ཚ་སྒྲོག གནམ་གཤིས། ཕྱུགས་ནད་སྔོན་འགོག ཞིང་ར་སོགས་ཚན་པ་ཁག་རིམ་བཞིན་བཙུགས་ཡོད་ཅིང་། ཞིང་འབྲོག་ལས་ཀྱི་དཔལ་འབྱོར་ལ་འཕེལ་རྒྱས་མྱུར་པོ་དང་། དེང་རབས་བཟོ་ལས་ཁེ་ལས་འགོ་ཚུགས་པ། མི་རིགས་ལག་ཤེས་བཟོ་ལས་ལ་གསོན་ཤུགས་རྒྱས་ཐུབ་པ་བཅས་བྱུང་ཡོད།

"རིག་གསར་"སྐབས་ཁྲིན་ཀོན་ཆུས་ཀྱི་ཕྱོགས་ཁག་ལ་ཤུགས་རྐྱེན་ཆེན་པོ་ཐེབས་ཡོད་ཀྱང་། ཀྲུང་དབྱང་ནས་སྔར་བཞིན་བོད་ཀྱི་ས་གནས་ལས་དོན་ལ་ཐུགས་ཁུར་དང་། ཞིང་ཆེན་དང་གྲོང་ཁྱེར། རང་སྐྱོང་ལྗོངས་ཁག་ནས་ཁྲིན་ཀོན་ཆུས་ལ་ཕྱོགས་མང་པོའི་ཐད་ནས་རོགས་སྐྱོར་དང་རྒྱབ་སྐྱོར་གནང་བ་བརྒྱུད། ཁྲིན་ཀོན་ཆུས་ཀྱི་ཞིང་འབྲོག་ལས་དཔལ་འབྱོར་དང་འགྲིམ་འགྲུལ་སྐྱེལ་འདྲེན། མི་རིགས་ལག་ཤེས་བཟོ་ལས། རིག་གནས་སློབ་གསོ་དང་འཕྲོད་བསྟེན་བྱ་གཞག་བཅས་ལ་འཕེལ་རྒྱས་མང་ཙམ་བྱུང་ཡོད།

༡༩༨༠ལོའི་ཟླ་༣པར་ཀྲུང་དབྱང་ནས་བོད་ཀྱི་ལས་དོན་སྐོར་གྱི་བཞུགས་མོལ་ཚོགས་འདུ་ཐེངས་དང་པོ་སྐོང་འཚོགས་གནང་བ་རེད། རང་སྐྱོང་ལྗོངས་ཏང་ཨུད་དང་སྲིད་གཞུང་ནས་བཞུགས་མོལ་ཚོགས་འདུའི་དགོངས་དོན་བཞིན་སོར་ཆུད་སྐྱེ་འཕེལ་དང་དབུལ་བཙོས་ཕྱུག་འགྱུར་གྱི་ཞིབ་ཕྲའི་སྲིད་ཇུས་གཏན་འབེབས་གནང་སྟེ་ཞིང་འབྲོག་ལས་ཀྱི་དཔྱ་ཁྲལ་དང་སྤྱི་པའི་ཁེ་ལས། སྐར་གཉེར་བཟོ་ཚོང་ཐེམ་དུད་བཅས་ཀྱི་བཟོ་ཚོང་དཔྱ་ཁྲལ་ཡོངས་སུ་ཆག་ཡང་བཏང་ནས་མི་དམངས་མང་ཚོགས་རྣམས་གང་མགྱོགས་ཕྱུག་པོ་ཆགས་རྒྱུར་འབད་བརྩོན་ལྷོད་མེད་བྱས་ཡོད། ཁྲིན་ཀོན་ཆུས་ནས་ཀྲུང་ཀྲུང་དབྱང་དང་རང་སྐྱོང་ལྗོངས་ཏང་ཨུད། སྲིད་གཞུང་གི་མཛུབ་སྟོན་ལག་བསྟར་མཐའ་གཅིག་ཏུ་སྲུང་བརྩི་ཞུས་ཏེ། "འཕྲི་བ། ཆག་ཡང་། གཏོང་བ། སྲུང་སྐྱོབ"བཅས་ཀྱི་བྱེད་ཕྱོགས་ལག་བསྟར་བྱས་ནས་ཞིང་འབྲོག་པ་དང་གྲོང་མི་རྣམས་སོར་ཆུད་ནུས་སྲུང་དང་ཐོན་སྐྱེད་འཕེལ་རྒྱས་ཡོང་བར་འགན་སྲུང་བྱས་ཡོད།

༡༩༨༤ལོར་ཀྲུང་དབྱང་ནས་བོད་ཀྱི་ལས་དོན་སྐོར་གྱི་བཞུགས་མོལ་ཚོགས་འདུ་ཐེངས་གཉིས་པ་སྐོང་འཚོགས་གནང་བ་རེད། ཚོགས་འདུའི་ཐོག་བཞུགས་མོལ་ཚོགས་འདུ་ཐེངས་དང་པོའི་ལས་དོན་ཉམས་མྱོང་ལ་ཕྱོགས་བསྡོམས་དང་། བོད་ཀྱི་དམིགས་བསལ་རང་བཞིན་

ལ་ཡང་བསྐྱར་ངོས་འཛིན་ཐེངས་གཅིག་གནང་ཡོད། ཚོགས་འདུའི་རྗེས་ཀྲུང་དབྱང་ནས་“བསམ་བློར་བཅིངས་འགྲོལ་དང་། བློ་སྟོབས་ཆེར་བསྐྱེད། ལེགས་ཆ་འདོན་སྤེལ། རྟོག་ཞིབ་བྱེད་ཐོད་པ། བསྒྱུར་བཅོས་བྱེད་མཁས་པ”དང་“བཀག་སྡོམ་རང་བཞིན་གྱི་དཔལ་འབྱོར་དེ་གཉེར་སྐྱོང་རང་བཞིན་གྱི་དཔལ་འབྱོར་ལ་བསྒྱུར་དགོས་པ” ད་དུང་“ཁྱིམ་ཚང་གཉེར་སྐྱོང་གི་རྨང་གཞིའི་ཐོག་ཁྲིམ་རའི་སློམ་སྒྲིག་གིས་གཙོ་བོ་བཟུང་དགོས་པའི”མཛད་ཕྱོགས་འཐབ་ཇུས་བཏོན་གནང་ཡོད་ཅིང་། “ས་ཞིང་ཞིང་པར་སྤྲོད་པ། རང་བདག་གཉེར་སྐྱོང་། རྒྱུན་རིང་འགྱུར་བ་མེད་པ། ཕྱུགས་ཟོག་དུད་ཁྱིམ་ལ་སྤྲོད་པ། སྒེར་བདག་སྒེར་གསོ། རང་བདག་གཉེར་སྐྱོང་། ཡུན་རིང་མི་འགྱུར་བ”བཅས་ཀྱི་དམིགས་བསལ་སྲིད་ཇུས་གཏན་ལ་ཕབ་ཡོད། ཁྲིན་ཀོན་ཆུས་ཀྱིས་དུས་ཐོག་ཏུ་ཞིང་འབྲོག་པའི་ཐོན་སྐྱེད་འཕྲེལ་བར་བསྒྱུར་བཅོས་བྱས་ཏེ། ཕྱོགས་ཡོངས་ནས་དུད་ཁྱིམ་མཉམ་སྦྲེལ་ཐོན་སྐྱེད་འགན་འཁྲིའི་ལམ་ལུགས་ལག་བསྟར་བྱས་ནས་ཞིང་འབྲོག་པའི་ཐོན་སྐྱེད་འཕེལ་རྒྱས་ཇེ་མགྱོགས་སུ་བཏང་ཡོད།

༡༩༩༤ལོའི་ཟླ་༧པར་ཀྲུང་དབྱང་ནས་བོད་ཀྱི་ལས་དོན་སྐོར་གྱི་བཞུགས་མོལ་ཚོགས་འདུ་ཐེངས་གསུམ་པ་སྐོང་འཚོགས་གནང་བ་རེད། ཚོགས་འདུའི་ཐོག་རྒྱལ་སྤྱི་རྒྱལ་ནང་གི་ཚད་གཞི་གཞིར་བཟུང་བོད་ལ་འཕྲད་སྲིད་པའི་གནད་དོན་གསར་པ་དང་གནས་ཚུལ་གསར་པར་དབྱེ་ཞིབ་བྱས་ཡོད་ལ། བོད་འདི་ཉིད་རྒྱལ་ཡོངས་ཁྲོད་ཀྱི་ཆབ་སྲིད་ཀྱི་གོ་གནས་ལ་གཏན་འབེབས་ཁ་གསལ་བྱས་པ་མ་ཟད་ལོ་རྒྱུས་ཀྱི་ཆ་རྐྱེན་གསར་པའི་འོག“དུས་བབ་དབྱེ་ནས་འགན་ཁུར་བ། ག་སྣྲུར་རོགས་སྐྱོར། དུས་བཀག་བརྗེ་རེས”བཅས་ཀྱི་བོད་སྐྱོར་ཐབས་ཇུས་བཏོན་གནང་ཡོད་ཅིང་། ཕྱོགས་ཡོངས་ནས་མི་དང་ནོར་སྲིད། དངོས་པོ་སོགས་ཀྱི་རོགས་སྐྱོར་བྱེད་ཤུགས་ཆེ་རུ་བཏང་བ་དང་། པེ་ཅིང་གྲོང་ཁྱེར་དང་ཅང་སུའུ་ཞིང་ཆེན་གྱིས་ལྷ་ས་གྲོང་ཁྱེར་དང་རྫོང་(ཆུས)ཁག་ལ་ག་སྣྲུར་རོགས་སྐྱོར་བྱེད་རྒྱུ་གཏན་འཁེལ་བྱུང་ཡོད། ཁྲིན་ཀོན་ཆུས་ཀྱི་ག་སྣྲུར་རོགས་སྐྱོར་ཚན་པ་ནི་པེ་ཅིང་གྲོང་ཁྱེར་ཧའེ་ཏེན་ཆུས་ཡིན།

༢༠༠༡ལོའི་ཟླ་༦པར་ཀྲུང་གུང་ཀྲུང་དབྱང་དང་རྒྱལ་སྲིད་སྤྱི་ཁྱབ་ཁང་ནས་པེ་ཅིང་དུ་བོད་ཀྱི་ལས་དོན་སྐོར་གྱི་བཞུགས་མོལ་ཚོགས་འདུ་ཐེངས་བཞི་པ་སྐོང་འཚོགས་གནང་བ་རེད། ཚོགས་འདུའི་ཐོག་བོད་ཀྱི་འཕེལ་རྒྱས་དང་བོད་རིགས་སྤུན་ཟླའི་ལས་དབང་ནི་སྔར་ནས

མེས་རྒྱལ་དང་ཀྲུང་ཧྭ་མི་རིགས་ཀྱི་ལས་དབང་དང་ཡུག་གཅིག་ཏུ་སྦྲེལ་ཡོད། ཧོང་ཡོང་ཀྱི་བློ་མཐུན་ཚང་མས་ཧོང་དང་རྒྱལ་ཁབ་ཀྱི་ལས་དོན་སྤྱི་ཡོངས་ཀྱི་འཐབ་རྩལ་མཐོ་ཚད་དང་གཅིག་གྱུར་ཐོག་ཏན་ཏན་ཏིག་ཏིག་ངང་དུས་རབས་གསར་པའི་བོད་ལྗོངས་ཀྱི་ལས་དོན་ལེགས་པོ་སྒྲིལ་དགོས་ཞེས་ནན་བཤད་གནང་ཡོད། ཧོང་ཀྲུང་དབྱང་དང་རྒྱལ་ཡོངས་མི་རིགས་ཁག་གི་ཤུགས་ཆེའི་རྒྱབ་སྐྱོར་འོག་བོད་ཀྱི་རྒྱ་ཆེའི་ལས་བྱེད་མང་ཚོགས་ནས་མཉམ་དུ་ཧུར་བརྩོན་ཆེན་པོས་ཐེངས་འདིའི་ཚོགས་འདུའི་སྙིང་དོན་ལག་བསྟར་དང་། བསམ་བློར་བཅིངས་འགྲོལ། དངོས་ཐོག་བདེན་འཚོལ། དཀའ་སྤྱད་འབད་བརྩོན། གསར་འབྱེད་གསར་གཏོད་བཅས་བྱས་ནས་བློ་མཐུན་ཧུ་ཅིང་ཐའོ་ཕེང་ནས་བཏོན་གནང་བའི་བོད་ལྗོངས་འདི་ཉིད་"ཀྲུང་གོའི་དེང་རབས་ཅན་བཞིའི་འཛུགས་སྐྲུན་ཁྲིད་མདུན་གྲལ་དུ་སླེབས་པ་བྱ་དགོས"ཞེས་པའི་རླབས་ཆེན་གྱི་དམིགས་ཚད་མངོན་གྱུར་ཐུབ་ངེས་ཡིན།

༢༠༡༠ལོའི་ཟླ་དང་པོར་ཀྲུང་གུང་ཀྲུང་དབྱང་དང་རྒྱལ་སྲིད་སྤྱི་ཁྱབ་ཁང་ནས་པེ་ཅིང་དུ་བོད་ཀྱི་ལས་དོན་སྐོར་གྱི་བཞུགས་མོལ་ཚོགས་འདུ་ཐེངས་ལྔ་པ་སྐོང་འཚོགས་གནང་བ་རེད། ཚོགས་འདུའི་ཐོག་བོད་ཀྱི་ལས་དོན་ལེགས་པོ་བསྒྲུབ་རྒྱུ་ནི་ཚན་རིག་དང་མཐུན་པའི་གོང་འཕེལ་ལྟ་བ་ལག་བསྟར་གཏིང་ཟབ་བྱེད་པ་དང་ཕྱོགས་ཡོངས་ནས་འགྲོར་འཁྲིད་སྤྱི་ཚོགས་སྐྲུན་པའི་ཁ་ཚ་དགོས་གཏུགས་ཀྱི་དགོས་མཁོ་ཡིན་པ་མ་ཟད། མི་རིགས་མཐུན་སྒྲིལ་ལ་སྲུང་སྐྱོང་དང་སྤྱི་ཚོགས་བརྟན་ལྷིང་ལ་སྲུང་སྐྱོང་། རྒྱལ་ཁབ་ཀྱི་བདེ་འཇགས་སྲུང་སྐྱོང་བཅས་ཀྱི་དགོས་མཁོ་དང་། དེ་མིན་རྒྱལ་སྤྱིའི་ཁོར་ཡུག་ལེགས་པོ་བསྐྲུན་རྒྱུའི་ཁ་ཚ་དགོས་གཏུགས་ཀྱི་དགོས་མཁོ་ཡང་ཡིན་ཞིང་། བོད་ལྗོངས་འདི་ཉིད་འཕྱུར་མཆོང་རང་བཞིན་གྱི་འཕེལ་རྒྱས་དང་ཡུན་རིང་བདེ་འཁོད་ཡོང་བར་སྐུལ་འདེད་བཏང་ནས། ཡངས་ཤིང་རྒྱ་ཆེ་བའི་མཚོ་བོད་ས་མཐོ་སྟེང་བས་མཛེས་སྡུག་འགྱུར་ཕྱུག་དང་བརྟན་ལྷིང་འཆམ་མཐུན་ཡོང་བར་འཛུགས་སྐྲུན་བྱ་རྒྱུ་ནི་ཧོང་ཡོངས་དང་རྒྱལ་ཡོངས་མི་དམངས་ཀྱི་ཐུན་མོང་གི་བསམ་འདུན་ཡིན་པས། ཧོང་ཡོངས་ཀྱི་བློ་མཐུན་ཚང་མས་ཧོང་དང་རྒྱལ་ཁབ་ཀྱི་ལས་དོན་སྤྱི་ཡོངས་ཀྱི་འཐབ་རྩལ་མཐོ་ཚད་དང་གཅིག་གྱུར་ཐོག་བོད་ཀྱི་ལས་དོན་ལེགས་པོ་སྒྲུབ་པའི་གལ་ཆེའི་རང་བཞིན་དང་ཛ་དྲག་རང་བཞིན་ལ་ངོས་འཛིན་དེ་བས་གསལ་བར་བྱས་ཏེ། ཀྲུང་དབྱང་གི་བོད་ཀྱི་ལས་

དོན་སྐོར་གྱི་མཛད་ཕྱོགས་སྲིད་ཇུས་རབ་དང་རིམ་པ་ལག་བསྟར་ཏན་ཏིག་བྱས་ནས་བོད་ཀྱི་ལས་དོན་ལ་རྣམ་པ་གསར་པ་རྒྱུན་མི་ཆད་པ་གཏོད་དགོས་ཞེས་នན་བཤད་གནང་ཡོད།

༢༠༡༥ལོའི་ཟླ་༨པར་ཀྲུང་དབྱང་ནས་བོད་ཀྱི་ལས་དོན་སྐོར་གྱི་བཞུགས་མོལ་ཚོགས་འདུ་ཐེངས་དྲུག་པ་པེ་ཅིང་དུ་སྐོང་འཚོགས་གནང་བ་རེད། ཀྲུང་གུང་ཀྲུང་དབྱང་གི་སྤྱི་ཁྱབ་རྩའུ་ཅི་དང་རྒྱལ་ཁབ་ཀྱི་ཀྲུའུ་ཞི། ཀྲུང་དབྱང་དམག་ཨུད་ཀྱི་ཀྲུའུ་ཞི་ཞི་ཅིན་ཕིང་ཚོགས་འདུར་ཞུགས་ཡོད་པ་མ་ཟད་གལ་ཆེའི་གསུང་བཤད་ཀྱང་གནང་ཡོད། ཞི་ཅིན་ཕིང་གིས་ཏིང་ཞའོ་ཕིང་གི་རིགས་པའི་གཞུང་ལུགས་དང་མཚོན་བྱེད་གསུམ་གྱི་གལ་ཆེའི་དགོངས་པ། ཚན་རིག་དང་མཐུན་པའི་གོང་འཕེལ་ལྟ་བས་མཇུབ་སྟོན་བྱེད་པ་དང་། “ཕྱོགས་ཡོངས་བཞིའི” འཐབ་ཇུས་བཀོད་སྒྲིག་འོག་ཏང་གི་བོད་སྐྱོང་ཇུས་གཞི་རྒྱུན་འཁྱོངས་བྱས་ཐོག །མེས་རྒྱལ་གཅིག་གྱུར་དང་མི་རིགས་མཐུན་སྒྲིལ་ལ་ཤུགས་སྣོན་རྒྱག་རྒྱུ་དེ་ལས་དོན་གྱི་ངོ་སྐང་བྱ་ས་དང་ཤུགས་རྒྱག་སར་བཞག་ནས་བློ་བརྟན་འགྱུར་མེད་ངང་ཁ་ཕྲལ་ལ་ངོ་རྒོལ་དང་། བློ་བརྟན་འགྱུར་མེད་ངང་དཔལ་འབྱོར་སྤྱི་ཚོགས་འཕེལ་རྒྱས་ལ་སྐུལ་འདེད་གཏོང་བ། བློ་བརྟན་འགྱུར་མེད་ངང་དམངས་འཚོ་ལེགས་བཅོས་ལ་འགན་སྲུང་། བློ་བརྟན་འགྱུར་མེད་ངང་མི་རིགས་ཁག་དབར་འགྲོ་འོང་དང་སྤེལ་རེས་བྱེད་པ། རྒྱལ་ཁབ་བདེ་འཇགས་དང་ཡུན་རིང་བདེ་འཇགས་ལ་འགན་ལེན་ཏན་ཏིག་བྱེད་པ། དཔལ་འབྱོར་སྤྱི་ཚོགས་རྒྱུན་མཐུད་ངང་འཕེལ་རྒྱས་ཡོང་བར་འགན་ལེན་ཏན་ཏིག་བྱེད་པ། མི་རིགས་ཁག་གི་མི་དམངས་རྣམས་ཀྱི་དངོས་པོ་དང་བསམ་པའི་ཚུ་ཚད་ཟམ་མི་ཆད་པར་གོང་མཐོར་གཏོང་རྒྱུར་འགན་ལེན་ཏན་ཏིག་བྱེད་པ། འབྱུང་ཁམས་ཁོར་ཡུག་ལེགས་སུ་གཏོང་རྒྱུར་འགན་ལེན་ཏན་ཏིག་བྱེད་དགོས་པ་བཅས་ནན་བཤད་གནང་ཡོད།

སྤྱི་ལོ་༢༠༢༠ལོའི་ཟླ་༨པའི་ཚེས་༢༨དང་༢༩ཉིན། ཀྲུང་དབྱང་གིས་བོད་ཀྱི་ལས་དོན་སྐོར་གྱི་བཞུགས་མོལ་ཚོགས་འདུ་ཐེངས་བདུན་པ་པེ་ཅིང་དུ་འཚོགས་ཤིང་། ཚོགས་འདུའི་ཐོག་ཏའེ་ཧྲེན་ཁུལ་དང་། ཁྲའོ་ཡང་ཁུལ། གྲོང་ནུབ་ཁུལ། གྲོང་ཤར་ཁུལ་བཅས་ཀྱིས་ཁྲིན་ཀོན་ཆུས་ལ་ག་སྒྱུར་རོགས་སྐྱོར་བྱེད་རྒྱུ་བཀོད་སྒྲིག་གནང་ནས། ལས་བྱེད་པ་༢༨ཐེངས་བརྒྱུད་ཁྲིན་ཀོན་ཆུས་སུ་ལས་བཀོད་བརྒྱབ་ནས་ཁྲིན་ཀོན་ཆུས་ཀྱི་དཔལ་འབྱོར་འཕེལ་རྒྱས་ལ་གསོན་

ཤུགས་གསར་པ་ཞིག་སྤྲིན་ཡོད།

༡༩༩༥ལོ་ནས་༢༠༡༨ལོ་བར་ཁྲིན་ཀོན་ཆུས་ཀྱིས་རོགས་སྐྱོར་མ་དངུལ་སྒོར་དུང་ཕྱུར་༢.༠༥དང་ལེན་བྱས་པ་ལས། རྣམ་གྲངས་༣༠ལག་བསྟར་བྱས་ཡོད། དེ་དག་ནི། ༡༩༩༥ལོ་ནས་༢༠༠༠ལོ་བར་རོགས་སྐྱོར་མ་དངུལ་སྒོར་ཁྲི་༦༩༦དང་ལེན་བྱས་ཡོད་ཅིང་རྣམ་གྲངས་༡༣ལག་བསྟར་བྱས་པ་ལས་སྒོར་ཁྲི་๑༡༦ཏེའི་ཁྲིང་སློབ་ཆུང་དང་ཏའེ་ཏེན་སློབ་ཆུང་གསར་རྒྱག་བྱེད་རྒྱུར་བེད་སྤྱོད་བཏང་བ་དང་། སྒོར་ཁྲི་༢༨༠མི་རིགས་ལག་ཤེས་ལས་རིགས་དང་ཞིང་འབྲོག་ལས། མི་སྣ་གསོ་སྐྱོང་བྱེད་རྒྱུ་བཅས་ལ་བེད་སྤྱོད་བཏང་ཡོད།

༢༠༠༡ལོ་ནས་༢༠༠༧ལོ་བར་རོགས་སྐྱོར་མ་དངུལ་སྒོར་ཁྲི་༡༨༧༠དང་ལེན་བྱས་ཡོད་ཅིང་། རྣམ་གྲངས་༢ལག་བསྟར་བྱས་པ་ལས་སྒོར་ཁྲི་༡༦༣༠ནི་འོད་ཐང་ཆེན་འཛུགས་སྐྲུན་བྱེད་རྒྱུར་སྤྱད་པ་དང་། སྒོར་ཁྲི་༢༩༠གྲོང་ཚོ་ཨུ་ལྷན་༡༢འཛུགས་སྐྲུན་བྱེད་རྒྱུར་བེད་སྤྱོད་བཏང་ཡོད།

༢༠༠༨ནས་༢༠༡༠ལོ་བར་རོགས་སྐྱོར་མ་དངུལ་སྒོར་ཁྲི་༥༠༡༠དང་ལེན་བྱས་ཡོད་ཅིང་། རྣམ་གྲངས་༩ལག་བསྟར་བྱས་པ་ལས་སྒོར་ཁྲི་༡༧༠༠དར་དམར་གྲོང་ཚོ་སྐྱ་འབུམ་ཐང་འཁོར་འཁྱིང་དཔེ་སྟོན་གྲོང་ཚོའི་རྫང་གཞིའི་སྒྲིག་བཀོད་འཛུགས་སྐྲུན་བྱེད་རྒྱུར་བེད་སྤྱོད་བཏང་བ་དང་། སྒོར་ཁྲི་༡༣༠༠གཙང་རལ་སློབ་ཆུང་གི་རྒྱ་སྐྱེད་འཛུགས་སྐྲུན་ལས་གྲྭར་བེད་སྤྱོད་བཏང་བ། སྒོར་ཁྲི་༢༡༠༠ཁྲིན་ཀོན་ཆུས་གྲོང་མིའི་ཞབས་ཞུའི་ལྟེ་གནས་འཛུགས་སྐྲུན་བྱེད་རྒྱུར་བེད་སྤྱོད་བཏང་བ། སྒོར་ཁྲི་༣༢༠གྲོང་གསེབ་ཀྱི་ཇབ་རླངས་འཛུགས་སྐྲུན་བྱེད་རྒྱུ་བཅས་ལ་བེད་སྤྱོད་བཏང་ཡོད།

༢༠༡༡ནས་༢༠༡༣ལོ་བར་རོགས་སྐྱོར་མ་དངུལ་སྒོར་ཁྲི་༥༤༨༥དང་ལེན་བྱས་ཡོད་ཅིང་། རྣམ་གྲངས་༦ལག་བསྟར་བྱས་པ་ལས། རྣམ་གྲངས་༥ཡི་གནས་ཚུལ་ནི། སྒོར་ཁྲི་༥༠༠ཚལ་གྲུང་ཐང་ཤང་ཚལ་གྲོང་ཚོ་ཙུའུ་དང་པོ་དང་གཉིས་པའི་གྲོང་གསེབ་འཛུགས་སྐྲུན་ལ་བེད་སྤྱོད་བཏང་བ་དང་། སྒོར་ཁྲི་༢༠༨བདེ་སྡོད་ལས་གྲྭར་བཏང་ཡོད། སྒོར་ཁྲི་༡༣༠༠ཐ་ཆེན་ཤང་དར་དམར་གྲོང་ཚོ་ལྷུང་དྲུང་ཙུའུ་ཡི་བཀོད་སྒྲིག་སྡེ་ཁུལ་འཛུགས་སྐྲུན་ལ་བེད་སྤྱོད་བཏང་བ། སྒོར་ཁྲི་༡༠༧༩ཀཱ་ཤོངས་དགའ་རང་སྐྲུན་སྡེ་ཁུལ་གྱི་རྫང་གཞིའི་སྒྲིག་བཀོད་བསྒྱུར་བཅོས་བྱེད་པར་བེད་སྤྱོད་བཏང་བ། སྒོར་ཁྲི་༡༦༠༠ཏའེ་ཏེན་སློབ་ཆུང་གི་རྒྱ་སྐྱེད་འཛུགས་སྐྲུན་ལས་

གྲྭར་བེད་སྤྱོད་བཏང་བ་བཅས་ཡིན།

༢༠༡༤ལོར་མ་དངུལ་སྒོར་ཁྲི་༡༥༠༠དང་ལེན་བྱས་ཡོད་ཅིང་། རྣམ་གྲངས་༡ལག་བསྟར་བྱས་པ་ལས། པེ་ཅིང་སློབ་ཆུང་ཐད་གཏོགས་བུ་བཙོལ་ཁང་འཛུགས་སྐྲུན་བྱེད་རྒྱུར་བེད་སྤྱོད་བཏང་ཡོད།

༢༠༡༥ལོར་རོགས་སྐྱོར་མ་དངུལ་སྒོར་ཁྲི་༣༢༠༠དང་ལེན་བྱས་ཡོད་ཅིང་། རྣམ་གྲངས་༢ལག་བསྟར་བྱས་པ་ལས་སྒོར་ཁྲི་༡༢༠༠ཉང་བྲན་ཤང་སྤྱི་བྲུར་གྲོང་ཚོ་ཙུའུ་གསུམ་པ་དང་བཞི་པའི་རྨང་གཞིའི་སྒྲིག་བཀོད་བསྒྱུར་བཅོས་བྱ་རྒྱུར་བེད་སྤྱོད་བཏང་བ་དང་། སྒོར་ཁྲི་༢༠༠༠ཁྲིན་གོན་ཆུས་ཏང་འཛུགས་བྱེད་སྒོ་སྤེལ་ཡུལ་འཛུགས་སྐྲུན་ལ་བེད་སྤྱོད་བཏང་ཡོད།

༢༠༡༦ལོར་རོགས་སྐྱོར་མ་དངུལ་སྒོར་ཁྲི་༢༨༠༠དང་ལེན་བྱས་ཡོད་ཅིང་། རྣམ་གྲངས་༢ལག་བསྟར་བྱས་པ་ལས། སྒོར་ཁྲི་༡༢༠༠བཅིངས་འགྲོལ་ནུབ་ལམ་བརྒྱུད་གཅིག་སྡེ་ཁུལ་གྱི་འཁོར་འཁྱིར་སྡེ་ཁུལ་རྨང་གཞིའི་སྒྲིག་བཀོད་འཛུགས་སྐྲུན་ལ་བེད་སྤྱོད་བཏང་བ་དང་། སྒོར་ཁྲི་༡༨༠༠ཁྲིན་གོན་ཆུས་ཀྱི་བུ་བཙོལ་ཁང་ཨང་༢༢པ་འཛུགས་སྐྲུན་བྱེད་རྒྱུར་བེད་སྤྱོད་བཏང་ཡོད།

༢༠༡༧ལོར་རོགས་སྐྱོར་མ་དངུལ་སྒོར་ཁྲི་༥༣༠༠དང་ལེན་བྱས་ཡོད་ཅིང་། རྣམ་གྲངས་༡ལག་བསྟར་བྱས་པ་ལས། ཁྲིན་གོན་ཆུས་འོ་བཟོས་བཟའ་བཅའ་ལས་སྣོན་བཟོ་གྲྭར་བེད་སྤྱོད་བཏང་ཡོད།

༢༠༡༨ལོར་རོགས་སྐྱོར་མ་དངུལ་སྒོར་ཁྲི་༤༥༠༠དང་ལེན་བྱས་ཡོད་ཅིང་། རྣམ་གྲངས་༤ལག་བསྟར་བྱས་པ་ལས་སྒོར་ཁྲི་༥༠༠གར་པ་འབྱུང་ཁམས་འཁྲོག་རའི་སྒྲིག་ཆས་ཉོ་རྒྱུར་བེད་སྤྱོད་བཏང་བ་དང་། སྒོར་ཁྲི་༢༡༠༠གྲྭ་བཞི་ཁྲིམ་ལམ་མཐུན་སྒྲིལ་གྲོང་གསར་འཁོར་འཁྱིར་སྡེ་ཁུལ་རྨང་གཞིའི་སྒྲིག་བཀོད་བསྒྱུར་བཅོས་ལ་བེད་སྤྱོད་བཏང་བ། སྒོར་ཁྲི་༦༠༠དོག་བདེ་དང་ཉང་བྲན། ཚལ་གུང་ཐང་བཅས་ཀྱི་འཐུང་ཆུའི་བདེ་འཇགས་ལས་གྲྭར་བེད་སྤྱོད་བཏང་བ། སྒོར་ཁྲི་༡༠༠༠བོད་ཁྱིམ་མགྲོན་བསུའི་དམངས་སྲོལ་ཡུལ་སྐོར་གྲོང་ཚོ་འཛུགས་སྐྲུན་བྱེད་རྒྱུར་བེད་སྤྱོད་བཏང་བ་བཅས་སོ།།

ལེའུ་ལྔ་པ། མཇུག་ཁ་བསྡུས་པ།

ཏང་གི་ཚོགས་ཆེན་བཅུ་དགུ་པ་དང་བོད་ཀྱི་ལས་དོན་སྐོར་གྱི་བཞུགས་མོལ་ཚོགས་འདུ་ཐེངས་བཅུ་པའི་དགོངས་པ་མཐུབ་སྟོན་དུ་བཟུང་ནས་ནུས་ཤུགས་ཡོད་རྒྱུས་ཁྲིན་ཀོན་ཆུས་ཀྱི་ལས་དོན་གང་ལེགས་བསྒྲུབས་ཏེ། དུས་རབས་གསར་པར་ཁྲིན་ཀོན་ཆུས་ཀྱི་ལས་ཀའི་རྣམ་པ་གསར་པ་ཞིག་གཏོད་དགོས།

བསྒྱུར་བཅོས་སྒོ་དབྱེ་བྱས་ནས་ལོ་ངོ་༤༠ལྷག་གི་དཀའ་སྤྱད་འབད་བརྩོན་གྱི་ལག་ལེན་བརྒྱུད། ཀྲུང་གོ་གུང་ཁྲན་ཏང་གིས་རྒྱལ་ཡོངས་མི་རིགས་ཁག་གི་མི་དམངས་རྣམས་མཐུན་སྒྲིལ་སྒེ་ཁྲིད་བྱས་ཏེ། ཐོག་མཐའ་བར་གསུམ་དུ་ཀྲུང་གོའི་ཁྱད་ཆོས་ལྡན་པའི་སྤྱི་ཚོགས་རིང་ལུགས་ཀྱི་དར་ཆ་མཐོན་པོར་སྒྲེང་བ་དང་། དཀའ་སྤྱད་འབད་འཐབ། བློ་བརྟན་འགྱུར་མེད་དང་ཡར་རྒྱས་བརྩོན་ལེན་བྱས་ཤིང་། རང་རྒྱལ་གྱི་དཔལ་འབྱོར་སྟོབས་ཤུགས་དང་། ཚན་རྩལ་སྟོབས་ཤུགས། རྒྱལ་སྲུང་སྟོབས་ཤུགས། ཕྱོགས་བསྡུས་སྟོབས་ཤུགས་བཅས་འཛམ་གླིང་གི་མདུན་གྲལ་དུ་སླེབས་པ་དང་། རྒྱལ་སྤྱིའི་གནས་བབས་ཀྱང་སྔར་ན་མེད་པའི་གོང་མཐོར་ཕྱིན་ནས། ཏང་དང་རྒྱལ་ཁབ། མི་དམངས། དམག་དཔུང་། དེ་བཞིན་ཀྲུང་ཧྭ་མི་རིགས་བཅས་ཀྱི་གནས་བབས་ལ་སྔར་བྱུང་མྱོང་མེད་པའི་འགྱུར་བ་བྱུང་སྟེ། ཀྲུང་གོའི་ཁྱད་ཆོས་ལྡན་པའི་སྤྱི་ཚོགས་རིང་ལུགས་ཀྱི་གསོན་ཤུགས་ལྷག་ཏུ་མངོན་ཞིང་། ཀྲུང་ཧྭ་མི་རིགས་ཆབས་ཆེན་བསྐྱར་དར་གྱི་མདུན་ལམ་ཡངས་པོ་མངོན་པར་བྱས་ཡོད། སྤྱི་ཁྱབ་ཧྲུའུ་ཅི་ཞི་ཅིན་ཕིང་གིས་ཏང་གི་ཚོགས་ཆེན་བཅུ་དགུ་པའི་སྐབས་སྒྲོན་ནང་ཀྲུང་གོའི་ཁྱད་ཆོས་ལྡན་པའི་སྤྱི་ཚོགས་རིང་ལུགས་ཀྱི་དུས་རབས་གསར་པར་སླེབས་པ་དེས་རང་རྒྱལ་ལོ་རྒྱུས་ཀྱི་གནས་བབས་གསར་པ་ཞིག་ལ་གོང་འཕེལ་བྱུང་བར་མཚོན་པ་མཐུབ་སྟོན་གནང་ཡོད། འདི་ནི་མིག་སྔའི་རང་རྒྱལ་ལོ་རྒྱུས་དུས་རབས་ཀྱི་གནས་བབས་གཏན་འཁེལ་གསར་ཤོས་དེ་ཡིན་པ་དང་། ཕྱོགས་བསྡུས་ཀྱི་མིག་སྔའི་རྒྱལ་སྤྱི་རྒྱལ་ནང་གི་གནས་སྟངས་ལ་དབྱེ་ཞིབ་དང་། ལོ་རྒྱུས་དང་དོན་དངོས་

ཀྱི་གནས་སྟངས་ལ་ལུང་རིགས་རྟགས་གསུམ་གྱིས་དཔྱད་པ་གནང་བའི་གནད་ལ་ཁེལ་བའི་བརྗར་གཅོད་ཅིག་རེད།

"དུས་རབས་གསར་པའི"གོ་དོན་ཐད་སྤྱི་ཁྲབ་རྟའུ་ཅེ་ཞི་ཅིན་ཕིང་གིས"ཀྲུང་གོའི་ཁྱད་ཆོས་ལྡན་པའི་སྤྱི་ཚོགས་རིང་ལུགས་ཀྱི་དུས་རབས་གསར་པར་སླེབས་པ་དེས། ཉེ་རབས་ནས་བཟུང་ཡུན་རིང་ཞུན་བརྗར་བྱས་པའི་ཀྲུང་ཧྭ་མི་རིགས་ཡར་ལངས་ཐུབ་སྟེ་ཕྱུག་པོར་གྱུར་པ་ནས་སྟོབས་འབྱོར་ལྡན་པར་གྱུར་པའི་རླབས་ཆེན་གྱི་འཕུར་མཆོང་ཞིག་བསྒྲུས་པ་དང་། ཀྲུང་ཧྭ་མི་རིགས་རླབས་ཆེན་བསྐྱར་དར་མངོན་གྱུར་ཡོང་བའི་འོད་ཟེར་གྱི་ལམ་བུ་ཞིག་ཀྱང་བསྒྲུས་པ་མཚོན་ཡོད་ལ། ཚན་རིག་དང་མཐུན་པའི་སྤྱི་ཚོགས་རིང་ལུགས་ཀྱིས་དུས་རབས་ཉེར་གཅིག་པའི་ཀྲུང་གོར་སྐྱེ་སྟོབས་ཀྱི་དཔལ་འབར་བའི་གསོན་ཤུགས་སྤྲུན་ཞིང་། འཛམ་གླིང་ཐོག་ཀྲུང་གོའི་ཁྱད་ཆོས་ལྡན་པའི་སྤྱི་ཚོགས་རིང་ལུགས་ཀྱི་རླབས་ཆེན་དར་ཆ་མཐོན་པོར་བསྒྲེངས་པ་མཚོན་ཡོད་ལ། ཀྲུང་གོའི་ཁྱད་ཆོས་ལྡན་པའི་སྤྱི་ཚོགས་རིང་ལུགས་ཀྱི་ལམ་བུ་དང་། གཞུང་ལུགས། ལམ་ལུགས། རིག་གནས་བཅས་བར་མ་ཆད་པར་གོང་འཕེལ་ཕྱིན་ཏེ། འཕེལ་རྒྱས་འགྲོ་བཞིན་པའི་རྒྱལ་ཁབ་རྣམས་དེང་རབས་ཅན་དུ་ཕྱོགས་པར་ཐབས་ལམ་སྤྲུན་ཞིང་། འཛམ་གླིང་ཐོག་མགྱོགས་མྱུར་འཕེལ་རྒྱས་འགྲོ་འདོད་ཅིང་རང་དོས་ཀྱི་རང་དབང་སྲུང་འདོད་པའི་རྒྱལ་ཁབ་དང་མི་རིགས་དག་ལ་རྣམ་པ་གསར་རྒྱུད་གི་གདམ་ག་སྤྲོད་པ་དང་། མིའི་རིགས་ཀྱི་གནད་དོན་ཐག་གཅོད་བྱེད་པར་ཀྲུང་གོའི་བློ་རིག་དང་ཀྲུང་གོའི་ཐབས་ཇུས་ལེགས་སྐྱེས་སུ་འབུལ་བ་བཅས་མངོན་ཐུབ"ཅེས་མཇུབ་སྟོན་གནང་ཡོད། "མཚོན་པ་གསུམ"གྱིས"དུས་རབས་གསར་པའི"ལོ་རྒྱུས་ཀྱི་ཁྱད་ཆོས་དང་། ལོ་རྒྱུས་ཀྱི་གནས་བབས། ལོ་རྒྱུས་ཀྱི་ལེགས་སྐྱེས་བཅས་ར་སྤྲོད་ཁ་གསལ་བྱས་ཡོད་པ་དེས། ཕྲིན་གོང་ཚུས་དེ་ད་ལྟ་ལོ་རྒྱུས་ཀྱི་གནས་བབས་གང་འདྲ་ཞིག་ལ་སླེབས་པ་དེ་བས་ཁ་གསལ་དུ་སོང་ཡོད། ལོ་རྒྱུས་ཀྱི་འགོ་འཛུགས་ས་གསར་པ་འདིར་དོས་འཛིན་ཡང་དག་བྱེད་ཐུབ་ན། "དུས་རབས་གསར་པའི"གནས་ཚུལ་དངོས་ལ་གདེང་ལོན་ཐུབ་པས། དེའི་ཐོག་ནས་ཧ་ཅང་དང་རྒྱལ་ཁབ་ཀྱི་ལས་དོན་ཁྱོན་ཡོངས་ནས་འགོ་འཛུགས་པ་ནི་ཕྲིན་གོང་ཚུས་ཀྱི་ལས་དོན་ལེགས་པོ་བསྒྲུབ་པའི་གཞི་རྩ་དེ་ཡིན།

སྤྱི་ཁྲབ་རྟའུ་ཅེ་ཞི་ཅིན་ཕིང་གིས"དུས་རབས་གསར་པ་འདིར་ཐུ་མཐུད་ཕྱི་སྐྱོང་

དང་སྤྲ་འཛིན་ཕྱིར་གཏོད་དང་། ལོ་རྒྱུས་ཀྱི་ཆ་རྐྱེན་གསར་པའི་འོག་མུ་མཐུད་ཀྲུང་གོའི་ཁྱད་ཆོས་ལྡན་པའི་སྤྱི་ཚོགས་རིང་ལུགས་ཀྱི་རླབས་ཆེན་རྒྱལ་ཁ་ལེན་པའི་དུས་རབས་ཤིག་དང་། ཁྲོན་ཡོངས་ནས་འཐོར་འབྲིང་སྤྱི་ཚོགས་འཛུགས་སྐྲུན་ཕྱུ་ཐག་ཆོད་པ་བྱས་ཏེ། གོམ་གང་མདུན་སྤོས་ཀྱིས་སྤྱི་ཚོགས་རིང་ལུགས་དེང་རབས་ཅན་གྱི་སྟོབས་འབྱོར་ལྡན་པའི་རྒྱལ་ཁབ་བསྐྲུན་པའི་དུས་རབས་ཤིག རྒྱལ་ཡོངས་མི་རིགས་ཁག་གི་མི་དམངས་ཀྱིས་མཐུན་སྒྲིལ་འབད་འཐབ་བྱས་ཏེ་ཟམ་མི་ཆད་པར་བདེ་སྐྱིད་ལྡན་པའི་འཚོ་བ་གཏོད་ནས། རིམ་བཞིན་མི་དམངས་ཡོངས་ཐུན་མོང་ཐོག་ཕྱུག་པོ་ཆགས་པའི་དུས་རབས་ཤིག ཀྲུང་ཧྭ་བུ་ཕྲུག་ཡོངས་ཀྱིས་མཐུན་སྒྲིལ་ཇོག་རྩ་གཅིག་སྒྲིལ་གྱིས་ཀྲུང་ཧྭ་མི་རིགས་རླབས་ཆེན་བསྐྱར་དར་ཡོང་བར་འབད་དེ། ཀྲུང་གོའི་ཕྱུགས་འདུན་མངོན་འགྱུར་བྱེད་པའི་དུས་རབས་ཤིག དེའང་རང་རྒྱལ་འདི་ཉིད་གོམ་གང་མདུན་སྤོས་ཀྱིས་འཛམ་གླིང་གར་སྟེགས་དབུས་སུ་བསྐྱོད་པ་དང་། མིའི་རིགས་ལ་བྱས་རྗེས་དེ་བས་ཆེ་བ་འཇོག་པའི་དུས་རབས་ཤིག་བཅས་ཡིན་ཞེས་མཇུབ་སྟོན་གནང་ཡོད།" "དུས་རབས་ལྔ"ལ་རྒྱས་བཤད་བྱས་ཚོ། "ཀྲུང་གོའི་ཁྱད་ཆོས་ལྡན་པའི་སྤྱི་ཚོགས་རིང་ལུགས་ཀྱི་རླབས་ཆེན་རྒྱལ་ཁ་ལེན་པ།" "ཁྲོན་ཡོངས་ནས་འཐོར་འབྲིང་སྤྱི་ཚོགས་འཛུགས་སྐྲུན་ཕྱུ་ཐག་ཆོད་པ་བྱེད་པ།" "སྤྱི་ཚོགས་རིང་ལུགས་དེང་རབས་ཅན་གྱི་སྟོབས་འབྱོར་ལྡན་པའི་རྒྱལ་ཁབ་བསྐྲུན་པའི་རྒྱང་སྐྱོད་ལམ་དུ་བཟོ་བ།" "ཐུན་མོང་ཐོག་ཕྱུག་པོ་ཆགས་པ་བྱེད་པ།" "ཀྲུང་གོའི་ཕྱུགས་འདུན།" "འཛམ་གླིང་གར་སྟེགས་དབུས་སུ་བསྐྱོད་པ།" "མིའི་རིགས་ལ་དེ་བས་ལྷག་པའི་ལེགས་སྐྱེས་འབུལ་བ"སོགས་ཀྱི་ནང་དོན་ཚུད་ཡོད་ཅིང་། "དུས་རབས་གསར་པའི"ལོ་རྒྱུས་བརྗོད་གཞི་དང་། དུས་རབས་ཀྱི་འགན་འཁྲི། ལས་འགན། བླང་བྱ་བཅས་ལ་དྲིས་ལན་གནང་ལ་འཕེལ་བ་བརྒྱབ་སྟེ། ཁྲིན་གོན་ཆུས་ཀྱིས་དར་ཆ་གང་སྒྲེང་མིན་དང་། ལམ་གང་དུ་འགྲོ་མིན། རྒྱལ་ཁབ་འཛུགས་སྐྲུན་ཇི་ལྟར་བྱེད་མིན། གོང་འཕེལ་གང་འདྲ་མངོན་འགྱུར་བྱེད་མིན། དམིགས་ཡུལ་གང་བསྒྲུབ་མིན། ལེགས་སྐྱེས་གང་འབུལ་མིན་ཐད་གཟབ་ནན་གྱིས་ཡོངས་བསྒྲགས་བྱས་ཡོད་པ་རེད།

ཁྲིན་གོན་ཆུས་ཀྱི་ལས་ཀར་མཚོན་ན་དུས་རབས་གསར་པའི་བླང་བྱ་གསར་པ་དང་བསྟུན་དགོས། ཁྲིན་གོན་ཆུས་ཀྱིས་ངེས་པར་དུ་གསར་གཏོད་ལྟར་ལེན་གྱི་སྙིང་སྟོབས་བརྒྱུད་

གངས་ལྗོངས་ས་མཐོར་དུས་རབས་གསར་པའི་ཀྲུང་གོའི་ཁྱད་ཆོས་ལྡན་པའི་སྤྱི་ཚོགས་རིང་ལུགས་ཀྱི་རླབས་ཆེན་རྒྱལ་ཁ་གསར་དུ་གཏོད་དགོས་པ་དང་། ངེས་པར་དུ་དུས་ཚོད་ནི་ཀུན་ལས་ལྷག་པའི་སྙིང་སྟོབས་ལ་བརྟེན་ནས་དབུལ་སྒྲོལ་འགག་སྒྲོལ་གྱི་དམག་འཐབ་ལས་རྒྱལ་དགོས་པ། ངེས་པར་དུ་ཁོག་ཡངས་དཀྱིལ་ཆེའི་ཐོག་ནས་བོད་ལྗོངས་འཛུགས་སྐྲུན་བྱེད་རྒྱུ་དེ་བསྒྱུར་བཅོས་སྒོ་དབྱེའི་དམིགས་འབེན་དང་པོར་འཛུགས་དགོས་པ། ངེས་པར་དུ་བློ་བརྟན་འགྱུར་མེད་ཀྱི་སྙིང་སྟོབས་ལ་བརྟེན་ནས་མི་རིགས་མཐུན་སྒྲིལ་ལ་ཤུགས་སྣོན་དང་བདེ་སྐྱིད་ལྡན་པའི་བོད་ལྗོངས་བསྐྲུན་དགོས་པ། ངེས་པར་དུ་རྒྱུན་འཁྱོངས་ལྷོད་མེད་ཀྱིས་ཀྲུང་གོའི་ཕྱོགས་འདུན་བོད་ལྗོངས་ཀྱི་ལེའུ་རྩོམ་པར་འབད་བརྩོན་ཆེར་བསྐྱེད་བྱས་ཏེ། སྤྱི་ཚོགས་རིང་ལུགས་ཀྱི་དེང་རབས་ཅན་གྱི་སྟོབས་ལྡན་རྒྱལ་ཁབ་བསྐྲུན་པའི་རྒྱང་སྐྱོད་ཀྱི་ལམ་བུ་གསར་པའི་ཐོག་བསྐྱོད་དགོས།

དགོངས་དོན་གསར་པའི་མཐུབ་སྟོན་ཐོག་ཁྲིན་ཀོན་རྩུས་ཀྱི་ལས་རིམ་གསར་པ་ཞིག་གཏོད་དགོས།

ཏང་གི་ཚོགས་ཆེན་བཅོ་བརྒྱད་པ་འཚོགས་ཚུན། སྤྱི་ཁྲབ་ཧྲུའུ་ཅི་ཞི་ཅིན་ཕིང་གིས་སྣ་ཚབ་མཛད་པའི་ཀྲུང་གོ་གུང་ཁྲན་ཏང་མིས་དུས་རབས་ཀྱི་འཕེལ་ཕྱོགས་དང་དགོས་མཁོར་གཞིགས་ནས་གཞུང་ལུགས་དང་ལག་ལེན་གཉིས་ཟུང་འབྲེལ་བྱས་ཐོག །གོ་རིམ་ཚགས་དམ་པའི་སྒོ་ནས་ཀྲུང་གོའི་ཁྱད་ཆོས་ལྡན་པའི་སྤྱི་ཚོགས་རིང་ལུགས་རྒྱུན་འཁྱོངས་དང་གོང་འཕེལ་ཇི་ལྟར་གཏོང་དགོས་པ་དང་། ཀྲུང་གོའི་ཁྱད་ཆོས་ལྡན་པའི་སྤྱི་ཚོགས་རིང་ལུགས་ཀྱི་དུས་རབས་ཀྱི་བརྗོད་གཞི་གལ་ཆེན་རྒྱུན་འཁྱོངས་དང་གོང་འཕེལ་ཇི་ལྟར་གཏོང་དགོས་པའི་ཐད་གཏིང་ཟབ་ལ་ཆ་ཚང་བའི་སྒོ་ནས་ལན་བཀྱབ་ཡོད་ཅིང་། ལག་ལེན་ཁྲིད་རིམ་བཞིན་དུས་རབས་གསར་པའི་ཀྲུང་གོའི་ཁྱད་ཆོས་ལྡན་པའི་སྤྱི་ཚོགས་རིང་ལུགས་ཀྱི་སྤྱིའི་དམིགས་ཡུལ་དང་། སྤྱིའི་འགན་འཁྲི། སྤྱིའི་བཀོད་སྒྲིག འཐབ་ཇུས་བཀོད་སྒྲིག འཕེལ་རྒྱས་ཀྱི་ཁ་ཕྱོགས། འཕེལ་རྒྱས་གཏོང་ཐབས། འཕེལ་རྒྱས་ཀྱི་འགྲུལ་ཤུགས། འཐབ་ཇུས་ཀྱི་གོ་རིམ། ཕྱིའི་ཆ་རྐྱེན། ཆབ་སྲིད་ཀྱི་འགན་ལེན་སོགས་རྩ་བའི་གནད་དོན་ཐག་གཅོད་རྒྱུན་འཁྱོངས་དང་གོང་འཕེལ་བཏང་ནས་ཞི་ཅིན་ཕིང་གི་དུས་རབས་གསར་པའི་ཀྲུང་གོའི་ཁྱད་ཆོས་ལྡན་པའི་སྤྱི་ཚོགས་རིང་ལུགས་ཀྱི་དགོངས་པ་གྲུབ་ཡོད། ཞི་ཅིན་ཕིང་གི་དུས་རབས་གསར་པའི་ཀྲུང་

གོའི་ཁྱད་ཆོས་ལྡན་པའི་སྤྱི་ཚོགས་རིང་ལུགས་ཀྱི་དགོངས་པ་ནི་མ་ཁེ་སེ་ལེ་ཉིང་རིང་ལུགས་དང་། མའོ་ཙེ་ཏུང་གི་དགོངས་པ། ཏེང་ཞའོ་ཕིང་གི་རིགས་པའི་གཞུང་ལུགས། མཚོན་བྱེད་གསུམ་གྱི་གལ་ཆེའི་དགོངས་པ། ཚན་རིག་དང་མཐུན་པའི་གོང་འཕེལ་ལྟ་བ་བཅས་གཅིག་རྒྱུན་གཅིག་འཛིན་གྱི་མ་ཁེ་སེ་རིང་ལུགས་ཀྲུང་གོ་ཅན་གྱི་གཞུང་ལུགས་གསར་ཤོས་ཡིན་ཞིང་། དུས་རབས་གསར་པར་ཁྲིད་སྟོན་བྱེད་པའི་ཀྲུང་གོའི་ཁྱད་ཆོས་ལྡན་པའི་སྤྱི་ཚོགས་རིང་ལུགས་ཀྱི་བྱ་གཞག་གོང་འཕེལ་གསར་པར་སྐྱེལ་འདེད་གཏོང་བའི་གཞུང་ལུགས་ཀྱི་ལམ་སྟོན་དང་། དུས་རབས་གསར་པའི་ཁྲིན་གོན་ཆུས་ཀྱི་ལས་དོན་ཡག་པོ་བསྒྲུབ་པའི་མཇུབ་སྟོན་གྱི་དགོངས་པ་བཅས་ཡིན།

ཞི་ཅིན་ཕིང་གི་དུས་རབས་གསར་པའི་ཀྲུང་གོའི་ཁྱད་ཆོས་ལྡན་པའི་སྤྱི་ཚོགས་རིང་ལུགས་ཀྱི་དགོངས་པའི་ནང་། ཀྲུང་གོའི་ཁྱད་ཆོས་ལྡན་པའི་སྤྱི་ཚོགས་རིང་ལུགས་རྒྱུན་འཁྱོངས་དང་གོང་འཕེལ་གཏོང་དགོས་པའི་སྤྱིའི་འགན་འཁྲི་གཏན་འབེབས་གསལ་པོ་གནང་ཡོད་ལ། དུས་རབས་གསར་པའི་རང་རྒྱལ་སྤྱི་ཚོགས་ཀྱི་འགལ་ཟླ་གཙོ་བོའང་གཏན་འབེབས་གསལ་པོ་གནང་བ། ཀྲུང་གོའི་ཁྱད་ཆོས་ལྡན་པའི་སྤྱི་ཚོགས་རིང་ལུགས་ཀྱི་བྱ་གཞག་སྤྱི་ཡོངས་ཀྱི་བཀོད་སྒྲིག་དང་འཐབ་ཇུས་བཀོད་སྒྲིག་གཏན་འབེབས་གསལ་པོ་གནང་བ། ཁྲོན་ཡོངས་ནས་བསྒྱུར་བཅོས་གཏིང་ཟབ་གཏོང་དགོས་པའི་སྤྱིའི་དམིགས་ཡུལ་གཏན་འབེབས་གསལ་པོ་གནང་བ། ཁྲོན་ཡོངས་ནས་ཁྲིམས་ལྟར་རྒྱལ་ཁབ་སྐྱོང་བར་སྐྱུལ་འདེད་གཏོང་བའི་སྤྱིའི་དམིགས་ཡུལ་གཏན་འབེབས་གསལ་པོ་གནང་བ། ཏང་གི་དུས་རབས་གསར་པའི་དམག་ཏུག་དམིགས་ཚད་གཏན་འབེབས་གསལ་པོ་གནང་བ། ཀྲུང་གོའི་ཁྱད་ཆོས་ལྡན་པའི་སྟོབས་ཆེན་རྒྱལ་ཁབ་ཀྱི་ཕྱི་འབྲེལ་འགན་འཁྲི་དང་འོས་འགན་གཏན་འབེབས་གསལ་པོ་གནང་བ། ཀྲུང་གོའི་ཁྱད་ཆོས་ལྡན་པའི་སྤྱི་ཚོགས་རིང་ལུགས་ཀྱི་ཆེས་གཞི་རྩའི་ཁྱད་ཆོས་བཅས་གཏན་འབེབས་གསལ་པོ་གནང་ཡོད། ཞི་ཅིན་ཕིང་གི་དུས་རབས་གསར་པའི་ཀྲུང་གོའི་ཁྱད་ཆོས་ལྡན་པའི་སྤྱི་ཚོགས་རིང་ལུགས་ཀྱི་དགོངས་པའི་དོན་སྙིང་དང་ཚན་རིག་གི་གོ་དོན་འགྲན་ཟླ་བྲལ་བའི་གཏིང་ཟབ་པོ་དང་ཕུན་སུམ་ཚོགས་པོ་ཡོད་ཅིང་། ལས་དོན་ཁག་ལ་གཞིགས་ནས་ཞིབ་ཕྲའི་བླང་བྱ་གསལ་པོར་བཏོན་ཡོད། ཏང་གིས་ལས་དོན་ཡོངས་ཀྱི་དབུ་ཁྲིད་བྱ་རྒྱུ་རྒྱུན་

འཕྲོད་པས་བྱེད་པ་དང་། མི་དམངས་ལྟེ་བར་འཛིན་རྒྱུ་རྒྱུན་འཕྲོད་བྱེད་པ། ཁྲོན་ཡོངས་ནས་བསྐྱར་བཅོས་གཏིང་ཟབ་གཏོང་རྒྱུ་རྒྱུན་འཕྲོད་བྱེད་པ། གོང་འཕེལ་གྱི་འདུ་ཤེས་གསར་པ་རྒྱུན་འཕྲོད་བྱེད་པ། མི་དམངས་རང་ཁྲིམས་རང་བདག་ཡོང་བ་བྱ་རྒྱུ་རྒྱུན་འཕྲོད་བྱེད་པ། ཁྲོན་ཡོངས་ནས་ཁྲིམས་ལྟར་རྒྱལ་ཁབ་སྐྱོང་རྒྱུ་རྒྱུན་འཕྲོད་བྱེད་པ། སྤྱི་ཚོགས་རིང་ལུགས་ཀྱི་ལྟེ་བའི་རིན་ཐང་མ་ལག་རྒྱུན་འཕྲོད་བྱེད་པ། གོང་འཕེལ་ཁྲོད་དམངས་འཚོ་འགན་སྲུང་དང་ལེགས་བཅོས་བྱ་རྒྱུ་རྒྱུན་འཕྲོད་བྱེད་པ། མི་དང་རང་བྱུང་ཁམས་འཆམ་མཐུན་མཉམ་གནས་ཡོང་རྒྱུ་རྒྱུན་འཕྲོད་བྱེད་པ། རྒྱལ་ཁབ་སྤྱི་ཡོངས་ཀྱི་བདེ་འཇགས་བསམ་པ་རྒྱུན་འཕྲོད་བྱེད་པ། ཏང་གིས་མི་དམངས་དམག་དཔུང་གི་དབུ་ཁྲིད་མཐའ་གཅིག་ཏུ་བྱ་རྒྱུ་རྒྱུན་འཕྲོད་བྱེད་པ། "རྒྱལ་ཁབ་གཅིག་ལ་ལམ་ལུགས་གཉིས"དང་མེས་རྒྱལ་གཅིག་གྱུར་ཡོང་རྒྱུར་རྒྱུན་འཕྲོད་བྱེད་པ། གཅིག་མཐུན་འདུས་གྲུབ་ཀྱི་མིའི་རིགས་ཀྱི་ལས་དབང་བསྐྲུན་རྒྱུར་རྒྱུན་འཕྲོད་བྱེད་པ། ཁྲོན་ཡོངས་ནས་ཏང་ནན་པོས་སྐྱོང་རྒྱུ་རྒྱུན་འཕྲོད་བྱེད་དགོས་པ་བཅས་རྒྱུན་འཕྲོད་བཅུ་བཞི་པོ་འདི་དག་གིས་དུས་རབས་གསར་པར་ཀྲུང་གོའི་ཁྱད་ཆོས་ལྡན་པའི་སྤྱི་ཚོགས་རིང་ལུགས་ཀྱི་རྒྱུན་འཕྲོད་དང་འཕེལ་རྒྱས་གཏོང་བའི་གཞི་རྩའི་འཐབ་ཇུས་གྲུབ་ཡོད།

ཞི་ཅིན་ཕིང་གི་དུས་རབས་གསར་པའི་ཀྲུང་གོའི་ཁྱད་ཆོས་ལྡན་པའི་སྤྱི་ཚོགས་རིང་ལུགས་ཀྱི་བསམ་པའི་དགོངས་པའི་སྙིང་དོན་དང་། ཚན་རིག་གི་གོ་དོན། གཞི་རྩའི་ སྣང་བྱ་བཅས་གཞིར་བཟུང་། ཁྲིན་གོན་ཆུས་ཀྱི་ལས་དོན་ཁག་ལེགས་པོ་བསྒྲུབ་པར་ཁ་ཕྱོགས་དང་དམིགས་ཡུལ་དེ་བས་གསལ་དུ་སོང་ཡོད། ཁྲིན་གོན་ཆུས་ཀྱིས་དབུལ་སྒྲོལ་འགག་སྒྲོལ་དམག་འཐབ་ཀྱི་རྒྱལ་ཁ་ངེས་པར་དུ་ལོན་པ་བྱས་ཏེ། བོད་ལྗོངས་དང་རྒྱལ་ཡོངས་ལམ་གཅིག་ཐོག་གོམ་པ་ཉིས་བགྲོད་བྱས་ཏེ་སྤྱི་ཚོགས་རིང་ལུགས་དེང་རབས་ཅན་དང་ཀྲུང་ཧྭ་མི་རིགས་ཀླབས་ཆེན་བསྐྱར་དར་མངོན་གྱུར་ཡོང་བར་རྨང་གཞི་བརྟན་པོ་འདིང་དགོས་པ་དང་། མི་དམངས་ལྟེ་བར་འཛིན་པའི་འཕེལ་རྒྱས་ཀྱི་དགོངས་པ་མུ་མཐུད་རྒྱུན་འཕྲོད་བྱས་ཏེ་དམངས་འཚོ་བཅོས་བསྐྱར་དང་མི་སེམས་གོང་བུ་གཅིག་ཏུ་བསྒྲིལ་རྒྱུ་དེ་བོད་ཀྱི་དཔལ་འབྱོར་སྤྱི་ཚོགས་འཕེལ་རྒྱས་འགྲོ་བའི་འགོ་འཛུགས་ས་དང་ཀ་ཁང་པ་འཛུགས་སར་མཐའ་གཅིག་ཏུ་འཛིན་པ།

ངེས་པར་དུ་“ཕྱོགས་ལྔ་གཞི་གཅིག”གི་ཁྲོན་ཡོངས་ཀྱི་བཀོད་སྒྲིག་གཅིག་གྱུར་འཆར་འགོད་དང་“ཁྲོན་ཡོངས་བཞིའི”དམག་འཐབ་བཀོད་སྒྲིག་མཐུན་སྒྱུར་གཅིག་གྱུར་ཡོང་བར་སྐུལ་འདེད་བཏང་སྟེ། གོང་འཕེལ་གྱི་འདུ་ཤེས་གསར་པ་རྒྱུན་འཁྱོངས་དང་ཁྲིན་ཀོན་ཆུས་ཀྱི་དཔལ་འབྱོར་སྤྱི་ཚོགས་ཀྱི་ཆུ་ཚད་དེ་བས་གོང་འཕེལ་ཡོང་བར་སྐུལ་འདེད་གཏོང་བ། ངེས་པར་དུ་ཁྲོན་ཡོངས་ནས་བསྒྱུར་བཅོས་གཏིང་ཟབ་རྒྱུན་འཁྱོངས་དང་། བཅོས་སྐྱོང་མ་ལག་དང་བཅོས་སྐྱོང་ནུས་པ་དེང་རབས་ཅན་དུ་སྐུལ་འདེད་བཏང་ནས། བོད་ཀྱི་སྤྱི་ཚོགས་རིང་ལུགས་དེང་རབས་ཅན་གྱི་འཛུགས་སྐྲུན་མཚོན་སྐྱོད་ལྟ་བུའི་འཕྲུར་མཆོང་མངོན་གྱུར་ཡོང་བར་བྱེད་པ། ངེས་པར་དུ་མི་དམངས་རང་ཁྲིམ་རང་བདག་རྒྱུན་འཁྱོངས་ཐུབ་པ་བྱས་ཏེ་བསྒྱུར་བཅོས་དང་། གོང་འཕེལ། བརྟན་ལྷིང་གི་གྲུབ་འབྲས་ཀྱིས་བོད་ཀྱི་མི་རིགས་ཁག་གི་མི་དམངས་ལ་ཕན་ཁེ་དེ་བས་ཆེ་བ་སྤྲོད་ཐུབ་པ། ངེས་པར་དུ་ཁྲོན་ཡོངས་ནས་ཁྲིམས་ལྟར་རྒྱལ་སྐྱོང་དང་། ཁྲིམས་ལྟར་བོད་སྐྱོང་རྒྱུན་འཁྱོངས་བྱས་ཏེ། རྩ་ཁྲིམས་དང་བཅའ་ཁྲིམས་ཀྱི་དབང་གྲགས་ལ་སྲུང་སྐྱོང་དེ་བས་ཡག་པོ་ཡོང་བ་བྱེད་པ། ངེས་པར་དུ་སྤྱི་ཚོགས་རིང་ལུགས་ཀྱི་ལྟེ་བའི་རིན་ཐང་མ་ལག་རྒྱུན་འཁྱོངས་བྱས་ཏེ། བར་མ་ཆད་པར་བོད་ཀྱི་མི་རིགས་ཁག་གི་མི་དམངས་རྣམས་རྒྱལ་ཡོངས་མི་རིགས་ཁག་གི་མི་དམངས་དང་མཉམ་དུ་འབད་འཐབ་བྱེད་པའི་ཐུན་མོང་གི་བསམ་བློའི་རྨང་གཞིར་སྐུལ་འདེད་གཏོང་དགོས་པ། ངེས་པར་དུ་མི་དང་རང་བྱུང་ཁམས་གཉིས་ཞི་མཐུན་མཉམ་གནས་ཡོང་རྒྱུ་རྒྱུན་འཁྱོངས་བྱས་ཏེ། མཛེས་པའི་བོད་ལྗོངས་འཛུགས་སྐྲུན་བྱེད་པར་འབད་བརྩོན་བྱས་ནས་སྐྱེ་ཁམས་བདེ་འཇགས་ཀྱི་འགོག་ཡོལ་བཟོ་དགོས་པ། ངེས་པར་དུ་སྤྱི་ཡོངས་ཀྱི་རྒྱལ་ཁབ་བདེ་འཇགས་ལྟ་བར་རྒྱུན་འཁྱོངས་བྱས་ཐོག་ཁྲིན་ཀོན་ཆུས་ཀྱི་སྤྱི་ཚོགས་བརྟན་ལྷིང་ལ་སྲུང་སྐྱོང་དང་རྒྱལ་ཁབ་བདེ་འཇགས་ཀྱི་འགོག་ཡོལ་ཞིག་བསྐྲུན་ཐུབ་པ་བྱེད་དགོས་པ། ངེས་པར་དུ་ཏང་གིས་ལས་དོན་ཡོངས་ཀྱི་དབུ་ཁྲིད་རྒྱུན་འཁྱོངས་བྱས་ཏེ། ཁྲོན་ཡོངས་ནས་ཏང་ནན་སྐྱོང་གིས། ཏང་གིས་ཁྲིན་ཀོན་ཆུས་སྐྱོང་བའི་རྨང་གཞི་བརྟན་དུ་གཏོང་དགོས་པ་བཅས་སོ། །

འགལ་བ་གསར་པ་ཤེས་པར་བྱས་ཏེ་ཁྲིན་ཀོན་ཚུས་ཀྱི་ལས་ཀའི་བསམ་ཕྱོགས་གསར་པ་གསར་གཏོད་བྱེད་པ།

སྤྱི་ཚོགས་ཀྱི་འགལ་བ་གཙོ་བོར་ངོས་འཛིན་དང་བཟར་གཅོད་བྱེད་པ་ནི་སྤྱི་ཚོགས་གོང་འཕེལ་བརྒྱུད་རིམ་གྱི་ཁྱད་ཆོས་ཁོང་དུ་ཆུད་ནས། སྤྱི་ཚོགས་ཀྱི་ལག་ལེན་བྱེད་སྟོ་སྣ་ཚོགས་སྤེལ་བའི་རྨང་གཞི་དང་སྔོན་འགྲོ་ཡིན། གསར་བརྗེ་དང་། འཛུགས་སྐྲུན། བསྒྱུར་བཅོས་བཅས་སྐབས་འདིད་གཏིང་ཟབ་གཏོང་ཐུབ་པ་དང་དུས་མཚུངས། ཁྲིན་ཀོན་ཚུས་ཞུད་ཀྱིས་སྔ་ཕྱི་བར་གསུམ་དུ་རང་རྒྱལ་སྤྱི་ཚོགས་ཀྱི་འགལ་བ་གཙོ་བོར་དབྱེ་ཞིབ་གནད་ལ་འཕིགས་པ་དང་། དུས་རབས་ཀྱི་ཆོད་གཏམ་གནད་ལ་འཕིགས་པ་བཞག་ཡོད་པ་དེས། སྤྱི་ཚོགས་རིང་ལུགས་ཀྱི་དེང་རབས་ཅན་འཛུགས་སྐྲུན་བདེ་བླག་ངང་བྱེད་པར་དོན་དངོས་ཀྱི་གཞི་འཛིན་ས་མགོ་འདོན་བྱས་ཡོད། རྒྱལ་ཁབ་དབུ་བརྙེས་མ་ཐག་པའི་༡༩༥༧ལོར། “རྒྱལ་ནང་གི་འགལ་བ་གཙོ་བོ་ནི་མི་དམངས་ཀྱི་སྔོན་ཐོན་བཟོ་ལས་རྒྱལ་ཁབ་འཛུགས་པའི་རེ་བ་དང་དུས་མཚུངས་རྗེས་ལུས་ཀྱི་ཞིང་ལས་རྒྱལ་ཁབ་ཀྱི་དངོས་ཡོད་དབར་གྱི་འགལ་བ་དང་། མི་དམངས་ལ་དཔལ་འབྱོར་རིག་གནས་ཀྱི་དགོས་མཁོ་མགྱོགས་མྱུར་འཕེལ་རྒྱས་འགྲོ་བ་དང་དུས་མཚུངས་མིག་སྔའི་དཔལ་འབྱོར་རིག་གནས་ཀྱིས་མི་དམངས་ཀྱི་དགོས་མཁོ་སྐོང་མི་ཐུབ་པའི་དབར་གྱི་འགལ་བ་དེ་ཡིན་”ཞེས་ཏང་གི་ཚོགས་ཆེན་བཅོ་བརྒྱད་པའི་སྔོན་སྒྲོན་ནང་མཇུབ་སྟོན་གནང་ཡོད་པ་རེད། ཁྲིན་ཀོན་ཚུས་ཀྱི་ཐོན་སྐྱེད་ནུས་ཤུགས་འཕེལ་རྒྱས་ཚུ་ཚད་ཏ་ཅང་དམའ་ཞིང་། མི་དམངས་དང་རྒྱལ་ཁབ་ཀྱི་ཐུགས་རེ་སྐོང་ཐབས་བྲལ་བ་འདི་ནི་ཁྲིན་ཀོན་ཚུས་ཀྱི་མིག་སྔའི་དུས་རིམ་གྱི་འགལ་ཟླ་གཙོ་བོ་དེ་ཡིན།

ཏང་གི་ཚོགས་ཆེན་བཅོ་བརྒྱད་པ་ཚོགས་ཚུན་སྤྱི་ཁྲབ་ཧྲུའུ་ཅི་ཞི་ཅིན་ཕིང་གིས་སྲོག་ཤིང་གནང་བའི་ཏང་ཀྲུང་དབྱང་གི་སྟེ་ཁྲིད་འོག་རྒྱལ་ཡོངས་མི་དམངས་ཀྱིས་ཀྲུང་གོའི་ཁྱད་ཆོས་ལྡན་པའི་སྤྱི་ཚོགས་རིང་ལུགས་ཀྱི་བྱ་གཞག་སྐྲུན་པའི་རྒྱང་སྐྱོད་ལམ་བུའི་ཐོག དཀའ་བར་མི་འཛེམ་པར་མདུན་དུ་སྐྱོད་པ་དང་གསར་གཏོད་ཡར་བརྩོན་ཐོག་ཏ་ཅང་སྤྱིར་བཏང་མིན་པའི་ལོ་ལྔ་བསྐྱོད་པ་དེས། སྤྱི་ཚོགས་རིང་ལུགས་ཀྱི་དེང་རབས་ཅན་འཛུགས་སྐྲུན་བྱ་རྒྱུར་ལོ་རྒྱུས་རང་བཞིན་གྱི་གྲུབ་འབྲས་ཐོབ་པ་དང་། ཀྲུང་གོའི་ཁྱད་ཆོས་ལྡན་པའི་སྤྱི་ཚོགས་རིང་ལུགས་

གྱི་དུས་རབས་གསར་པ་ཞིག་ཏུ་སླེབས་ཐུབ་པ་བྱུང་བ་རེད། དུས་རབས་གསར་པ་འདིའི་ཆེས་གལ་ཆེན་གྱི་དུས་མཚམས་རང་བཞིན་གྱི་ཁྱད་ཆོས་ནི་རང་རྒྱལ་སྤྱི་ཚོགས་ཀྱི་འགལ་བ་གཙོ་བོ་སྟེ། མི་དམངས་ཀྱི་ཉིན་བཞིན་ཇེ་ཆེར་འགྲོ་བའི་མཛེས་སྡུག་ལྡན་པའི་འཚོ་བའི་དགོས་མཁོ་དང་འཕེལ་རྒྱས་དོ་སྙོམས་མ་ཡིན་པ་དང་འཕེལ་རྒྱས་ཀྱི་ཆ་རྐྱེན་མི་འདང་བའི་དབར་གྱི་འགལ་བར་གྱུར་ཡོད། གཅིག་ནས་ཀྲུང་གོའི་ཁྱད་ཆོས་ལྡན་པའི་སྤྱི་ཚོགས་རིང་ལུགས་ཀྱི་བྱ་གཞག་སྐྱུལ་སྐྱེལ་གཏིང་ཟབ་བཏང་བ་དང་བསྟུན་ནས་མི་དམངས་མང་ཚོགས་ཀྱི་ཉིན་བཞིན་ཇེ་ཆེར་འགྲོ་བའི་དགོས་མཁོ་ནི་སྤྱིར་བཏང་གི་དངོས་པོའི་དཔལ་ཡོན་གྱི་དགོས་མཁོ་ནར་མི་གོ་བར་དེ་ནི་དེ་བས་ཁྱབ་རྒྱ་ཆེ་བའི་དངོས་པོའི་དཔལ་ཡོན་དང་། དམངས་གཙོ། ཁྲིམས་སྲོལ། འདྲ་མཉམ། དྲང་བདེན། བདེ་འཇགས། ཁོར་ཡུག་སོགས་ཕྱོགས་མང་པོར་གོ་བ་ཡིན་པས་མདོར་ན་དེ་ནི་མཛེས་སྡུག་ལྡན་པའི་འཚོ་བའི་དགོས་མཁོའོ། །གཉིས་ནས་བསྒྱུར་བཅོས་སྒོ་དབྱེ་གཏིང་ཟབ་བྱས་པ་དང་བསྟུན་ནས་ཐོན་སྐྱེད་ནུས་ཤུགས་ལ་ཟམ་མི་ཆད་པར་བཅིངས་འགྲོལ་ཐེབ་པ་དང་འཕེལ་རྒྱས་སུ་འགྲོ་བཞིན་ཡོད་ལ། ཕྱོགས་མང་པོའི་ཐད་ནས་འཛམ་གླིང་གི་མདུན་གྲལ་དུ་སླེབས་ཡོད། "ཐེས་ལུས་ཀྱི་སྤྱི་ཚོགས་ཐོན་སྐྱེད་"ཀྱིས་ཡང་དག་པའི་སྒོ་ནས་དེང་གི་སྤྱི་ཚོགས་ཐོན་སྐྱེད་ཀྱི་མངོན་གསལ་དོད་པའི་གནད་དོན་ཞིབ་གླེང་བྱ་མི་ཐུབ་ཅིང་། གཙོ་བོའི་གནད་དོན་ནི་འཕེལ་རྒྱས་དོ་སྙོམས་མ་ཡིན་པ་དང་འཕེལ་རྒྱས་ཀྱི་ཆ་རྐྱེན་མི་འདང་བས་ཡིན།

མིག་སྔའི་ཀྲུང་གོའི་སྤྱི་ཚོགས་ཀྱི་འགལ་བ་གཙོ་བོར་ཡང་དག་པའི་དབྱེ་ཞིབ་བྱས་པ་དེས་ཁྲིན་ཀོན་ཆུས་ཀྱི་ལས་ཀ་ལེགས་པོ་བསྒྲུབ་རྒྱུར་དེ་བས་ཀྱང་གསལ་ཆ་དོད་པའི་ཁ་ཕྱོགས་རང་བཞིན་གྱི་གཞི་འཛིན་ས་མཐོ་འདོན་ཐུབ་ཡོད་པ་རེད། ཁྲིན་ཀོན་ཆུས་ཀྱི་སྤྱི་ཚོགས་ལ་ལྡན་པའི་འགལ་བ་གཙོ་བོ་དང་དམིགས་བསལ་གྱི་འགལ་བ་ནི་རྒྱལ་ཡོངས་དང་འདྲ་བར། གཙོ་བོ་ནི་མི་དམངས་ཀྱི་ཉིན་བཞིན་ཇེ་ཆེར་འགྲོ་བའི་མཛེས་སྡུག་ལྡན་པའི་འཚོ་བའི་དགོས་མཁོ་དང་། འཕེལ་རྒྱས་དོ་སྙོམས་མ་ཡིན་པ་དང་འཕེལ་རྒྱས་ཀྱི་ཆ་རྐྱེན་མི་འདང་བའི་དབར་གྱི་འགལ་བ་ཡིན་པ་དང་། ཁྲིན་ཀོན་ཆུས་ཀྱི་དམིགས་བསལ་གྱི་འགལ་བ་ནི་མི་རིགས་སོ་སོའི་མི་དམངས་དང་ཏཱ་ལ་སྒྲི་ཁྲིང་བཅུ་བཞི་པའི་ཐུ་ཚོགས་ཀྱིས་ཚབ་བྱས་པའི་ཁ་བྲལ་སྟོབས

ཤུགས་དབང་གི་འགལ་བ་དེ་རེད། གཙོ་བོའི་འགལ་བ་ཐག་གཅོད་བྱས་པ་དེས་དམིགས་བསལ་གྱི་འགལ་བ་ཐག་གཅོད་བྱ་རྒྱུར་དངོས་པོའི་འདེགས་སྐྱོར་དང་། རིག་ནུས་ཀྱི་འདེགས་སྐྱོར། ལམ་ལུགས་ཀྱི་འགན་སྲུང་བཅས་མགོ་འདོན་ཐུབ་ཡོད་པ་རེད། འཕེལ་རྒྱས་ནི་ཁྲིན་ཀོན་ཆུས་ཀྱི་གནད་དོན་མཐའ་དག་ཐག་གཅོད་བྱེད་པའི་རྨང་གཞི་དང་འགག་རྩ་ཡིན་ཞིང་། རང་རྒྱལ་སྤྱི་ཚོགས་ཀྱི་འགལ་བ་གཙོ་བོ་འགྱུར་བ་དེས་ཁྲིན་ཀོན་ཆུས་ཀྱི་ལས་ཀ་ལེགས་པོ་བསྒྲུབ་རྒྱུར་སྔར་ལས་མཐོ་ཞིང་སྔར་ལས་གསར་བའི་ཆ་རྐྱེན་བཏོན་ཡོད་པ་རེད། མུ་མཐུད་ནས་ཁྲིན་ཀོན་ཆུས་ཀྱི་དཔལ་འབྱོར་སྤྱི་ཚོགས་རྒྱུན་རིང་འཕེལ་རྒྱས་ཡོང་བའི་རྨང་གཞིའི་ཐོག་ཁྲིན་ཀོན་ཆུས་བརྟན་ལྷིང་ཐོག་ནས་དཔལ་འབྱོར་འཕར་སྣོན་ཡོང་བ་བྱས་ནས་ཕྱིས་འབྱུང་གི་ལེགས་ཆ་བཟང་བར་སྤྱད་དེ་རྒྱུན་ཆད་མེད་པར་འཕེལ་རྒྱས་སྟུས་ཚད་དང་ཕན་འབྲས་ཡར་འདེགས་བྱ་དགོས་པ་དང་། རྒྱལ་ནང་དཔལ་འབྱོར་དང་མཉམ་འབྲེལ་གཏིང་ཟབ་བྱས་པའི་རྨང་གཞི་ཐོག་རྒྱུན་ཆད་མེད་པར་རྒྱལ་ནང་འཕེལ་རྒྱས་ཕྱིན་པའི་ས་ཁུལ་དབང་གི་ཧེ་བག་ཆུང་དུ་གཏོང་བ། དུས་མཚུངས་རྒྱུན་མཐུད་ངང་ནས་ཁྲིན་ཀོན་ཆུས་མི་རིགས་སོ་སོའི་མི་དམངས་ཀྱི་དཔལ་འབྱོར་དང་། ཆབ་སྲིད། རིག་གནས། སྤྱི་ཚོགས། སྐྱེ་ཁམས་སོགས་ཐད་ཀྱི་ཉིན་བཞིན་ཇེ་ཆེར་འགྲོ་བའི་དགོས་མཁོ་སྐོང་དགོས་པའི་རྨང་གཞིའི་ཐོག་རྒྱུན་ཆད་མེད་པར་མི་དང་སྤྱི་ཚོགས་ཕྱོགས་ཡོངས་ནས་ཡར་རྒྱས་ཡོང་རྒྱུར་སྐུལ་འདེད་ཀྱང་གཏོང་དགོས།

"དམིགས་འབེན་གསར་པའི"ཁྲིད་སྟོན་འོག་ཁྲིན་ཀོན་ཆུས་ཀྱི་ལས་དོན་གྱི་ལེའུ་གསར་པ་རྩོམ་པ།

བསྒྱུར་བཅོས་སྒོ་དབྱེ་བྱས་པའི་དུས་འགོར་ཏང་ཀྲུང་དབྱང་གིས་སྤྱི་ཚོགས་རིང་ལུགས་དེང་རབས་ཅན་གྱི་རྒྱལ་ཁབ་བསྐྲུན་རྒྱུའི་འཐབ་ཇུས་ཀྱི་དམིགས་ཡུལ་བཏོན་པ་མ་ཟད"གོ་རིམ་གསུམ་དུ་དབྱེ་རྒྱུའི"འཐབ་ཇུས་བཀོད་སྒྲིག་བཏོན་ནས་དུས་རབས་ཉེ་ཤུའི་དུས་དཀྱིལ་དུ་དེང་རབས་ཅན་མངོན་འགྱུར་ཡོང་བ་དང་འབྲིང་རིམ་གྱི་དར་རྒྱས་ཆེ་བའི་རྒྱལ་ཁབ་ཀྱི་ཚད་ལ་སླེབས་ཐུབ་པའི་སྔོན་རྩིས་བྱས་ཡོད། དེ་ནི་སྐབས་དེའི་གནས་ཚུལ་ལ་གཞིགས་ནས་ཐག་གཅོད་བྱས་པ་ཞིག་རེད། མིག་སྔར"གོ་རིམ་གསུམ་དུ་དབྱེ་རྒྱུའི"འཐབ་ཇུས་དམིགས་ཡུལ་དང་གོང་གི་དམིགས་ཡུལ་གཉིས་པོ་ནི་མི་དམངས་ཀྱི་ལྟོ་གོས་གནད་དོན་ཐག་གཅོད་བྱེད་ཐུབ་པ་དང་། མི་དམངས་ཀྱི་འཚོ་བ་འབྱོར་འབྲིང་ཆུ་ཚད་དུ་སླེབས་ཐུབ་པ་བཅས་

མངོན་གྱུར་བྱུང་ཡོད་པ་མ་ཟད་སྔོན་དུ་མངོན་གྱུར་བྱུང་ཡོད་པ་རེད། ད་ལྟ་རང་རྒྱལ་ནི་དེང་རབས་ཅན་གྱི་སྟོབས་ལྡན་རྒྱལ་ཁབ་ཏུ་འགྱུར་རྒྱུའི་འཐབ་རྩལ་དམིགས་ཡུལ་ལ་གཞིགས་ནས་མདུན་དུ་སྐྱོད་བཞིན་ཡོད། མིག་སྔར་རྒྱལ་ཕྱི་རྒྱལ་ནང་གི་དུས་བབ་ལ་ཕྱོགས་བསྡུས་རྟོག་ཞིབ་བྱས་པས་སྤྱི་ཚོགས་རིང་ལུགས་དེང་རབས་ཅན་གྱི་རྒྱལ་ཁབ་བསྐྲུན་རྒྱུའི་འཕེལ་རྒྱས་གནས་ཚུལ་བཟང་པོར་གནས་ཡོད་པ་དང་སྤྱི་ཚོགས་རིང་ལུགས་ཀྱི་དེང་རབས་ཅན་བརྟན་པོའི་ངང་ནས་སྐྱུན་བཞིན་ཡོད་པས། ཀྲུང་གོའི་ཁྱད་ཆོས་ལྡན་པའི་སྤྱི་ཚོགས་རིང་ལུགས་ཀྱི་བྱ་གཞག་ལ་འོད་སྟོང་འབར་བའི་མདུན་ལམ་ཡོད་པ་མངོན་བཞིན་ཡོད། ཏང་གི་ཚོགས་ཆེན་བཅོ་བརྒྱད་པ་འཚོགས་ཚུན་སྤྱི་ཁྱབ་ཧྲུའུ་ཅི་ཞི་ཅིན་ཕིང་གིས་སྲོག་ཤིང་གནང་བའི་ཏང་ཀྲུང་དབྱང་གི་སྟེ་ཁྲིད་འོག་ཁྲིན་གོན་ཆས་ཀྱིས་དབུལ་སྒྲོལ་འགག་སྒྲོལ་གྱི་དམག་འཐབ་ལ་རྒྱལ་ཁ་མཐའ་གཅིག་ཏུ་ལེན་པ་དང་། ༢༠༢༠ལོ་ཟིན་པ་དང་ཁྲོན་ཡོངས་ནས་འབྱོར་འབྲིང་སྤྱི་ཚོགས་བསྐྲུན་རྒྱུའི་འབད་འཐབ་ཀྱི་དམིགས་ཡུལ་བཅངས་ཡོད། དེང་དུས་ཕྱོགས་ཡོངས་ནས་འབྱོར་འབྲིང་སྤྱི་ཚོགས་བསྐྲུན་རྒྱུའི་འཆར་གཞིའི་དམིགས་ཡུལ་ལ་གཞིགས་ནས་ལམ་ལྷོངས་དང་ནས་སྐྱེལ་འདེད་གཏོང་བ་དང་དུས་མཚུངས་རང་རྒྱལ་གྱི་དཔལ་འབྱོར་སྟོབས་ཤུགས་དང་། ཚན་རྩལ་སྟོབས་ཤུགས། རྒྱལ་སྲུང་སྟོབས་ཤུགས། ཕྱོགས་བསྡུས་རྒྱལ་སྟོབས་བཅས་འཛམ་གླིང་གི་མདུན་གྲལ་དུ་ཚུད་ཡོད་ལ། རྒྱལ་ཁབ་ཀྱི་རྣམ་པར་འགྱུར་ལྡོག་གཏིང་ཟབ་ཕྱིན་ཡོད་པས་ཀྲུང་ཧྭ་མི་དམངས་ད་ལྟ་རྣམ་པ་གསར་རྐྱང་ཐོག་ནས་དུས་རབས་གསར་པ་ཞིག་ལ་སླེབས་ཐུབ་པ་བྱུང་ཡོད། འཛམ་གླིང་གི་འཕེལ་རྒྱས་དང་རང་རྒྱལ་གྱི་འཕེལ་རྒྱས་ཆ་རྐྱེན་ལ་གཞིགས་ཏེ། ཏང་གི་ཚོགས་ཆེན་བཅུ་དགུ་པའི་ནང་དུས་རབས་ཉེར་གཅིག་གི་དུས་དཀྱིལ་དུ་རང་རྒྱལ་འདི་ཉིད་འབྱོར་ཕྱུག་དང་། དམངས་གཙོ། ཤེས་དཔལ། འཆམ་མཐུན་བཅས་མཛེས་སྡུག་ལྡན་པའི་སྤྱི་ཚོགས་རིང་ལུགས་ཀྱི་དེང་རབས་ཅན་གྱི་སྟོབས་ལྡན་རྒྱལ་ཁབ་ཏུ་བསྐྲུན་རྒྱུའི་འཐབ་རྩལ་དམིགས་ཡུལ་བཏོན་ཡོད་པ་རེད། འདི་ནི"གོ་རིམ་གསུམ་དུ་དབྱེ་རྒྱུའི"འཕེལ་རྒྱས་འཐབ་རྩལ་གྱི་རྒྱུན་འཛིན་དང་མཐའ་འཁྱོངས་ཤིག་ཡིན་པ་མ་ཟད་དེ་བས་ཀྱང་དུས་བསྟུན་ཡར་རྒྱས་ཀྱི་ཐོག་ནས"གོ་རིམ་གསུམ་དུ་དབྱེ་རྒྱུའི"འཕེལ་རྒྱས་འཐབ་རྩལ་དེ་ཕུན་སུམ་ཚོགས་དང་འཕྲུལ་ཚད་དུ་བཏང་བ་ཞིག་རེད།

དམིགས་ཡུལ་འདི་གཏན་འཁེལ་བྱས་པ་བརྒྱུད་ཁྲིན་ཀོན་ཆུས་ཉིད་སྤྱི་ཚོགས་རིང་ལུགས་ཀྱི་དེང་རབས་ཅན་དུ་མངོན་གྱུར་ཡོང་བའི་ངོས་འཛིན་དེ་བས་ཀྱང་གཏིང་ཟབ་དང་ཆ་ཚང་བ་ཞིག་བྱུང་ཡོད། དང་ཐོག་“སྤྱི་ཚོགས་རིང་ལུགས་ཀྱི་དེང་རབས་ཅན་གྱི་རྒྱལ་ཁབ་བསྐྲུན་རྒྱུ”ནས་“སྤྱི་ཚོགས་རིང་ལུགས་ཀྱི་དེང་རབས་ཅན་གྱི་སྟོབས་ལྡན་རྒྱལ་ཁབ་བསྐྲུན་རྒྱུའི་”དབར་ཡིག་འབྲུ་གཅིག་གི་ཁྱད་པར་ལས་མེད་ཙང་“རྒྱལ་ཁབ”ནས་“སྟོབས་ལྡན་རྒྱལ་ཁབ་”དབར་ཐེ་ཚོམ་མེད་པར་སྤྱི་ཚོགས་རིང་ལུགས་ཀྱི་དེང་རབས་ཅན་གྱི་རྒྱལ་ཁབ་བསྐྲུན་རྒྱུའི་སྒྲ་བརྟན་གྱི་ཆོད་སེམས་དང་གདེང་ཚོད་ཀྱིས་ཁེངས་པ་མངོན་པར་བྱས་ཡོད། རྒྱུ་མཚན་ནི་“སྟོབས་ལྡན”ཞེས་པའི་ཐ་སྙད་དང་ཀྲུང་ཧྭ་མི་རིགས་རླབས་ཆེན་བསྐྱར་དར་གྱི་ཀྲུང་གོའི་ཕུགས་འདུན་དབར་འབྲེལ་བ་དམ་ཟབ་ཡོད་པས་ཁྲིན་ཀོན་ཆུས་ཀྱིས་མངོན་གྱུར་ཡོང་བ་བྱེད་པ་ནི་སྲོལ་རྒྱུན་སྤྱི་ཚོགས་ཀྱི་དོན་སྙིང་ལྡན་པའི་རྒྱལ་ཁབ་ཀྱི་ངོ་བོ་ཙམ་ལས་འདས་ཏེ་སྟོབས་འཁོར་མངའ་ཐང་རྒྱས་པར་བྱས་ནས་ཀྲུང་ཧྭ་མི་རིགས་དོན་དམ་པའི་ཐོག་ནས་སྟོབས་ཆེར་འགྲོ་བ་བྱ་རྒྱུ་དེ་ཡིན། དེ་ནས། དེ་སྔོན་བརྗོད་པའི་“སྟོབས་འབྱོར་དང་། དམངས་གཙོ། ཤེས་དཔལ། འཆམ་མཐུན”བཅས་ཕུད། སླར་“མཛེས་སྡུག”ཅེས་ཁྱད་ཆོས་སྟོན་པའི་ཚིག་འདི་ཁ་སྣོན་བྱས་ནས་ཁྲིན་ཀོན་ཆུས་ཀྱིས་དཔལ་འབྱོར་དང་། ཆབ་སྲིད། རིག་གནས། སྤྱི་ཚོགས་དང་སྐྱེ་ཁམས་དཔལ་ཡོན་བསྐྲུན་རྒྱུ་བཅས་ནས་དམ་འཛིན་བྱས་ཏེ།”ཕྱོགས་ལྔ་གཞི་གཅིག”གི་སྤྱིའི་བཀོད་སྒྲིག་ནས་སྤྱི་ཚོགས་རིང་ལུགས་ཀྱི་དེང་རབས་ཅན་བསྐྲུན་རྒྱུའི་ལྟེ་བའི་གཙོ་དོན་དང་དམིགས་ཡུལ་བརྒྱུད་སྤྱི་ཚོགས་རིང་ལུགས་དེང་རབས་ཅན་གྱི་སྟོབས་ལྡན་རྒྱལ་ཁབ་ཀྱི་ནང་དོན་དེ་བས་ཀྱང་ཕུན་སུམ་ཚོགས་པ་དང་འཕྲུལ་སྣ་ཚང་བ་ཡོང་བར་བྱེད་དགོས། མདོར་ན། སྟོབས་འབྱོར་དང་། དམངས་གཙོ། ཤེས་དཔལ། འཆམ་མཐུན། མཛེས་སྡུག་བཅས་ཀྱི་སྤྱི་ཚོགས་རིང་ལུགས་ཀྱི་དེང་རབས་ཅན་གྱི་སྟོབས་ལྡན་རྒྱལ་ཁབ་ནི་དངོས་པོའི་དཔལ་ཡོན་དང་། ཆབ་སྲིད་ཀྱི་དཔལ་ཡོན། བསམ་པའི་དཔལ་ཡོན། སྤྱི་ཚོགས་ཀྱི་དཔལ་ཡོན། སྐྱེ་ཁམས་ཀྱི་དཔལ་ཡོན་བཅས་ཕྱོགས་ཡོངས་ནས་ཡར་འདེགས་བྱུང་ཡོད་པ་ཞིག་དང་། རྒྱལ་ཁབ་བཅོས་སྒྲིག་མ་ལག་དང་བཅོས་སྒྲིག་ནུས་ཤུགས་དེང་རབས་ཅན་བཅས་མངོན་གྱུར་ཐུབ་པས་རྒྱལ་ཁབ་ཀྱི་ཕྱོགས་བསྡུས་སྟོབས་ཤུགས་དང་རྒྱལ་སྤྱིའི་བག་ཆགས་འཛོག་ནུས་བཅས་མདུན་གྲལ་དུ་སླེབས་པའི་

རྒྱལ་ཁབ་ཅིག་ལ་གོ་བ་ཡིན།

སྟོབས་འགྱུར་དང་དམངས་གཙོ། ཞི་མཐུན། མཛེས་སྡུག་བཅས་ལྡན་པའི་སྤྱི་ཚོགས་རིང་ལུགས་ཀྱི་དེང་རབས་ཅན་གྱི་སྟོབས་འགྱུར་ལྡན་པའི་རྒྱལ་ཁབ་འཛུགས་སྐྲུན་བྱེད་པའི་“དམིགས་འབེན་གསར་པ”ནི། ད་ལྟ་ནས་བཟུང་དུས་རབས་ཉེར་གཅིག་གི་དུས་དཀྱིལ་བར་ཁྲིན་ཀོན་ཆུས་ཀྱི་ལས་དོན་གྱི་མདུན་སྐྱོད་ཁ་ཕྱོགས་དང་གཞི་རྩའི་སྒྲུལ་ཤུགས་ཡིན། ཁྲིན་ཀོན་ཆུས་ཀྱིས་ངེས་པར་དུ་སྤྱི་ཁྱབ་རྡུའུ་ཅེ་ཞི་ཅིན་ཕིང་གིས་སློག་ཤིང་གནང་བའི་ཏང་ཀྲུང་དབྱང་གི་མཐའ་སྐོར་དུ་མཐུན་སྒྲིལ་སྡར་བས་དམ་ཟབ་དང་། དབུལ་སྒྲོལ་འགག་སྒྲོལ་གྱི་རྒྱལ་ཁ་མཐའ་གཅིག་ཏུ་ཐོབ་པར་བྱེད་ཅིང་། རྒྱལ་ཡོངས་དང་མཉམ་དུ་ཁྱོན་ཡོངས་ནས་འབྱོར་འབྱིང་སྤྱི་ཚོགས་སུ་སྐྱོད་ཐུབ་པའི་འབད་འཐབ་དམིགས་ཚད་བདེ་ བླག་ངང་མངོན་འགྱུར་ཡོང་བ་བྱས་ཏེ། ཕྱོགས་ཡོངས་ནས་སྤྱི་ཚོགས་རིང་ལུགས་ཀྱི་དེང་རབས་ཅན་རྒྱལ་ཁབ་ཀྱི་ལམ་བུ་གསར་པ་འགོ་འཛུགས་པར་རྨང་གཞི་བརྟན་པོ་ཞིག་འདིང་དགོས་ལ། ངེས་པར་དུ་ཕྱོགས་ཡོངས་ནས་འབྱོར་འབྱིང་སྤྱི་ཚོགས་བསྐྲུན་ཟིན་པའི་རྨང་གཞིའི་ཐོག་ཏང་དང་རྒྱལ་ཁབ་ཀྱི་གཅིག་གྱུར་བཀོད་སྒྲིག་གཞིར་བཟུང་། སྙིང་སྟུས་ཆེན་པོས་འབད་འཐབ་ལོ་བཅོ་ལྔ་བྱས་ཏེ། ཁྲིན་ཀོན་ཆུས་འདི་ཉིད་རྒྱལ་ཡོངས་དང་མཉམ་དུ་སྤྱི་ཚོགས་རིང་ལུགས་ཀྱི་དེང་རབས་ཅན་དུ་གཞི་རྩའི་ཆ་ནས་མངོན་འགྱུར་ཡོང་བ་བྱེད་དགོས། ངེས་པར་དུ་སྤྱི་ཚོགས་རིང་ལུགས་ཀྱི་དེང་རབས་ཅན་གཞི་རྩའི་ཆ་ནས་མངོན་འགྱུར་བྱེད་པའི་རྨང་གཞིའི་ཐོག བསྐྱར་དུ་སྙིང་སྟུས་ཆེན་པོས་ལོ་བཅོ་ལྔ་འབད་དེ། རང་རྒྱལ་འདི་སྟོབས་འགྱུར་དང་དམངས་གཙོ། ཞི་མཐུན། མཛེས་སྡུག་བཅས་ལྡན་པའི་སྤྱི་ཚོགས་རིང་ལུགས་ཀྱི་དེང་རབས་ཅན་གྱི་སྟོབས་འགྱུར་ལྡན་པའི་རྒྱལ་ཁབ་ཅིག་ཏུ་སྐྲུན་ཆེད། བོད་ལྗོངས་མི་རིགས་ཁག་གི་བུ་ཕྲུག་གིས་དགོས་ངེས་ཀྱི་ལེགས་སྐྱེས་འབུལ་དགོས། ཁྲིན་ཀོན་ཆུས་ཀྱིས་སྟོབས་འགྱུར་དང་དམངས་གཙོ། ཞི་མཐུན། མཛེས་སྡུག་བཅས་ལྡན་པའི་སྤྱི་ཚོགས་རིང་ལུགས་ཀྱི་དེང་རབས་ཅན་གྱི་སྟོབས་འགྱུར་ལྡན་པའི་རྒྱལ་ཁབ་འཛུགས་སྐྲུན་བྱེད་པའི་དམིགས་འབེན་གསར་པའི་མཇུབ་ཁྲིད་འོག །ཁྲིན་ཀོན་ཆུས་ཀྱི་མི་རིགས་ཁག་གི་མི་དམངས་རྣམས་ཀྱིས་སྤྱི་ཁྱབ་རྡུའུ་ཅེ་ཞི་ཅིན་ཕིང་གིས་སློག་ཤིང་གནང་བའི་ཏང་ཀྲུང་དབྱང་གི་མཐའ་སྐོར་དུ་སྡར་བས་མཐུན་སྒྲིལ་དམ་ཟབ་བྱས་ཏེ།

ནུས་ཤུགས་ཡོད་རྒྱས་ཁྲིན་ཀོན་ཚུས་ཀྱི་ལས་དོན་གྱི་ལེའུ་གསར་པ་རྩོམ་པ་དང་། ཀྲུང་ཧྭ་མི་རིགས་ཆབས་ཆེན་བསྐྱར་དར་གྱི་ཀྲུང་གོའི་ཕྱུགས་འདུན་མངོན་འགྱུར་ཡོང་བར་བྱེད་པར་འབད་བརྩོན་བྱེད་དགོས།

བཀོད་སྒྲིག་གསར་པ་གཏན་ལ་ཕབ་སྟེ། རྒྱང་ལམ་གསར་པའི་སྣོ་མོ་ཕྱེ།

ལོ་རྒྱུས་ཀྱི་འགོ་ཚུགས་ས་གསར་པའི་ཐོག །ཁྲིན་ཀོན་ཚུས་ཀྱིས་ཏང་གི་ཚོགས་ཆེན་བཅུ་དགུའི་ཐོག་གཏན་འབེབས་གནང་བའི་འཐབ་ཇུས་བཀོད་སྒྲིག་རབ་དང་རིམ་པར་དམིགས་ཏེ། ཚུས་ཏང་ཨུད་ཀྱི་སྐབས་དགུ་པའི་ཚང་འཛོམས་གྲོས་ཚོགས་གསུམ་པའི་བླང་བྱ་གཞིར་བཟུང་། ཁྲིན་ཀོན་ཚུས་ཀྱི་ལས་དོན་གྱི་ལས་འགན་དམིགས་ཚད་དང་ཞིབ་ཕྲའི་བྱ་ཐབས་དེ་བས་གསལ་པོར་གཏན་ལ་ཕབ་ནས་ཚད་མཐོའི་ཆབ་སྲིད་ཀྱི་རང་རྟོགས་དང་བསམ་བློའི་རང་རྟོགས། བྱ་སྤྱོད་ཀྱི་རང་རྟོགས་བཅས་ཀྱི་ཐོག་ནས་ཧུར་བརྩོན་ཆེན་པོས་ཆབས་ཆེན་གྱི་རྒྱང་ལམ་གསར་པའི་སྣོ་མོ་འབྱེད་དགོས།

གཅིག་ནས་འཕེལ་རྒྱས་གསར་པའི་ལྟ་བ་ལག་བསྟར་རྒྱུན་འཁྱོངས་བྱས་ནས་དེང་རབས་དཔལ་འབྱོར་མ་ལག་འཛུགས་སྐྲུན་ཇེ་མགྱོགས་སུ་གཏོང་བ་སྟེ། འཕེལ་རྒྱས་ནི་མི་རིགས་ས་ཁུལ་གྱི་གནད་དོན་སྣ་ཚོགས་ཐག་གཅོད་བྱེད་པའི་ལྡེ་མིག་ལྟ་བུ་དེ་ཡིན། འཕེལ་རྒྱས་གསར་པའི་ལྟ་བ་ལག་བསྟར་གཏིང་ཟབ་བྱས་ནས་མཚོ་སྔོན་ཕྱོགས་ཀྱི་གྲུབ་ཆའི་རང་བཞིན་གྱི་སྒྱུར་བཅོས་གཏོང་རྒྱུ་གཙོ་ཕང་དུ་རྒྱུན་འཁྱོངས་བྱེད་པ་དང་། "ཆ་བཅུ་གསུམ"གྱི་འབྲེལ་བ་ཐག་གཅོད་ཡང་དག་བྱེད་རྒྱུ་རྒྱུན་འཁྱོངས། གྲོང་རྡལ་ཅན་དུ་འགྱུར་རྒྱུར་སྣེ་ཁྲིད་བྱེད་པ་དང་ཐོན་ལས་འཛུགས་སྐྲུན་རྩ་བར་འཛིན་རྒྱུ་རྒྱུན་འཁྱོངས། གསར་གཏོད་ལ་སྐུལ་འདེད། བསྒྱུར་བཅོས་ལ་སྐུལ་འདེད། སྒོ་འབྱེད་ལ་སྐུལ་ཁྲིད། སྤྱི་ཚོགས་ཀྱི་གཙོ་བོའི་འགལ་ཟླའི་འགྱུར་ལྡོག་དང་དམ་པོར་སྦྲེལ་ནས་འཕེལ་རྒྱས་དོ་སྙོམས་མིན་པ་དང་ཆ་མི་ཚང་བའི་གནད་དོན་ཐག་གཅོད་བྱེད་རྒྱུ་གཙོ་བོར་འཛིན་པ། གྲོང་ཁྱེར་དཔལ་འབྱོར་འདུས་འཛོམས་འཛུགས་སྐྲུན་གཙོ་བོར་འཛིན་པ། ཁྱད་ལྡན་ཐོན་ལས་ལེགས་གྲུབ་དང་ལེགས་བཅོས་བྱེད་རྒྱུ་གཙོ་བོར་འཛིན་པ། དངོས་ཡོད་ཀྱི་དཔལ་འབྱོར་འཕེལ་རྒྱས་གཏོང་རྒྱུ་གཙོ་བོར་འཛིན་པ། གསར་གཏོད་སྐུལ་འདེད་འཕེལ་རྒྱས་འཐབ་ཇུས་སྐུལ་འདེད་གཏོང་རྒྱུ་གཙོ་བོར་འཛིན་པ། བསྒྱུར་བཅོས་

སྣ་དབྱེ་གཏིང་ཟབ་གཏོང་རྒྱུ་གཙོ་བོར་འཛིན་པ། གྲོང་གསེབ་དར་རྒྱས་འཐབ་རྩུས་ལག་བསྟར་གཏོང་རྒྱུ་གཙོ་བོར་འཛིན་པ། དཔལ་འབྱོར་ཕྱུགས་ཚད་བསྒྱུར་བཅོས། ལས་ཆོད་བསྒྱུར་བཅོས། སྐྱུལ་ཤུགས་བསྒྱུར་བཅོས་བཅས་ལ་སྐྱུལ་འདེད་བཏང་ནས་ཕྱུགས་ཚད་གང་ཡག་དང་ལས་ཆོད་གང་མཐོ། སྤུར་ཚད་གང་མགྱོགས། དྲང་སྙོམས་གང་ཡག དེ་བས་རྒྱུན་མཐུད་ཆོག་པའི་འཕེལ་རྒྱས་མངོན་གྱུར་བྱེད་དགོས།

གཉིས་ནས་རྒྱལ་ཁབ་ཀྱི་བདེ་འཛུགས་ལ་སྲུང་སྐྱོང་མཐའ་གཅིག་ཏུ་ཞུས་ནས་ཡུན་རིང་བདེ་འཇགས་ཡོང་བར་སྐུལ་འདེད་ཤུགས་ཆེན་གཏོང་བ། རྒྱལ་ཁབ་ཀྱི་བདེ་འཛུགས་ནི་རྒྱལ་ཁབ་བདེ་འཇགས་བརྟན་སྲུང་གི་རྨང་རྗེ་ཡིན་ཞིང་། རྒྱལ་ཁབ་ཀྱི་བདེ་འཛུགས་ལ་སྲུང་སྐྱོང་བྱེད་རྒྱུ་ནི་རྒྱལ་ཡོངས་མི་རིགས་ཁག་གི་རྩ་བའི་ཁེ་ཕན་གནས་ས་དེ་ཡིན། རྒྱལ་ཁབ་བདེ་འཛུགས་ལྟ་བ་རྒྱུན་འཁྱོངས་བྱས་ནས་དམིགས་བསལ་འགལ་ཟླ་ལྡོག་གཡེང་མི་ཤོར་བར་དམ་འཛིན་དང་། ཁྲིམས་སྐྱོང་གིས་སྔོ་འདྲེན་བྱེད་རྒྱུ་རྒྱུན་འཁྱོངས། ཆབ་སྲིད་བདེ་འཛུགས་ནི་གལ་ཆེ་ཤོས་དང་། མ་བྱུང་སྔོན་འགོག་ནི་རྩ་དོན། གནས་ཚུལ་ཚབས་ཆེན་མི་ལྡོག་པ་བྱེད་རྒྱུ་ནི་རྨང་གཞི། མཉམ་འཛུགས་མཉམ་སྐྱོང་མཉམ་སྤྱོད་བྱེད་རྒྱུ་དེ་དམིགས་ཡུལ་ལ་འཛིན་ནས་ཁྲིམས་སྐྱོང་གི་སྔོ་འདྲེན་དང་ཚད་གཞི་བཟོ་བའི་ནུས་པ་འདོན་སྤེལ་གང་ལེགས་བྱས་ཏེ་སྤྱི་ཚོགས་ཀྱི་ཉེན་ཁ་སྔོན་འགོག་དང་ཚོད་འཛིན་བྱེད་པའི་ནུས་པ་གོང་མཐོར་གཏོང་བ་དང་། ཁ་ཕྲལ་ལ་ངོ་རྒོལ་བྱེད་པའི་འཐབ་རྩོད་དེ་བས་རྒྱུན་རིང་བྱེད་པ། བརྟན་ལྷིང་སྲུང་སྐྱོང་ལས་དོན་ལམ་ལུགས་འཐུས་ཚང་འཛུགས་སྐྱོང་བྱེད་པ། མཉམ་འཛུགས་མཉམ་སྐྱོང་མཉམ་སྤྱོད་མ་ལག་འཛུགས་སྐྱོང་བྱས་ནས་དམག་དམངས་མཉམ་འདྲེས་འཕེལ་རྒྱས་ལ་སྐུལ་འདེད། ལྷ་ས་འདི་ཉིད་རྒྱུན་མཐུད་བརྟན་ལྷིང་དང་རྒྱུན་རིང་བརྟན་ལྷིང་། ཕྱོགས་ཡོངས་ནས་བརྟན་ལྷིང་ཡོང་བ་བཅས་ལ་འགན་ལེན་ཏན་ཏིག་བཅས་བྱེད་དགོས།

གསུམ་ནས་མི་དམངས་ལྟེ་བར་འཛིན་པའི་བསམ་བློ་རྒྱུན་འཁྱོངས་བྱས་ནས་དམངས་འཚོའི་ཆུ་ཚད་གོང་མཐོར་གཏོང་རྒྱུར་འགན་ལེན་བྱེད་རྒྱུ། ཀྲུང་གོ་གུང་ཁྲན་ཏང་མིའི་ཐོག་མའི་བསམ་འདུན་དང་འོས་འགན་ནི་ཀྲུང་གོའི་མི་དམངས་ལ་བདེ་སྐྱིད་བསྒྲུབ་རྒྱུ་དང་ཀྲུང་ཧྭ་མི་རིགས་བསྐྱར་དར་གཏོང་མངོན་གྱུར་ཡོང་བ་བྱ་རྒྱུ་དེ་ཡིན། ཁྲིན་ཀོན་ཆུས་ནས་སྤྱི

བར་གསུམ་དུ་མི་དམངས་ལྟེ་བར་འཛིན་པའི་བསམ་བློ་རྒྱུན་འཁྱོངས་བྱས་ཏེ་མི་རིགས་ཁག་གི་མི་དམངས་རྣམས་ནས་དོ་ཁུར་ཆེ་ཤོས་བྱེད་པའི་ཁེ་ཕན་གྱི་གནད་དོན་དམ་པོར་འཛིན་ཏེ་དབུལ་སྒྲོལ་འགག་སྒྲོལ་ལ་རྒྱལ་ཁ་ཕུ་ཐག་ཆོད་པ་ལེན་པ་དང་། སློབ་གསོ་དང་ལས་ཞུགས་དམིགས་སུ་བཀར་བའི་འཐབ་ཇུས་ལག་བསྟར་བྱེད་པ། བདེ་ཐང་གི་ཁྲིན་ཀོན་ཚུས་འཛུགས་སྐྲུན་ལ་ཤུགས་སྣོན་རྒྱག་པ་བཅས་བྱས་ཡོད་ལ། འཕེལ་རྒྱས་ཁྲིད་དམངས་འཚོའི་ཞན་ཆ་ཁ་སྐོང་དང་། མི་དམངས་ཀྱི་ཉིན་རེ་བཞིན་གོང་མཐོར་འགྲོ་བའི་བདེ་སྐྱིད་འཚོ་བའི་དགོས་མཁོ་ཟམ་མི་ཆད་པར་སྐོང་བ། བསྐྱུར་བཅོས་འཕེལ་རྒྱས་ཀྱི་ཉི་འོད་དམངས་ཡོངས་ལ་ཐོག་པ་བཅས་བྱས་ཡོད།

བཞི་ནས་མི་དང་རང་བྱུང་ཁམས་གཞི་མཐུན་མཉམ་གནས་ཡོང་རྒྱུ་རྒྱུན་འཁྱོངས་བྱས་ནས་མཛེས་སྡུག་ལྡན་པའི་ལྗོངས་འཛུགས་སྐྲུན་བྱེད་རྒྱུར་སྐུལ་འདེད་གཏོང་བ། མིའི་རིགས་ཀྱིས་རང་བྱུང་ཁམས་ཀྱི་ཆོས་ཉིད་ལ་བརྩི་སྲུང་བྱས་ན་ད་གཟོད་རང་བྱུང་གསར་སྤེལ་བེད་སྤྱོད་ཐད་ཀྱི་ལོག་ལམ་དུ་འགྲོ་རྒྱུར་སྔོན་འགོག་བྱེད་ཐུབ། མིའི་རིགས་ཀྱིས་རང་བྱུང་ཁམས་ཆེན་པོར་རྔམ་སྐྱོན་བཟོས་ན་མཐའ་མཇུག་མིའི་རིགས་སོ་སོར་རྔམ་སྐྱོན་ཐོག་གི་ཡོད་ཅིང་དེ་ནི་ལྡོག་ཐབས་མེད་པའི་ཆོས་ཉིད་ཅིག་ཡིན། ཁྲིན་ཀོན་ཚུས་ཀྱིས་མི་དང་རང་བྱུང་ཁམས་མཉམ་གནས་བྱེད་པའི་འདུ་ཤེས་བརྟན་པོར་བཙུགས་ནས་རང་བྱུང་ལ་བརྩི་བཀུར་དང་། རང་བྱུང་ལ་བསྟུན་པ། རང་བྱུང་ལ་སྲུང་སྐྱོབ། གྲོན་ཆུང་དམིགས་སུ་བཀར་བ་དང་སྲུང་སྐྱོབ་དམིགས་སུ་བཀར་བ། རང་བྱུང་སླར་གསོས་གཙོ་བོར་འཛིན་པའི་བྱེད་ཕྱོགས་རྒྱུན་འཁྱོངས་བྱས་ནས། ནུས་ཁུངས་གཙང་མའི་དཔེ་སྟོན་གྲོང་ཁུལ་གཏོད་རྒྱུར་འབད་བརྩོན་བྱེད་པ་དང་། ཆུའི་འབྱུང་ཁམས་དཔལ་ཡོན་གྲོང་ཁྱེར་འཛུགས་སྐྲུན་བྱེད་རྒྱུར་འབད་བརྩོན་བྱེད་པ། གྲོང་གསེབ་ཀྱི་སྡོད་གནས་ཁོར་ཡུག་ལེགས་བཅོས་ལས་འགུལ་ཤུགས་ཆེན་སྤེལ་བ། མིའི་རིགས་ཀྱི་བྱ་སྤྱོད་ཀྱིས་རང་བྱུང་ཁམས་ལ་གཏོར་སྐྱོན་བཟོ་ཚད་ཉུང་དུ་བཏང་ནས་རང་བྱུང་ཁམས་ལ་ཐོག་མའི་ཁུ་སིམ་དང་གཞི་མཐུན། མཛེས་སྡུག་བཅས་ཀྱི་རྣམ་པ་ཞིག་ཕྱིར་སློག་བྱེད་དགོས།

ལྔ་ནས་ཀྲུང་གོའི་ཁྱད་ཆོས་ལྡན་པའི་སྤྱི་ཚོགས་རིང་ལུགས་ཀྱི་རིག་གནས་འཕེལ་རྒྱས་ལམ་བུ་རྒྱུན་འཁྱོངས་བྱས་ནས། རིག་གནས་དར་ཞིང་རྒྱས་པར་སྐུལ་འདེད་གཏོང་བ། རིག་

གནས་དར་ན་རྒྱལ་ཁབ་དར། རིག་གནས་རྒྱས་ན་མི་རིགས་རྒྱས། ཁྲིན་གོན་ཆུས་ཀྱིས་མར་ཁེ་སི་རིང་ལུགས་ཀྱི་མཛུབ་སྟོན་རྒྱུན་འཁྱོངས་བྱས་ནས། ཀྲུང་ཧྭ་རིག་གནས་ཀྱི་ལངས་ཕྱོགས་བརྟན་སྲུང་དང་། འདུ་ཤེས་འཛིན་སྟངས་ལས་དོན་གྱི་འགོ་ཁྲིད་དབང་ཆ་དམ་པོར་བཟུང་ནས། སྤྱི་ཚོགས་རིང་ལུགས་ཀྱི་ལྟེ་བའི་རིན་ཐང་ལྟ་བ་དར་སྤེལ་ཤུགས་ཆེན་བཏང་སྟེ་མི་དམངས་ཀྱི་བསམ་པའི་རིག་གནས་འཚོ་བ་ཕུན་སུམ་ཐེ་ཚོགས་སུ་གཏོང་དགོས་ཤིང་། བོད་མི་རིགས་ཀྱི་རིག་གནས་ནི་ཀྲུང་ཧྭ་རིག་གནས་ཁྲོད་ཁ་བྲལ་ཐབས་མེད་པའི་ཆ་ཤས་ཤིག་ཡིན་པར་ངོས་འཛིན་གཏིང་ཟབ་ཡོང་བ་བྱས་ནས། དོན་དངོས་ཐོག་ནས་ཀྲུང་ཧྭ་རིག་གནས་ལ་ཁས་ལེན་བྱེད་ཚད་ཤུགས་ཆེར་གཏོང་བ་དང་། རིག་གནས་ཀྱི་གདེང་ཚོད་སྲ་བརྟན་ཡོང་བར་བྱེད་པ་བཅས། ཀྲུང་གོའི་ཁྱད་ཆོས་ལྡན་པའི་སྤྱི་ཚོགས་རིང་ལུགས་ཀྱི་རིག་གནས་གྲ་རྒྱས་དར་སྤེལ་དང་རིག་གནས་ཀྱི་ཆུས་ཆེན་མོ་འཛུགས་སྐྲུན་བྱེད་པར་ཧུར་བརྩོན་བྱེད་དགོས།

དྲུག་ནས་མི་རིགས་མཐུན་སྒྲིལ་སྲ་བརྟན་འཕེལ་རྒྱས་ཡོང་བ་རྒྱུན་འཁྱོངས་བྱས་ནས། ཆོས་ལུགས་འཆམ་མཐུན་ལ་སྐུལ་འདེད་ཤུགས་ཆེན་གཏོང་བ། མི་རིགས་ལས་དོན་དང་ཆོས་ལུགས་ལས་དོན་ནི་ཕྱོགས་ཡོངས་རང་བཞིན་གྱི་ལས་དོན་ཡིན། བརྟན་ལྷིང་ལས་དོན་སྤེལ་བར་གནད་འགག་ཆེ་ཤོས་ནི་མི་རིགས་དང་ཆོས་ལུགས་ལས་དོན་ལེགས་པོ་སྤེལ་རྒྱུ་དེ་ཡིན་ཞིང་། མི་རིགས་ཆོས་ལུགས་ལས་དོན་ལེགས་པོ་སྤེལ་ཐུབ་ཚེ་ད་གཟོད་བརྟན་ལྷིང་ལས་དོན་ལ་རྨང་གཞི་ལྡན་ཡོད། མི་རིགས་མཐུན་སྒྲིལ་གྱི་དར་ཆ་མཐོན་པོར་བསྒྲེངས་ནས་མི་སེམས་འགུག་ཐབས་བྱེད་རྒྱུར་རྒྱུན་འཁྱོངས་ལྷོད་མེད་དང་། མི་རིགས་དབར་འགྲོ་འོང་དང་སྤེལ་རེས། གཅིག་འདྲེས་ཡོང་རྒྱུར་སྐུལ་འདེད་གཏོང་བ། མི་རིགས་མཐུན་སྒྲིལ་ཡར་ཐོན་འཛུགས་སྐྲུན་གྱི་བྱེད་སྒོ་ཟབ་མི་ཆད་པར་སྤེལ་བ། ཕྱོགས་ཡོངས་ནས་ཏང་གི་ཆོས་ལུགས་ལས་དོན་གྱི་གཞི་རྩའི་མཇོད་ཕྱོགས་ལག་བསྟར་བྱེད་པ། ཁྲིམས་ལྟར་མི་རིགས་ལས་དོན་ལ་དོ་དམ་བྱེད་པ་བཅས། སྙིང་དབུས་ནས་མི་རིགས་མཐུན་སྒྲིལ་ཞེས་པའི་མི་རིགས་ཁག་གི་མི་དམངས་ཀྱི་སྲོག་རྩ་འདིར་སྲུང་སྐྱོང་བྱེད་དགོས།

བདུན་ནས་ཕྱོགས་ཡོངས་ནས་ཏང་ནན་པོས་སྐྱོང་རྒྱུ་རྒྱུན་འཁྱོངས་བྱས་ཏེ། ཏང་གིས་ཁྲིན་གོན་ཆུས་སུ་སྲིད་སྐྱོང་བྱེད་པའི་གོ་གནས་ཟམ་མི་ཆད་པར་སྲ་བརྟན་དུ་གཏོང་དགོས།

ཕྱོགས་ཡོངས་ནས་ཏང་ནན་པོས་སྐྱོང་རྒྱུ་འདི་ནི་བསྐྱུབས་དང་སྐྱུབ་ཐུས་ཡིན། ཕྱོགས་ཡོངས་ནས་ཏང་ནན་པོས་སྐྱོང་བའི་གནད་དོན་ཐད། ཁྲིན་ཀོན་ཆུས་ལ་ལྷོད་གཡེང་ཕྲན་ཙམ་དང་ངལ་གསོ་ཕྲན་ཙམ་བྱེད་སྙམ་པའི་བསམ་བློ་ཡོད་མི་རུང་ལ། རྒྱལ་ཁ་ཐེངས་གཅིག་ལོན་པར་གཏན་དུ་བདེ་བ་ཐོབ་སོང་སྙམ་པའི་བསམ་བློ་ཡང་ཡོད་མི་རུང་། དེ་བཞིན་ཐོག་མའི་གྲུབ་འབྲས་ཐོན་སྐབས་ད་འགྲིག་འདུག་སྙམ་ནས་མཚམས་འཛོག་བྱེད་པའི་བསམ་བློ་དེ་བས་ཡོད་མི་རུང་། དུས་རབས་གསར་པའི་ཏང་འཛུགས་སྐྱོང་གི་སྤྱིའི་བླང་བྱ་བཞིན་བརྟན་འཛུགས་གསུམ་རྒྱུན་འཁྱོངས་དང་། ཏང་གི་ཡུན་རིང་སྲིད་སྐྱོང་ནུས་པ་འཛུགས་སྐྱོང་ལ་ཤུགས་སྣོན་དང་སྔོན་ཐོན་རང་བཞིན་དང་རྣམ་དག་རང་བཞིན་འཛུགས་སྐྱོང་གིས་གཙོ་བོ་བྱས་ཐོག །ཏང་གི་ཆབ་སྲིད་འཛུགས་སྐྱོང་མཛུབ་ཁྲིད་དུ་བྱས་ནས་ཤུགས་འདུན་ལ་ཡིད་ཆེས་རྒྱུན་མཐུད་པ་བྱ་རྒྱུའི་སྙིང་དོན་རྩང་གཞིར་བརྩི་བ་དང་། ཏང་ཡོངས་ཀྱི་ཧུར་བརྩོན་རང་བཞིན་དང་རང་འགུལ་རང་བཞིན། གསར་གཏོད་རང་བཞིན་སྐུལ་སློང་བྱ་རྒྱུ་དེ་འབད་བརྩོན་བྱེད་ཡུལ་ལ་བརྩིས་ནས། ཏང་སྐྱོང་དང་ཏང་དོ་དམ་གྱི་གཙུས་གཟེར་དེ་བས་དམ་དུ་གཏོང་དགོས་ལ་ཕྱོགས་ཡོངས་ནས་ཏང་ནན་པོས་སྐྱོང་བའི་བསམ་བློ་གཏོང་ཕྱོགས་དེ་བས་ཚན་རིག་དང་མཐུན་པ་དང་དེ་བས་ཚགས་དམ་པ། དེ་བས་ནུས་པ་ལྡན་པར་བཅོས་ནས་ཕྱོགས་ཡོངས་ནས་ཏང་ནན་སྐྱོང་དང་འཕེལ་རྒྱས་གཏིང་ཟབ་གཏོང་བར་སྐུལ་འདེད་གཏོང་དགོས་སོ།། །།

མཇུག་བྱང་།

《ཁྲིན་ཀོན་ཚུས་ཀྱི་རིག་གནས་ལོ་རྒྱུས་རགས་བཤད་》ཅེས་པའི་དཔེ་དེབ་འདི་ནི་དུས་ཡུན་ལོ་གཅིག་ལྷག་ཙམ་རིང་རྩོམ་སྒྲིག་བྱས་པ་ལས་གྲུབ་པ་ཞིག་ཡིན་ཞིང་། དཔེ་དེབ་འདིར་སྤྱི་ཚོགས་ཀུན་ནས་ཁས་ལེན་ཐོབ་པ་གང་ཞིག །རིག་གནས་ཀྱི་རིན་ཐང་ལྡན་ཁར། ཡིད་དབང་འགུག་ནུས་པ་དང་། བག་ཆགས་འཛོག་ཐུབ་པའི་ས་གནས་འཕེལ་རྒྱས་ཀྱི་ལོ་རྒྱུས་དཔེ་དེབ་ཅིག་གྲུབ་ཆེད་ཁྲིན་ཀོན་ཚུས་ཞུད་ཀྱི་རྩོམ་སྒྲིག་ཚན་པ་ཁག་གིས་ཐུགས་རེ་ཟབ་མོ་བཅངས་ཡོད་ཅིང་། ལྷ་ས་ཁྲིན་ཀོན་ཚུས་ཀྱི་ལོ་ངོ་བཅུ་གྲངས་རིང་གི་འཕེལ་རྒྱས་ཡིག་ཐོག་ཏུ་འགོད་པ་དང་། འཕེལ་རྒྱས་ཀྱི་རྗེས་ཤུལ་ཟིན་ཐོར་བཀོད་ནས་མ་འོངས་པར་དེ་ལས་མང་བའི་མིས་ཁྲིན་ཀོན་ཚུས་ཀྱི་འཕེལ་རྒྱས་ཀྱི་ཉམས་མྱོང་ལ་རྒྱུས་ལོན་རྒྱུན་འཛིན་དང་། ཕྱོགས་བསྡོམས་ཚ་ཚ་ཡུར་ཡུར་བྱས་ནས་དེ་བས་འོད་སྟོང་འབར་བའི་དུས་རབས་ཤིག་གཏོད་རྒྱུའི་རེ་བའང་ཡོད།

དཔེ་དེབ་འདིར་ཁྲིན་ཀོན་ཚུས་ཀྱི་རིག་གནས་ལོ་རྒྱུས་རགས་བཤད་ཅེས་བརྗོད་དགོས་དོན་ཡང་ལྷ་ས་ཁྲིན་ཀོན་ཚུས་ཀྱི་བགྲོད་ཤུལ་འཁོད་ཡོད་པས་ཡིན། ལོ་ཡི་ཉག་མ་ཚུ་མོའི་རྒྱུན་བཞིན་འཁོར། ལོ་མང་པོའི་རྗེས། དཔེ་དེབ་འདི་ཉིད་དཔྱད་གཞིར་འོས་པའི་མ་ཡིག་ཅིག་ཏུ་འགྱུར་རྒྱུ་ནི་རྩོམ་སྒྲིག་པའི་དམིགས་ཡུལ་ཡིན་ལ། དབུ་ཁྲིད་རྣམ་པ་དང་། བློ་འདྲི་ཞུ་ཡུལ་གྱི་མཁས་དབང་རྣམ་པའི་ཐུགས་རེ་ཡང་ཡིན། དཔེ་དེབ་འདི་ཉིད་རྩོམ་སྒྲིག་ལེགས་པོ་ཞིག་ཡོང་ཆེད། ང་ཚོས་དུས་ཐོག་ཏུ་ལེའུ་སོ་སོའི་རྩོམ་སྒྲིག་པ་དང་རྩོམ་སྒྲིག་པ་སྐུ་གཞོན། ཞུ་དག་པ་གཏན་འཁེལ་བྱས་ཡོད་ལ། རིག་གནས་ཀྱི་ཕྱག་ལས་གནང་མཁན་རྒྱལ་ཡོངས་ཀྱི་གྲགས་ཅན་མི་སྣར་རྩོམ་སྒྲིག་ཐད་ལ་དགོངས་འཆར་གནང་རྒྱུར་ཞུས་ཡོད། ང་ཚོས་རྩ་ཆེའི་དགོངས་འཆར་དང་གྲོས་གཞི་དེ་དག་གཞིར་བཟུང་། རིགས་སྣ་དཔེ་འཇོད་དང་། གོ་རིམ་

དབྱེ་འབྱེད། དེ་བཞིན་ཁྲིན་ཀོན་ཆུས་ཞུད་ཀྱི་སྤྱིའི་བླང་བྱ་ལྟར། ལྷ་ས་གྲོང་ཁྱེར་ཁྲིན་ཀོན་ཆུས་ཀྱི་ལོ་རྒྱུས་དང་། བོད་ཀྱི་ཞིང་འབྲོག་ལོ་རྒྱུས། བོད་ཀྱི་དམངས་སྲོལ་རིག་གནས། ལྷ་ས་གྲོང་ཁྱེར་སྤྱི་ཚོགས་འཕེལ་རྒྱས་ཞིབ་འཇུག་སོགས་དཔྱད་གཞིའི་དཔེ་དེབ་བསྡུ་རུབ་དང་། རྩོམ་སྒྲིག་ཚོགས་ཆུང་དང་ལྷ་སའི་རིག་གནས་མཁས་དབང་མཉམ་འཛོམས་ཀྱི་བཞུགས་མོལ་ཚོགས་འདུ་ཐེངས་ཁ་ཤས་འཚོགས་ནས་ཕྱོགས་ཁག་གི་དགོངས་འཆར་བསྡུ་རུབ་རྒྱ་ཆེན་བྱས་ཡོད་པ་མ་ཟད། རང་རྒྱལ་ས་གནས་ཁག་གི་ལོ་རྒྱུས་རིག་གནས་དཔེ་དེབ་སྣ་ཚོགས་ལ་ལྟ་ཀློག་བྱས་ནས་ཁོང་ཚོའི་རྩོམ་སྒྲིག་བྱེད་སྟངས་ལ་དཔྱད་ཞིབ་བྱས་པ་བརྒྱུད། ད་ཐེངས་ཀྱི་དཔེ་དེབ་འདིའི་རྩོམ་སྒྲིག་ཁྱད་ཆོས་གཏན་འཁེལ་བྱུང་ཡོད། དེས་མ་ཟད་དཔེ་དེབ་འདི་རྩོམ་སྒྲིག་བྱེད་རིང་སྤུ་ཕྱིར་བཟོ་བཅོས་ཐེངས་དྲུག་ཙམ་བརྒྱབ་ཅིང་། དེའི་རིང་ལྷ་ས་གྲོང་ཁྱེར་དང་ཁྲིན་ཀོན་ཆུས་ཚན་པ་ཁག་གིས་མཛའ་བརྩེའི་ཐུགས་ཁུར་དང་ཤུགས་ཆེའི་རྒྱབ་སྐྱོར་གནང་བྱུང་བས་ང་ཚོས་འདིར་བཀའ་དྲིན་ཆེ་ཞེས་ཞུ་རྒྱུ་ཡིན། དུས་ཚོད་དང་ཉམས་མྱོང་གིས་དབེན་པས་རྩོམ་སྒྲིག་ཐད་ད་དུང་ཡང་མི་འདང་བའི་ཆ་མང་དག་ཅིག་ཡོད་སྲིད་པས་ཀློག་པོ་རྣམས་ནས་ཡོ་བསྲང་དང་མཛུབ་སྟོན་ཡོད་པ་མཁྱེན།

གྲོང་ཁྱེར་ཞིག་གི་གནའ་དེང་ནི་དཔེ་དེབ་ཅིག་དང་འདྲ་ཞིང་། དུས་རབས་མི་འདྲ་བར་འོད་སྟོང་འཕྲོ་བའི་ཤོག་ལྷེ་མི་འདྲ་བ་རེ་རེ་ཡོད། ལྷ་ས་གྲོང་ཁྱེར་ཁྲིན་ཀོན་ཆུས་ནི་ལོ་རྒྱུས་རིང་ལ་རིག་གནས་ཕུན་སུམ་ཚོགས་ཤིང་། དེབ་འདི་ཉིད་ཀྱི་ནང་དོན་མི་འདྲ་བར་ལེའུ་མི་འདྲ་བ་རེ་རེ་དབྱེ་ནས་གཙོ་བོ་བསྒྱུར་བཅོས་སྒོ་དབྱེ་བྱས་རྗེས་ཀྱི་འཕེལ་རྒྱས་དང་འགྱུར་ལྡོག་མཚོན་པར་བྱས་ཡོད་ཅིང་། དུས་ཚན་རེ་རེའི་རིང་ཐུང་རང་འདོད་དུ་གྱུབ་རུང་བསྟན་དོན་རེ་རེ་མཚོན་གྱི་ཡོད་ལ། གོ་རིམ་ལྡན་པའི་སྒོ་ནས་ལྷ་ས་ཁྲིན་ཀོན་ཆུས་ཀྱི་རིག་གནས་ཤུལ་བཞག་དང་། ལོ་རྒྱུས་འཕེལ་རིམ། དམངས་འཚོའི་འཕེལ་རྒྱས། ཚོང་ལས་དཔལ་འབྱོར། ཁྱད་ལྡན་རིག་གནས་སོགས་གསེད་བཀྲོལ་བྱས་ཡོད་པས་དེས་ཀློག་པ་པོས་དུས་ཡུན་ཐུང་ངུའི་ནང་ཁྲིན་ཀོན་ཆུས་ཀྱི་ལོ་རྒྱུས་དང་སྤྱི་ཚོགས་སྣང་ཚུལ་ལ་རྒྱུས་ལོན་བྱ་ཐུབ། ལོ་རྒྱུས་ཀྱིས་མིའི་བློ་ཁ་འབྱེད་ཐུབ་ལ། མིའི་མཐོང་རྒྱ་ཡང་ཆེ་རུ་གཏོང་ཐུབ། ད་དུང་བསམ་

བློར་ཤུགས་རྐྱེན་དང་སྙིང་སྟོབས་ལ་ངར་ཤུགས་འཕེལ་ཐུབ། ས་གནས་གཅིག་གི་ལོ་རྒྱུས་ནི་ས་གནས་དེ་གའི་འཕེལ་རྒྱས་གསར་འབྱེད་བྱེད་པའི་བསམ་པའི་སྐྱུལ་ཤུགས་ཡིན་པས་ང་ཚོས་ལྷ་ས་གྲོང་ཁྱེར་ཁྲིན་ཀོན་ཆུས་ཀྱི་མ་འོངས་དེ་བས་མཛེས་སྡུག་ལྡན་པ་ཡོང་རྒྱུར་ཡིད་ཆེས་བརྟན་པོ་ཡོད།

སྒྲིག་པ་པོས།

༢༠༡༨ལོའི་ཟླ་༤པར།

ཁྲིན་ཀོན་ཆུས་ཀྱི་རིག་གནས་ལོ་རྒྱུས་རགས་བཤད།

རྩོམ་སྒྲིག ལྷ་ས་སྲིད་གྲོས་རིག་གནས་ལོ་རྒྱུས་མི་རིགས་ཆོས་ལུགས་ཁྲིམས་ལུགས་ཨུ་ཡོན་ལྷན་ཁང་།

རྩོམ་སྒྲིག་འགན་འཁུར་བ། ཚེ་དཔག

ཡིག་སྒྱུར། བསྟན་ཆོས།

དེབ་གཞིའི་མཛེས་འཆོས་པ། དཀོན་མཆོག་ལྷ་འཛོམས།

དཔེ་སྐྲུན། བོད་ལྗོངས་བོད་ཡིག་དཔེ་རྙིང་དཔེ་སྐྲུན་ཁང་། སྤྲག་ཨང་། 850000

པར་གཞི་ཀྲུ་སྤྱོད་ལ་རྟུང་ཇེག་གཏོང་། 0891-6930339

པར་འདེབས་ཚན་པ། སེན་ཧྲོ་གྲོང་ཁྱེར་ཐེང་ཧྲི་པར་འདེབས་ཚད་ཡོད་ཀུང་སི།

བརྒྱུད་འཚོང་། རྒྱལ་ཡོངས་ཞིན་ཧྭ་དཔེ་ཚོང་ཁང་།

དེབ་ཚད། 710mm×1 000mm 1/16

པར་ཤོག 11

པར་གྲངས། 01—3,000

ཡིག་གྲངས། ཁྲི་7.3

པར་གཞི། 2022ལོའི་ཟླ་11པར་པར་གཞི་དང་པོ་བསྒྲིགས།

པར་ཐེངས། 2022ལོའི་ཟླ་11པར་པར་ཐེངས་དང་པོ་བཏབ།

དཔེ་རྟགས། ISBN 978-7-5700-0727-1

རིན་གོང་། སྒོར་40.00